AF277396

UNA TEMPORADA EN VIETNAM
La guerra cultural en Estados Unidos

Héctor Caño Díaz

BIBLIOTECA BENJAMIN FRANKLIN

DIRECTOR DE LA COLECCIÓN

Francisco Sáez de Adana   Instituto Franklin-UAH

COMITÉ ASESOR

Carmen Flys	UAH
Fernando Galván	UAH
José Antonio Gurpegui	Instituto Franklin-UAH
Sylvia Hilton	UCM
Francisco Moreno	Instituto Franklin-UAH

COMITÉ DE REDACCIÓN

Silvia Betti	Università di Bologna
Francisco Castilla	UAH
Thomas Chávez	University of New Mexico
Cristina Crespo	Instituto Franklin-UAH
Carmen de la Guardia	UAM
Miguel Ángel de Zavala	Instituto Franklin-UAH
Lorenzo Delgado	CSIC
David Fernández Vítores	UAH
David García Cantalapiedra	UCM
Maya García Vinuesa	UAH
Jesús García Laborda	Instituto Franklin-UAH
Silvia Gumiel	UAH
Luisa Juárez	Instituto Franklin-UAH
Montserrat López Mújica	UAH
José Javier Martínez Herráiz	UAH
Carmen Méndez	UCM

COMITÉ EDITORIAL

Ana Lariño	Instituto Franklin-UAH
Ángela Suárez	Instituto Franklin-UAH

ÍNDICE

Introducción

INTRODUCCIÓN

Vietnam es una herida abierta en el corazón de los Estados Unidos.

La guerra de Vietnam fue, en esencia, una guerra de guerrillas para la que el ejército norteamericano no estaba preparado. Pagaron aquella presunción con sangre. Los líderes, quienes tomaban las decisiones en un despacho, en una sala de operaciones, sentados alrededor de una gran mesa, se suponía que eran "los mejores y más brillantes" (*The Best and the Brightest*) de su generación[1].

Una élite instruida en Harvard: el galante John Fitzgerald Kennedy; su tenaz hermano menor Bobby Kennedy; el secretario de Defensa Robert McNamara que fue presidente de Ford Motor Company; el asesor de Seguridad Nacional McGeorge Bundy, que había sido el decano más joven de aquella universidad; el presidente del Estado Mayor Conjunto Maxwell D. Taylor, que luego fue nombrado embajador en Vietnam del Sur; el secretario de Estado Dean Rusk, quien fue fideicomiso en la Fundación Rockefeller. Verlos a todos juntos debía de ser impresionante. Una vez, el vicepresidente Lyndon Johnson quedó deslumbrado por la brillantez de aquel grupo de intelectuales y volvió del encuentro acomplejado. Su mentor, el entonces portavoz de la Cámara de Representantes Sam Rayburn le dijo: "Bueno, Lyndon, quizá sea cierto, pero me sentiría mucho mejor si uno de ellos se hubiera presentado para sheriff"[2]. Aquellas luminarias se metieron sin pestañear en la boca del lobo, o mejor dicho, metieron al país entero en el atolladero.

El Golfo de Tonkin, Ap Bac, el valle de Ia Drang, Da Nang, Dak To, Cu Chi, Khe Sanh, Hué, My Lai... aquello sonaba como una tira de *Terry and the Pirates* (1934-1973) de Milton Caniff. Lugares exóticos y recónditos de los que ningún estadounidense oyó hablar jamás, casi lugares imaginarios que convertían la guerra de Vietnam en una especie de cuento para ir a dormir, donde los valientes muchachos que luchaban en nombre de la democracia triunfarían al final antes regresar a su hogar a la hora de la cena.

En vez de ello, los dirigentes políticos acabaron enfrentándose a la mayor brecha social en la historia del país, solo comparable a la Guerra Civil. Halcones y palomas, reclutas, voluntarios que se alistaban en el ejército, hippies, objetores de conciencia, manifestantes, activistas, oradores, rockeros, veteranos traumatizados o lisiados, familias preocupadas, novios ausentes y una mayoría silenciosa que no daba crédito a la situación tumultuosa que se vivía en las calles y en sus casas.

Los políticos, aquellos hombres sumamente inteligentes que llevaban las riendas de la nación, no fueron capaces de admitir su error de cálculo y peor aún, en vez de retroceder o reevaluar la cuestión a tenor de los resultados desastrosos, seguían empeñados en su error. Para no aterrorizar al público, lanzaban mensajes positivos del tipo "ahora vemos la luz al final del túnel" en lugar de divulgar los informes clasificados que transmitían los pronósticos más pesimistas. Como revelaría *The Washington Post*, los líderes supieron prácticamente desde el principio, al poco tiempo de enviar las primeras tropas terrestres, que la guerra no podía ganarse. Para no sufrir el descrédito y admitir su equivocación, siguieron adelante mientras llevaban a cabo una campaña de desinformación fuera de toda lógica, que solo los más convencidos en la infalibilidad del gobierno podían creer a pies juntillas sin atragantarse. Los demás estaban estupefactos ante la hipocresía institucional que se mantuvo tantos años sin que un solo presidente o portavoz gubernamental se ruborizara nunca en público. Otros han sido mucho más comprensivos con la figura de Kennedy:"era un sagaz analista de las complejidades de Vietnam, pero no era del todo inmune a las ilusiones"[3].

Los altos mandos militares maximizaron las recompensas y minimizaron los riesgos. No supieron interpretar la situación: no conocían el terreno, subestimaron a su adversario, creyeron que triunfarían allí donde otros países habían fracasado antes, ni siquiera sabían leer y analizar los datos. O peor, sabían la verdad y la maquillaban igual que los políticos, para no admitir su suprema incompetencia. Entretanto, decenas de miles iban a Vietnam a morir, jóvenes ingenuos que fueron embaucados apelando al patriotismo más luminoso, sin saber que se perderían en el sumidero más oscuro del infierno.

Medio siglo después aquella guerra sigue generando controversia en la sociedad norteamericana: los que pedían que terminase frente a quienes todavía piensan que la retirada fue un acto vergonzoso forzado por los radicales. La huella en su cultura, su significado y simbolismo sigue levantando ampollas a pesar del tiempo transcurrido. Estados Unidos aún siente un estremecimiento al considerar que sus héroes y sus seres amados –hijos, maridos y padres– actuaron muchas veces como bestias sanguinarias, asesinos de masas y psicópatas homicidas. La nación se mira en el espejo y ya no puede reconocer lo que ve, el espectro de un joven soldado de gatillo fácil incendiando aldeas y disparando a quemarropa contra mujeres y niños. Una pesadilla recurrente, un estigma... Vietnam.

Nadie parece recordar las palabras que empleó el dirigente Ho Chi Minh en la Plaza Ba Dinh de Hanoi el 2 de septiembre de 1945: "Todos los hombres son creados iguales; son dotados por su Creador de ciertos derechos inalienables; entre estos están la vida, la libertad y la búsqueda de la felicidad". Estaba citando la Declaración de Independencia de los Estados Unidos. Tiempo después se desató la tragedia y el mundo nunca volvería a ser el mismo.

PRIMERA PARTE
Una temporada en Vietnam

PRIMERA PARTE   UNA TEMPORADA EN VIETNAM

1. BÚSQUEDA Y DESTRUCCIÓN

1.1. La Compañía Charlie

15 de mayo de 1967. Cuarto Batallón del 47º Regimiento de Infantería. El soldado Don Peterson y el resto de su unidad, el Segundo Escuadrón del Primer Pelotón de la Compañía Charlie, se preparan para cruzar un arrozal en el delta del Mekong. Cinco días antes había escrito a su esposa en una carta: "Me voy a morir. Por favor, sácame de aquí" (Wiest).

Antes de que el pelotón atravesara el arrozal, el segundo escuadrón tendría que adelantarse para reconocer el terreno y comprobar la línea de avance. Estaban a campo abierto, fuera de la vegetación, en el punto de mira de posibles francotiradores. Pasaron un dique y se dirigían hacia una hilera de árboles a cien yardas de distancia cuando se cortó la comunicación por radio. Los hombres no recibieron la orden de retroceder.

En cuanto se separaron del grueso del pelotón y quedaron expuestos, más allá del fuego de cobertura de sus compañeros, estalló el infierno. Una unidad del Vietcong (el Frente Nacional de Liberación de Vietnam) guarecida en búnkeres bajo el suelo salió de su escondrijo y les había tendido una emboscada formando una posición en forma de L. El sonido de los disparos era ensordecedor. El escuadrón puso cuerpo a tierra de inmediato, pero en cuestión de segundos empezaron a sufrir bajas. Charlie Nelson recibió un tiro en el cuello mientras la rótula volaba en pedazos dejándole una pierna destrozada. Dave Jarczewski se acercó rápidamente para vendar sus heridas y recibió un disparo que entró por el hombro, atravesó el abdomen, perforó un pulmón y le rompió cinco costillas antes de salir por la espalda. Enoch Scott recibió un tiro limpio en el hombro. Mientras, acertaron a Carl Cortright en la columna vertebral y se quedó paralizado, con las piernas insensibles.

El segundo escuadrón resistía como podía. Estaban superados en número, atrapados en medio del arrozal y aislados del resto del pelotón recibiendo una lluvia de balas enemigas. Don Peterson se levantó del suelo, permaneció en pie unos segundos y gritó a los demás: "Corred como el demonio y os cubriré" (Wiest). Avanzó hacia los búnkeres abriéndose camino con su M-16 en modo automático mientras los hombres que aún se podían mover buscaban un lugar seguro donde refugiarse. Instantes después Don recibió un tiro en el pecho y cayó en el arrozal.

Don Peterson había nacido en Salinas, California, en 1947. Fue popular en el instituto y jugaba en el equipo de rugby en la posición centro. Jacque McMullen, su futura esposa, le invitó al baile de Sadie Hawkins cuando estaba en tercer curso; inspiradas por las tiras cómicas de *Li'l Abner* (1934-1977), las chicas se insinuaban a los chicos y les invitaban a salir una vez al año invirtiendo las tradiciones. Jacque era rubia y atractiva y estaba enamorada de Don. Él no lo dudó un segundo y empezaron una relación larga. Después de graduarse en el instituto se casaron en la casa de sus abuelos. En primavera de 1966, Jacque iba a decirle que estaba embarazada cuando encontró a Don de pie junto al buzón a la entrada de su pequeño apartamento, acababa de recibir una notificación del ejército: era su carta de reclutamiento.

Don y Jacque se instalaron en Fort Riley, Kansas. Su hijo James nació durante las vacaciones de Navidad mientras estaban de permiso en Montgomery, Alabama. Sólo pudo sostener al bebé durante una hora antes de volver a Fort Riley para ir a Vietnam. El 15 de mayo yacía en el suelo a orillas del Mekong. Los soldados de la Compañía Charlie siguieron combatiendo hasta caer el sol. Al acabar el día se contabilizaban catorce heridos y un solo muerto: el soldado Peterson. Un centenar de norvietnamitas cayeron abatidos a su alrededor. Dave Jarczewski estaba cubierto por un poncho que le mantenía caliente mientras su cara palidecía en espera de atención médica. Un helicóptero Huey evacuó a los heridos y los llevó hasta un hospital de campaña. El Huey se llevó también el cadáver de Don Peterson, que nunca volvió a ver a su hijo.

"Me voy a morir. Por favor, sácame de aquí". Solo un día más en Vietnam. Desde el punto de vista estratégico, una proporción de cien a uno era un resultado magnífico. Una victoria para la Compañía C (Dennsion). Aquel combate no era nada fuera de lo común, no se recordará como una jornada clave de la guerra. 1967 acabaría con 500.000 soldados estadounidenses desplazados en el sudeste asiático. El general Westmoreland emprendió la ofensiva llevando a sus hombres hasta Dak To y Con Thien: Operación Cedar Falls, Operación Junction City... causando 9.377 soldados muertos y 12.716 heridos, el doble que el año anterior.

El 11 de abril de 1966 sí que se recordaría como una fecha señalada. Era el domingo de Pascua y la Compañía Charlie estaba a diez millas de Cam My. El Segundo Batallón del 16º Regimiento de Infantería había llegado a Vietnam el 14 de julio a bordo del USNS Gordon pero en todos los meses transcurridos nunca vieron nada como lo que les esperaba tal día. El soldado Charles Epperson de Virginia Occidental acababa de cumplir los veinte años el verano antes y ahora se encontraba en aquel sitio remoto a cuarenta y dos millas al este de Saigón, una plantación de caucho al sur de una pequeña aldea en la provincia de Phuoc Tuy. Una operación de búsqueda y destrucción a gran escala que se complicó inesperadamente. El General DePuy, comandante de la Primera División de Infantería, pretendía usar a la Compañía Charlie como cebo para atraer a los soldados norvietnamitas y ocupó posiciones en Vung Tau esperando atrapar al batallón D800 del Vietcong, perteneciente al 94º Regimiento Dong Nai de la 5ª División del FNLV. Pero la Compañía C contaba sólo con 134 hombres y se quedó aislada de las Compañías Alpha y Bravo. Los francotiradores del VC (Vietcong) abrieron fuego contra ellos y avanzaron cerrando el cerco hasta rodearlos (16th Infantry Regiment Association; Roush; Stanton 97-8). Lo que DePuy no había previsto es que las unidades de refuerzo se vieran tan retrasadas al avanzar a través de la espesura y tardaran en prestar apoyo a la Compañía Charlie. Ya no eran un cebo, eran un objetivo.

El Vietcong rompió sus líneas y atravesó el perímetro defensivo. Los soldados lanzaban granadas de gas lacrimógeno pero el enemigo avanzaba sin pestañear estrechando cada vez más el cerco; al llegar la noche, protegidos por la oscuridad, las unidades del VC retiraban a sus heridos en silencio y rebanaban el cuello a los desprevenidos. Un ochenta por ciento de los soldados murieron en los alrededores de Cam My. Por fin, el 13 de abril las Compañías A y B lograron salir del follaje y llegar a la carretera para reunirse con la Compañía Charlie. Estos habían resistido con tal ferocidad en situación de clara desventaja que les recompensaron con el Premio a la Unidad Valerosa, la segunda condecoración más alta que se concede a unidades militares del ejército norteamericano. El Sargento Primero James W. Robinson, Jr. recibió la Medalla de Honor a título póstumo por su acción heroica en combate.

William Pitsenbarger o "Pits", como le llamaban, era un paracaidista de salvamento que participó en una misión de rescate aquel 11 de abril. Descendió cien pies en un cable de cabestrante desde un Kaman HH-43 Huskie hasta posarse en medio de la selva y prestar ayuda a las tropas sitiadas. Durante horas, penetró en la jungla en busca de soldados heridos y los arrastró a lugar seguro para que fueran atendidos. Charles Epperson, ese joven virginiano que acababa de cumplir los veinte años de edad, se agazapaba detrás de algunos troncos de árbol protegiéndose de las ráfagas de proyectil que venían de todas direcciones. Epperson vio a Pitsenbarger atravesar la lluvia de balas para socorrer a sus amigos y siguió su ejemplo.

Cuando el último helicóptero estaba a punto de despegar y salir de la zona de combate, bajo asedio enemigo, Pits decidió permanecer en tierra para seguir luchando junto a sus compañeros. Martin L. Kroah, Jr. decía que era el tipo más valiente que había visto en su vida: Pitsenbarger rechazó varias veces ser evacuado y salvó la vida de nueve hombres mientras 106 de los 134 soldados de su unidad caían inertes o heridos de gravedad. La batalla de Xa Cam My fue una auténtica carnicería. La Operación Abilene que urdió el General DePuy sin tener en cuenta las condiciones del terreno se cobró la vida de muchos. Cuando Charlie Epperson rememora ese día y mira viejas fotografías no puede contener las lágrimas y enmudece (Carland 306-309).

Figura 1. Jóvenes soldados de patrulla.
Fuente: charliecompany.org, página dedicada a los hombres que sirvieron en Vietnam de 1966 a 1972 en el Primer Batallón, 22 Regimiento, Cuarta División de Infantería.

En Vietnam no contaba para nada el terreno conquistado, en eso se diferenciaba de cualquier guerra anterior. Tomaban colinas y las abandonaban al día siguiente, conquistar posiciones no era importante en absoluto. En lugar de ello, su misión era provocar el mayor número posible de bajas enemigas. Aquella estrategia demencial consistía en matar cuantos más norvietnamitas mejor. Operaciones de búsqueda y destrucción, las denominaban. Diez enemigos muertos por cada norteamericano caído era un buen balance, más se consideraba un éxito clamoroso, una victoria rotunda. Pero los soldados de infantería pensaban que jugarse la vida para tomar una posición bien defendida y marcharse de allí acto seguido no tenía el menor sentido. En cuanto a lo de matar vietcongs, estos parecían no tener fin: por cada uno que mataban aparecían diez más. Su moral no se resquebrajaba, estaban preparados para sufrir todo el castigo que pudieran infringirles; al final, matar vietnamitas era una cuestión de rutina. Los mandos les alentaban a hacerlo. A pesar de sus nobles intenciones, era inevitable que se convirtieran en matarifes. Alguna vez se pasarían de la raya. Aquello sucedió el 16 de marzo de 1968.

En las proximidades de Son My, una aldea en la provincia de Quang Ngai a siete millas al noroeste de la capital, había una zona marcada de color rojizo en los mapas militares para señalar el área densamente poblada de My Lai que llamaban Pinkville, un auténtico avispero donde se concentraba la actividad del Vietcong. La Compañía Charlie del 1er Batallón del 20º Regimiento de Infantería fue para allá en enero del 68 para dar caza al 48º Batallón del FNLV pero el enemigo había vuelto a las tácticas de guerrilla y evitaban un enfrentamiento directo con las fuerzas estadounidenses (Neale 122-123). El 15 de marzo el Capitán Ernst Medina, comandante de la Compañía Charlie, dijo a sus hombres en sesión informativa que la mañana siguiente se verían las caras con el elusivo 48º Batallón. Los servicios de inteligencia confirmaron que se habían refugiado en el área de My Lai camuflándose entre la población civil. Creyendo que los aldeanos habían huido a la ciudad de Quang Ngai, Medina ordenó a sus hombres que trataran a quien se cruzara por su camino como combatientes o simpatizantes del enemigo. También les ordenó que destruyeran las casas y los cultivos y sacrificaran el ganado. Iban a arrasar la aldea. Pero los informes de inteligencia eran erróneos, el VC se hallaba a más de cuarenta millas de distancia. No había soldados enemigos en My Lai.

A las 7:30 la artillería bombardeó el pueblo de Son My creando un área de aterrizaje para los helicópteros de la Compañía Charlie. A continuación, el Teniente William Calley dirigió al Primer Pelotón hacia Xom Lang, otra aldea adyacente a My Lai, y abrieron fuego indiscriminadamente contra todo lo que se moviera. Hombres, mujeres y niños, incluso ancianos indefensos fueron acribillados a tiros, o bien se les agrupó y los ejecutaron a quemarropa. En medio de la matanza varios soldados americanos atacaron a mujeres jóvenes y las violaron impunemente antes de volarles la cabeza. Entretanto, el Segundo Pelotón de la Compañía Charlie se desplazó hacia el norte matando a docenas más mientras el Tercer Pelotón incendió las chozas y disparó contra los escasos supervivientes que quedaban. El Teniente Calley reunió a ciento cincuenta vietnamitas, los llevó a una zanja de riego junto a un arrozal y mandó que los fusilaran (Belknap 66-68; Greiner 211; Jones 98-9). El sargento Ron Haeberle, fotógrafo del ejército que iba con la Compañía C, documentó las imágenes de la jornada que publicaría después la revista *Life*: cadáveres de mujeres, niños pequeños y bebés lactantes amontonados en el suelo de la aldea; otros a punto de recibir un disparo mostrando una mueca de horror indescriptible[4]. A las 11:00 habían muerto quinientos inocentes; la única baja estadounidense fue un soldado que se pegó un tiro en el pie al desenfundar el arma.

Ese mismo año, el general Julian Ewell fue investigado por el ejército por provocar matanzas similares con espantosa frecuencia. Apodado el Carnicero del Delta, admitió ante el general Westmoreland haber ordenado "un My Lai cada mes" con un balance de 11.000 muertos pero menos de 750 armas incautadas al enemigo (Borch; Turse, "Was My Lai just one of many massacres in Vietnam War?"). Ningún soldado estadounidense percibía lo sucedido como algo extraordinario. Matar vietnamitas era exactamente su trabajo, lo que se esperaba que hicieran. Las unidades de combate competían entre ellas a ver cuál mataba más vietnamitas. Llevaban el recuento de víctimas en lo que llamaban *kill boards* casi como una competición deportiva amistosa y el ganador recibía días libres de permiso o una caja extra de cerveza. A sus comandantes los premiaban con un ascenso. Se calcula que murieron dos millones de civiles survietnamitas en aquella guerra y más de cinco millones resultaron heridos o mutilados. Los soldados norteamericanos dispararon una cantidad de munición veintiséis veces mayor que en la Segunda Guerra Mundial. En My Lai lo dispusieron de tal modo que los soldados incluso se tomaron una pausa para almorzar a media mañana, entre los fusilamientos y las violaciones (Bilton y Sim 130). Los batallones tenían órdenes concretas: *kill anything that moves* (matar todo lo que se mueva) sin hacer distinciones ni pararse a deliberar. La frase *If it's dead and Vietnamese, it's VC* (si está muerto y es vietnamita, es VC) era un lema recurrente durante la guerra; para evitar la culpa y eludir responsabilidades, las víctimas civiles se contabilizaban como enemigos caídos, incluyendo mujeres y niños que trataban de huir, que no comprendían los disparos de advertencia efectuados por el ejército o que habían tenido la mala suerte de vivir en una aldea donde se escondía el Vietcong. Los mataban a todos. Sin remordimientos.

1.2. Calendarios de cuenta atrás

Don Bonsper y Boyce McDivitt crecieron juntos en Portville, una pequeña localidad al sudeste de Nueva York, y fueron a la misma escuela secundaria. Bonsper llegó a Vietnam en junio de 1967 con el Cuerpo de Marines donde sirvió hasta finales de octubre, cuando se convirtió en asesor de la Infantería de la Marina en Vietnam del Sur antes de volver a casa en 1968. Su amigo McDivitt se quedó trabajando en la base naval de San Diego, era dentista de la Marina y atendía a los cadetes arreglando sus dentaduras antes de embarcarse a Vietnam. Una vez allí lo primero que notaban era el contraste climático: "Hacía mucho calor, mucha humedad, muchos insectos, insectos por la noche, era difícil dormir. Y cuando llegaba el monzón venían lluvias muy fuertes, inundaciones, lodo" (Booth).

Muy pronto, la incomodidad sería la menor de sus preocupaciones. Estar en una sauna todo el día era algo a lo que se podían acostumbrar; no así la incertidumbre, la presencia constante del enemigo al acecho. Phil Caputo explicó en una entrevista con H.W. Brands cómo su compañía se sentía "atormentada por una presencia intangible pero real, la sensación de estar rodeados por algo que no podíamos ver" (Brands 144). Los vietcongs usaban la selva como una pantalla donde ocultarse, estaban en su elemento y claramente dominaban el terreno (Herzog 23). Usaban la técnica de guerrilla, golpeaban sin avisar y se retiraban, aparecían y desaparecían sin ser vistos en medio de los arrozales y la densa vegetación; de este modo infundían el miedo a sufrir un ataque sorpresa en cualquier momento. Los soldados americanos padecían una angustia continua que no tardaba en hacer mella y minar su estado de ánimo.

Al patrullar una zona, las unidades podían caminar durante días sin que pasara nada y al día siguiente caer en una emboscada, perder dos o tres hombres y ver al enemigo esfumarse sin dejar rastro. Don Bonsper afirmaba: "Es una verdadera frustración para las tropas sentir que eres constantemente un objetivo". Se instala en ellos la paranoia, un estado de alerta perpetua que no les permitía relajarse por completo: "Cada vez que me daba la vuelta estaban tratando de dispararme" (Rivera). La falta de coordinación entre las distintas unidades convertía el campo de batalla en un lugar caótico; a menudo tenían la impresión de estar luchando para nada, sin un objetivo claro. Abandonados y desorientados en medio de la jungla, su único contacto con el mundo exterior eran algunos ejemplares de la revista *Stars and Stripes* que pasaban de mano en mano y no estaban al tanto de la crispación que se vivía en casa. Ni siquiera sabían si estaban ganando o perdiendo la guerra (Spector).

Joe Bongiovanni vivía en Niagara Falls, Nueva York, y pasó la infancia admirando a los heroicos marines que lucharon en la Segunda Guerra Mundial. Cada noche se quedaba despierto hasta bien entrada la madrugada para ver el corte de emisión de la televisión local con imágenes de la bandera mientras sonaba el himno nacional recordando el alzamiento en Iwo Jima. Se unió a la Infantería de la Marina el 9 de febrero de 1967 y sirvió en el Primer Pelotón de la Compañía Bravo, Primer Batallón de la Tercera División de Marines. Cuando otras unidades se hallaban en peligro y pedían refuerzos, iban rápidamente en helicóptero o en lanchas de desembarco para prestar apoyo táctico. Su base de operaciones estaba en la provincia de Quang Tri y se movían muy cerca de la frontera con Vietnam del Norte, desde donde les lanzaban continuamente fuego de mortero y cohetes. Les llamaban *grunts* (gruñidos) porque eran los tipos duros que machacaban al VC (Isserman y Bowman, *The "Grunts"*). Las condiciones: un calor sofocante durante el día, de noche la temperatura bajaba ostensiblemente y hacía tiritar de frío, virus y otras enfermedades infecciosas, picaduras de insecto, la podredumbre de la selva infectaba los pies, en la temporada del monzón llovía todo el rato. "Pero tu cuerpo se acostumbra", comentaba Bongiovanni, que recibió la Cinta de Acción de Combate tras haber participado en la Batalla de Dai Do (Vaughn).

La guerra les afectaba de otra manera. El miedo a morir mezclado con la rutina de matar, la mezcla de insensibilidad y estrés. Cada soldado de infantería entraba en combate un promedio de 240 días al año; en la Segunda Guerra Mundial sólo entraban en acción 40 días a lo largo de cuatro años. La experiencia de Vietnam era mucho más extrema, no tenía nada que ver con lo que habían conocido sus padres y los otros combatientes de la generación anterior: veinticuatro veces más intensa si observamos los datos. Por si eso fuera poco, el resto de los días no suponían un descanso, no significaban reposo en absoluto. En la Segunda Guerra Mundial podías relajarte si no había enemigos a la vista; en Vietnam podían estar a tu espalda ocultos tras un matojo, escondidos en un búnker subterráneo, al acecho y a punto de abrir fuego a cualquier hora del día. Uno de cada diez soldados estadounidenses fue una baja: murieron un total de 58.148 norteamericanos y 304.000 resultaron heridos de los 2,7 millones que fueron allí a combatir. El porcentaje de muertos es similar al de otras guerras, pero las amputaciones y heridas paralizantes fueron un 300 por ciento más altas que en la Segunda Guerra Mundial: 75.000 volvieron a casa gravemente discapacitados (Hack). Iban al sudeste asiático en la plenitud de sus vidas y volvían convertidos en un despojo, cuando no en una caja. Cada minuto que permanecían en la jungla les trastornaba un poco más.

En un reportaje para *NCO Journal*, un veterano de las Fuerzas Especiales relata su experiencia. Rehusó dar su verdadero nombre. "La primera persona que maté fue una adolescente. Una mujer. Ella trató de matarme primero, pero eso no lo hizo más fácil. Vomité inmediatamente después. Tras aquella primera vez, se hizo más fácil. Y no me gustaba que se hiciera más fácil... Ningún entrenamiento puede prepararte para quitar una vida. Eso te cambia" (Masuka). En las Fuerzas Especiales les entrenaban para matar de forma efectiva y silenciosa. Usaban palabras asépticas como eliminar, táctica y procedimiento. Los cuchillos eran simplemente herramientas adecuadas. A comienzos de 1964 le llevaron a Quang Tri junto a la frontera con Vietnam del Norte para recabar información del enemigo que solía moverse por la Ruta Ho Chi Minh y fustigar a los aldeanos en Dak To, treinta millas al norte en la provincia de Kon Tum. Para cada misión enviaban de seis a quince hombres que se lanzarían en paracaídas o irían en helicóptero lo más cerca posible del objetivo, reunirían información y regresarían sin ser detectados: "Éramos fantasmas. Nos quedábamos solos. No existíamos" (Masuka).

Figura 2. Marines de la Compañía H, 2º Batallón, 41 Regimiento de Infantería durante la operación Hastings en Dong Ha, julio de 1966.
Fuente: Wikimedia Commons.

Había recibido su instrucción militar en Fort Polk, Louisiana, caminando a través de los pantanos cenagosos con sus compañeros boinas verdes. "Un amigo mío y yo hicimos juntos nuestro entrenamiento. Fue malherido, tenía las tripas fuera pero aún respiraba. Me rogó: 'No dejes que me lleven. Tienes que hacer algo'. Y lo hice. No podía dejarlo allí con vida". Lo mató para ahorrarle un sufrimiento mayor a manos del Vietcong. A pesar de su aparente frialdad, debía lidiar con sus temores: "No quería salir de allí en una bolsa para cadáveres. El miedo siempre estuvo presente desde el momento en que llegué allí, pero era algo bueno. Me mantenía en alerta. No estaba listo para morir. El miedo fue un motivador" (Masuka).

William Barner III fue reclutado en 1966 cuando el conflicto aún estaba en sus primeros compases y el gobierno estadounidense decidió aumentar el número de efectivos desplazados a Vietnam. Fue asignado a una batería de obuses y desplegado al año siguiente. Barner sirvió en la pista de mando de su unidad, recibía por radio las solicitudes para dar apoyo a los batallones de infantería y lanzar fuego de artillería contra el enemigo. Calculaban la elevación, el clima y la distancia y ordenaba disparar a los trece cañones de su equipo. A menudo, Barner debía calcular seis misiones a la vez y apuntar sus obuses en diferentes direcciones simultáneamente; trece millas a su alrededor había problemas en todas partes y a menudo permanecían en su puesto hasta veinte horas seguidas.

Aunque operaban a distancia no estaban exentos de peligro. El 13 de junio de 1968 Barner y sus hombres fueron atacados con cohetes, granadas y morteros. El VC trataba de hallar su ubicación y disparaban rondas llevando un registro, bien atentos por si estos revelaban su posición. Seis hombres en el control de tiro y un conductor fueron evacuados aquella vez. Dos días después, Barner estaba tomando un descanso a las dos de la mañana, dio un paseo y vio venir las rondas entrantes de fuego enemigo que iban directamente hacia ellos. Una impactó justo donde estaba su capitán y le voló parte del trasero. Barner regresó corriendo a la pista de mando. Del equipo de seis hombres, solo había tres a su disposición. Con el capitán fuera de juego, no había nadie para decirle lo que debía hacer. Barner calculó el origen de los disparos y detectó la fuente en un pueblo cercano. El enemigo estaba escondido en una pequeña aldea. Barner ordenó abrir fuego y la eliminó del mapa. A la mañana siguiente, unas pocas horas más tarde, llegaron algunos soldados de infantería, se pararon a descansar y le dieron las gracias. "Sabemos lo que hiciste. Nos salvaste la vida" (Duchas; Shorak et al.). William Barner fue ingresado en el hospital de Waco para veteranos de guerra por trastorno de estrés postraumático. Nadie volvía indemne de Vietnam.

El salario del ejército era de setenta dólares a la semana. Desde luego no se alistaban por el sueldo, la única recompensa posible era sentirse útiles, saber que servían a su país; los que fueron reclutados a la fuerza ni siquiera sentían eso. En la base militar las condiciones de vida no eran muy diferentes a cualquier otro cuartel del ejército: comida caliente, cerveza y un catre para dormir. Quienes prestaban servicio en la Armada y las Fuerzas Aéreas podían ducharse habitualmente sin problema; para los cuerpos de infantería el agua era un bien escaso. Era pesado de transportar así que se priorizaba para beber. El baño y afeitado se posponían hasta que llegara el próximo suministro. Además corrían el riesgo de infectarse si se hacían un corte al afeitarse con navaja. Para quienes estaban fuera en una misión las comodidades eran mucho más limitadas: las cartas que recibían cuando los helicópteros reabastecían a las unidades desplegadas en medio de la jungla les daban un cálido recuerdo del hogar, de sus madres, de sus novias. Al final, los helicópteros eran bienvenidos en todo momento. El Bell UH-1 Iroquois o Huey se diseñó para transportar heridos pero se modificó para usarse como arma y mover alimentos, correo, munición, agua y cualquier cosa que necesitaran los soldados en el terreno. El sonido característico de las palas de rotor whup-whip-whip normalmente significaba buenas noticias, suministros, ayuda o un billete para salir del infierno. Muchos veteranos se estremecen al recordar ese sonido que asocian irremediablemente a la guerra y sufren ataques de ansiedad cuando lo oyen.

A falta de un barracón donde guarecerse, cavaban trincheras y colocaban los forros de los ponchos entre los árboles tratando inútilmente de mantenerse secos, o bien colgaban sus hamacas y se balanceaban en vilo. A veces los monos les arrojaban piedras y frutas mientras se detenían a descansar en la selva. Encendían una pizca de explosivo C-4 para calentar sus raciones C de comida enlatada. Cada ración C contenía una porción de carne, fruta, pan y postre. La unidad B era un pequeño lujo: galletas saladas, cacao y bebida en polvo. Un paquete accesorio incluía cigarrillos, fósforos, chicle, papel higiénico, café, crema, azúcar, sal y una cuchara. Tres comidas diarias de ración C proporcionaban 3600 calorías y se consideraban un sustento adecuado para las tropas desplegadas en combate. Más de una vez contraían disentería después de beber una bolsa de agua contaminada del ejército; entonces sufrían retortijones, vómitos y diarrea durante una semana.

Figura 3. Seis voluntarias del programa Donut Dollies posando junto a un helicóptero Little Bird. Fuente: Charliecompany.org.

La Cruz Roja organizó la iniciativa Donut Dollies para proporcionar consuelo a los soldados y distraerlos, de manera análoga a la Segunda Guerra Mundial y la guerra de Corea. Seleccionaban chicas con un diploma universitario y las llevaban a Vietnam para prestar servicio en centros recreativos de todo el país. Viajaban en helicóptero, jeeps y camiones hasta el campo de batalla para ofrecer refrescos, ponche casero y regalos de Navidad a las tropas (Stur). En los puestos avanzados, bases temporales que brindaban apoyo a las unidades de infantería, los soldados olvidaban las preocupaciones por un momento y recibían a las Donut Dollies con los brazos abiertos. Camilla Meyerson recuerda: "Salíamos en helicóptero para aterrizar por sorpresa en todos estos lugares y simplemente les servíamos Kool-Aid, charlábamos con ellos y jugábamos a cualquier tontería para pasar el rato" (Hornung 105-6; Kotcher 259). Seiscientas treinta mujeres participaron en el programa entre 1965 y 1972. Tres fueron asesinadas.

No eran el único entretenimiento. La Organización de Servicios Unidos (USO) llevaba desde 1941 montando espectáculos en el frente. Debutaron en Riverside, California, continuaron durante la Segunda Guerra Mundial y siguieron haciéndolo hasta la Guerra del Golfo en época reciente. Bob Hope hacía de maestro de ceremonias y se volcó en las giras navideñas que patrocinaba el Departamento de Defensa entre 1964 y 1972 (Johnson; Onion et al.; Stabile). Invitó a muchos artistas y otras personalidades de renombre como Raquel Welch, Ann-Margret, Jill St. John, Neil Armstrong, Johnny Bench, Red Foxx o Sammy Davis Jr. pero eran más conocidos por las bellas bailarinas que les acompañaban y sus monólogos cómicos: "Mientras volábamos hacia aquí nos saludaron con veintiún cañonazos, tres de ellos eran nuestros" o "Le pregunté al secretario McNamara si podíamos venir y me dijo: ¡Por qué no, ya hemos intentado todo lo demás!" y bromas así. Cuando actuó en Bien Hoa en 1964, el escenario estaba a menos de un cuarto de milla de las pistas que bombardeó el Vietcong un mes antes[5]. Regresando al Caravelle Hotel en Saigón un coche bomba explotó frente al Brinks Hotel y se salvó por los pelos. Al día siguiente, en la base aérea de Tan Son Nhut empezó con uno de sus chistes: "Quiero agradecer al general Westmoreland por la maravillosa bienvenida de ayer. ¡Abrimos el número con una explosión!" Sus espectáculos se emitían en enero en el canal NBC dentro de *The Bob Hope Christmas Special*, patrocinado por Chrysler y sin cortes publicitarios (Zoglin 377).

El día de Navidad de 1970 cada uno de los cuatro escuadrones de transporte 483º de las Fuerzas Aéreas pintó el morro de sus aviones para que parecieran una cara de Papá Noel, como el C-7A Caribou en el aeródromo de Djamap rebautizado "Santa Bou". Cuando les faltaba poco tiempo para terminar el servicio y volver a casa, confeccionaban un *countdown calendar* (calendario de cuenta atrás) en el que descontaban los días hasta llegar lo que llamaban el *wake-up* (despertar) o la última mañana en Vietnam. Usaban fundas para cascos y otros objetos para obtener papel en el que decorar manualmente su propio calendario. Se decía que el soldado era *short* cuando le quedaban menos de cien días de servicio activo. Cuando llegaban a Vietnam no creían que pudieran aguantar un año con vida, así que flotaban en una nube deseando reunirse con sus familias, se volvían cautos en extremo, evitaban riesgos innecesarios tratando de sobrevivir esos cien días sin incidentes graves y seguir de una pieza. Aquellos calendarios, también llamados *Short-Time Calendars*, eran verdaderas obras de arte naíf donde plasmaban su optimismo con estilo infantil. Algunas veces sus novias, sus hermanos pequeños o sus hijos hacían sus calendarios con dibujos simpáticos que les enviaban por carta. Snoopy o Beetle Bailey eran motivos recurrentes, así como las típicas *pin-up girls* picantes que les consolaban en el barracón. Iban tachando los días hasta largarse de allí de una vez.

Figura 4. *Countdown calendar* elaborado por el soldado James Kornik, miembro del SPS (Staff and Personnel Support) emplazado en Cam Ranh Bay en el periodo 1969-1970. Snoopy dice: *It's Been A Tough Year!* (¡Ha sido un año difícil!). A la derecha, típico calendario erótico con una Pin-up girl, habitual de los barracones.
Fuente: James C. Kornik, Tom Helwick y EC-46 History Site, John Podlaski.

1.3. Zap, zap, zap, y te golpean

De los dos millones y medio de estadounidenses que sirvieron en Vietnam, excepto algunos oficiales de carrera la mayoría eran adolescentes de familias humildes que se alistaron voluntarios o fueron reclutados al acabar el instituto. Afroamericanos en barrios deprimidos, hijos de inmigrantes en áreas industriales, jóvenes sin expectativas de la América rural o "basura blanca" (Appy, "Working-Class War" 14). "Solo las personas que eran pobres iban a la guerra", según Willie McTear (Erickson).

Ingenuamente, creyeron que los survietnamitas les recibirían como salvadores pero en lugar de ello los trataron con recelo, cuando no con hostilidad manifiesta. Muchos civiles incluyendo mujeres y niños ayudaban al Vietcong alojándolos en sus chozas, escondiendo armas y munición o guardando el secreto de sus ubicaciones y negándose a colaborar con el ejército cuando les interrogaban. Los soldados ya no sabían en quién confiar sospechando que los vietcongs les vigilaban en todo momento, contaban con la complicidad de los habitantes y tendían trampas mortales en los sitios más insospechados.

Imaginemos la rabia de un soldado en peligro constante de vida o muerte, al que han reclutado a la fuerza para conducirle al sudeste asiático y luchar por una causa que no comprende o con la que no se identifica, para salvar a gente que no se lo agradece ni desea su presencia, contra un enemigo al que no ven pero puede acabar con ellos igualmente. El Servicio Selectivo había recopilado los nombres de todos los varones estadounidenses de entre dieciocho y veintiséis años de edad, cada sorteo era una lotería a la inversa: en vez de un golpe de suerte, recibían una invitación para ir a la guerra. Les notificaban por carta que habían sido seleccionados, debían presentarse en la junta local de reclutamiento para su evaluación médica y una vez allí o bien los calificaban para un aplazamiento, un retraso oficial del servicio militar, o entrarían en las fuerzas armadas de inmediato. Había que estar tullido para ser rechazado en el informe médico; cualquier chaval que se mantuviera recto sobre sus dos piernas era considerado apto para el servicio. La mejor baza era estar matriculado en la universidad, así conseguían prórrogas y retrasaban lo inevitable. Veintisiete millones de hombres cumplieron la edad de reclutamiento mientras duró la guerra de Vietnam. Muchos tenían una buena excusa para no ir: trabajaban en una industria clave para el esfuerzo bélico, eran necesarios en el hogar para mantener económicamente a sus familias o se habían unido a la Guardia Nacional. Un sesenta por ciento, dieciséis millones, evitaron alistarse de manera legal. Otros escapaban huyendo del ejército y se marcharon a Canadá.

Dentro del diez por ciento de la generación en edad de combatir que luchó en Vietnam, un tercio se unieron al ejército sintiendo la llamada del deber; eran soldados de carrera o se habían formado en academias militares. Otro tercio fueron a regañadientes y el último tercio simplemente se alistó en el tramo final de la guerra porque se hartaron de esperar a que su nombre saliera en el sorteo. Juntándolos a todos obtenemos el patrón típico del soldado norteamericano promedio, un chico de apenas diecinueve años de clase trabajadora sin estudios universitarios: un veinticinco por ciento eran pobres, un cincuenta y cinco por ciento de clase obrera y un veinte por ciento de clase media. Costaba encontrar un combatiente de clase adinerada, ésos se perdían por los pasillos de la universidad y jamás tuvieron que coger un M-16. Los más entusiastas eran los que heredaron un fuerte patriotismo de sus progenitores, si sus padres habían combatido en la guerra y los educaron dentro de una tradición de servicio militar: "Mi padre había servido, todos en nuestra comunidad habían servido. Mis dos hermanos sirvieron en Vietnam", dijo Dave Christian. "Provengo de una comunidad siderúrgica y solo en mi condado nos enrolamos 29.000 chicos" (Herzog, "The Ideal Soldier" 19; Maclear).

Aquellos muchachos que no llegaban a la veintena recibían un poder inconmensurable: el poder de matar y el poder de salvar vidas. En casa ni siquiera podían participar en las elecciones, la edad requerida para votar en Estados Unidos era de veintiún años en esa época. Su opinión no era tenida en cuenta dentro del país, pero les hacían responsables de proteger los valores democráticos de la nación en el otro extremo del mundo. Pasaron de leer cuadernos de historietas a leer manuales de instrucción técnica para el mantenimiento de vehículos y subfusiles.

Figura 5. Soldados del Segundo Batallón, Tercer Regimiento de Marines, junto a un camión del FLNV destruido al sur de Khe Sanh durante la Operación Maine Crag. Fotografía del sargento Ray Bribiesca perteneciente a la colección Jonathan F. Abel, 18 de marzo de 1969. Fuente: Wikimedia Commons.

Abandonaron los campos de maíz y sus granjas en Iowa y Ohio para inspeccionar los arrozales en Vietnam meridional. Los ríos serpenteaban a lo largo de fértiles valles abiertos y aplanados, extremadamente húmedos, donde los campesinos cultivaban arroz, elemento indispensable de su limitada dieta. Alrededor de los arrozales, colinas empinadas y montañas escarpadas cubiertas por una vegetación exuberante y densa en forma de selva tropical con árboles inmensos y plantas descomunales que se fundían unas con otras en un tapiz sofocante y verde. Abrirse camino a través del follaje era un trabajo arduo, avanzar dos millas podía llevar un día entero. Un tipo de planta, la hierba elefante, tenía hojas afiladas que cortaban la piel al pasar a su lado. Los enjambres de mosquitos les acompañaban persistentemente. Cada vez que cruzaban un arrozal debían sumergirse en el agua hasta la cintura llenándose de lodo y luego tenían que arrancarse las sanguijuelas chupasangre que se les habían adherido a las piernas por debajo del uniforme. La humedad se colaba en las botas y empapaba sus gruesos calcetines provocándoles llagas espantosas en los pies. Cargaban un peso de ochenta libras, más de treinta y seis kilos, llevando el equipo que consistía en rifles, morteros, cientos de cartuchos de munición, sus gruesos chalecos antibalas, tres o cuatro cantimploras con agua y latas de ración C para comer. Los *grunts* llamaban a esas patrullas *humping the boonies* (menear los culos, también joderse los culos) por el esfuerzo físico extremo capaz de agotar al hombre más resistente.

A pesar de todo lo soportaban con estoicismo. Nada de eso les mataba. Lo que hacía sus vidas insoportables era el enemigo en la sombra. Se trataba de una situación de ansiedad y tensión continua. Las unidades de combate nunca sabían cuándo aparecerían los vietcongs hasta que era demasiado tarde. Era una verdadera prueba de resistencia, pasaban largos periodos sin cruzarse con el VC y entonces se topaban de bruces y las pasaban verdaderamente canutas (Westheider, "Fighting in Vietnam" 112-113). En 1968 las patrullas americanas solo se encontraban con el enemigo en una de cada cien misiones. Cuando esto sucedía no se libraban grandes batallas que les permitieran sacar ventaja sino pequeñas escaramuzas al caer en una emboscada. "Sales a patrullar tal vez veinte veces o más y nada, simplemente nada. Entonces, zap, zap, zap, te golpean, y Victor Charlie (el Viet Cong) se desvanece en la jungla antes de que puedas acabar con él"[6].

Las guerrillas norvietnamitas solían lanzar ataques sorpresa por la noche o cuando hacía mal tiempo para cogerlos desprevenidos, con la guardia baja, justo cuando menos se lo esperaban. También se escondían en aldeas en apariencia inofensivas y abrían fuego cuando un pelotón patrullaba por allí. Casi siempre llevaban la iniciativa y eran los primeros en golpear causando grandes estragos en las tropas estadounidenses. Al final no paraban de preguntarse cuándo sería el próximo ataque, de modo que se pasaban el tiempo en estado de crispación y se sentían observados aun estando solos. Y luego estaban las bombas trampa. Las fuerzas enemigas enterraron minas terrestres y multitud de trampas explosivas por todo Vietnam del Sur. Estos artefactos intrincados estaban muy bien camuflados y generalmente eran indetectables hasta que se detonaban y algún soldado volaba por los aires. Durante las patrullas tenían que estar bien atentos a los finos cables que accionaban las granadas de mano escondidas en el follaje y fijarse atentamente en el suelo por si veían señales que indicaran una mina terrestre, una zanja o un foso peligroso. Un veinticinco por ciento de las bajas fueron causadas por aquellas trampas. Muchos hombres volvieron a casa mutilados por su culpa, con horribles amputaciones.

En el transcurso de sus misiones de búsqueda y destrucción, las patrullas entraban en las aldeas de Vietnam del Sur y registraban las chozas en busca de arsenales ocultos, almacenes de alimentos, jóvenes en edad de combatir y otros indicios de actividad del VC pero raramente hallaban pruebas que demostraran la colaboración de los aldeanos con la guerrilla. Sin embargo jamás terminaban de creer su inocencia: los campesinos nunca se tropezaban con una mina terrestre, parecían conocer su ubicación y evitarlas eficazmente. El Vietcong ataba una brizna de hierba haciendo un nudo con el extremo del lazo apuntando a un explosivo oculto en el suelo: así avisaban a los aldeanos para que no lo pisaran, pues los guerrilleros dependían de ellos para obtener suministros con regularidad y les interesaba mantenerlos con vida. Los americanos maldecían a los campesinos por colaborar con el Vietcong: "Cuando los soldados no podían distinguir a un amigo de un enemigo, llegaron a odiarlos y despreciarlos a todos", decía Cecil B. Curry, "Ver a los vietnamitas como menos que humanos hacía que los chicos se desprendieran de su propia humanidad" (Hillstrom 66).

Por increíble que parezca, los muchachos se acostumbraban a cualquier cosa. A todo lo que les echaran encima. Los que no se dejaban vencer por el nerviosismo y mantenían a raya la paranoia, podían llegar a aburrirse. En general, los combatientes describen su experiencia en el frente como largos periodos de aburrimiento interrumpidos por sobresaltos de horror puro. Monotonía intercalada con fogonazos de auténtico terror. Patrullar por la selva era tedioso, de pronto el mundo se ponía del revés y estaban en la boca del lobo. Cuando regresaran a casa olvidarían las interminables horas de aburrimiento y solo les atormentarían esos instantes de pesadilla en un bucle sin fin.

En el transcurso de la guerra los soldados iban perdiendo la moral y bajaba su rendimiento. Al principio, muchos militares estadounidenses respaldaron al gobierno cuando decidió intervenir en Vietnam para frenar la expansión del comunismo en el sudeste asiático; Estados Unidos pasó toda la década anterior obsesionada por el auge del comunismo y lo consideraban su enemigo natural, la antítesis de Norteamérica y lo que representaba en el mundo: libertad y democracia. Por ese motivo, los primeros soldados que iban a la guerra lo hacían henchidos de furor patriótico. Además, creyeron que los vietnamitas no podían medirse con el poderío estadounidense y la guerra sería pan comido, coser y cantar. Pero al avanzar la década de los 60 su estado de ánimo se vino abajo progresivamente; no esperaban una oposición tan feroz, verdaderamente les hacían picadillo y dejaron de tener tan claro por qué se jugaban el pellejo.

Conforme aumentaba el número de bajas y el desenlace parecía no tan claro y mucho más lejano de lo previsto, las tropas empezaron a dudar y caer en el pesimismo. Más que pesimismo, era pura resignación. Casi desinterés, por la política y los objetivos militares. Su máxima prioridad era mantenerse con vida y volver a casa de una pieza. El programa de rotación de servicio contribuyó en buena medida a la desmotivación de las tropas: en la Segunda Guerra Mundial los soldados permanecían en el frente hasta que finalizara el conflicto, pero en Vietnam los hombres eran rotados dentro y fuera del país por periodo de un año. El calendario se convertía en su única fijación: desde el momento en que ponían un pie en Vietnam, contaban los días hasta completar su servicio y largarse de allí. Su meta era sobrevivir 365 días, ni uno más. Obviamente cualquier otro argumento pasó a segundo término, el patriotismo fue quedando más y más relegado hasta ser sustituido por el desencanto y el cinismo. A menudo procuraban escaquearse de las misiones peligrosas y evitaban entrar en combate siempre que fuera posible. Al final hasta dejó de importarles hacer amistad con sus compañeros de armas: los recién llegados tardaban en integrarse porque nadie quería patrullar a su lado, su inexperiencia los ponía en peligro; los que se irían pronto, los *shorts*, solo se preocupaban de sí mismos y no convenía pegarse a ellos. Como cualquiera podía morir de un día para el otro, no tenía sentido confraternizar en el frente. Así era mejor porque no lamentarías la pérdida de un amigo.

La opinión pública también influyó en el estado de ánimo de los soldados, sobre todo al final de la guerra. Muchos jóvenes que fueron a Vietnam los últimos años habían sido manifestantes antes de que los llamaran a combatir. Habían apurado sus prórrogas estudiando en la universidad y tenían una opinión bien formada al respecto que nada tenía que ver con el idealismo sin mácula de los primeros soldados voluntarios. De hecho, llegaban a cuestionar las órdenes de sus superiores y criticar abiertamente las tácticas del alto mando. Tuvieron una década para ver el estado en que volvían a casa los veteranos, convertidos en despojo humano, traumatizados, y estaban más resentidos con la situación que los soldados de años atrás. Muchos encontrarán el valor incluso de desertar antes de completar el servicio activo: en 1971, 177 de cada 1.000 soldados estadounidenses fueron catalogados como "ausentes sin permiso", algunos de ellos tres o cuatro veces. Los desertores se duplicaron, pasando de 47.000 en 1967 a 89.000 en 1971 (Zinn 496).

Una combinación de sentimientos negativos —nerviosismo, tedio, resentimiento— se acumulaba como en una olla a presión hasta que los soldados estallaban en un brote de ira contra sus superiores. Los más inconformistas no podían soportar a los oficiales empeñados en ganar medallas y ascender en el escalafón despreocupándose del bienestar de sus unidades, desde la tranquilidad de su puesto de mando lejos de la acción. Algunos oficiales se ganaron el rencor de las tropas que no veían el momento de ajustar cuentas y hacerlos desaparecer. Esto se volvió tan habitual que se usaba una palabra para definirlo: el *fragging* consistía en usar un arma de fragmentación como una granada de mano o cualquier artefacto explosivo para asesinar a un oficial. El término también se refería a otros métodos como sabotear un helicóptero en el que viajaría un oficial para provocar un accidente de vuelo, o dispararle aprovechando el caos durante una refriega con los vietnamitas (Henderson 279; Moser 48). Sucedieron setecientos treinta incidentes similares en el periodo comprendido entre 1969 y 1971 que causaron la muerte deliberada de ochenta y tres oficiales, aunque se cree que muchísimos más episodios de *fragging* nunca se notificaron y pasaron inadvertidos, sin que hubiera repercusiones posteriores. En Vietnam no podías dar nada por hecho. Zap, zap, zap, y te golpean.

1.4. El atolladero político

¿Qué le importaba a Estados Unidos lo que pasara en aquel lejano país? ¿Por qué se metieron en una guerra? Un cúmulo de malas decisiones políticas hizo de Vietnam el caballo de batalla del ejecutivo norteamericano, una úlcera lacerante para todo el que ocupara el despacho oval que dividió a la nación durante demasiado tiempo.

El escenario internacional posterior a 1945 era un hervidero, las dos potencias luchaban por la hegemonía en el mundo aferrándose al imperialismo en un panorama cambiante donde ya no había compartimentos estancos y no tenía sentido el control territorial sino la influencia ideológica. Se formuló la "teoría del dominó" para describir la propagación del comunismo como un efecto contagio que a la larga podría socavar la preponderancia de Occidente; para evitarlo, emprendieron una serie de guerras coloniales contra personas que defendían la propia dignidad, pueblos que reivindicaban la independencia y exigían reformas sociales en Latinoamérica, África, Oriente Medio y Asia entera. El fiasco en Argelia causó el colapso de la Cuarta República francesa, la derrota en Angola desencadenó la Revolución de los Claveles en Portugal. Vietnam estaba en otra categoría.

Una guerra contenida que tenía lugar tan lejos y no parecía relevante, se dilató de tal manera que logró dividir a la mayor superpotencia. Sin el menor atisbo de duda, habían subestimado a su oponente: los vietnamitas eran un pueblo antiguo con una larga historia defendiendo su hogar de los invasores extranjeros. Fueron colonizados por los franceses y posteriormente ocupados por los japoneses: durante la Segunda Guerra Mundial había surgido un movimiento de liberación nacional liderado por Ho Chi Minh y el Partido Comunista de Vietnam, el Viet Minh. Una vez vencido el emperador Hirohito, Francia quiso recobrar el control pero el Viet Minh se había fortalecido y los vietnamitas estaban decididos a impedir que les pisotearan. Derrotaron a los franceses en la Batalla de Dien Bien Phu y desde 1954 la situación era claramente distinta: una región del tercer mundo que se resistía con uñas y dientes a las injerencias. El país se dividió, los nacionalistas comunistas se apropiaron del norte y en el sur se instaló un régimen dictatorial tutelado por Occidente con la promesa de convocar elecciones democráticas, algo que no llegó a suceder jamás. Entretanto, Estados Unidos se implicó en Vietnam del Sur enviando asesores de la CIA y el ejército, armamento y ayuda económica para mantener a la dictadura en el poder y aplacar el movimiento de insurgencia que se iba extendiendo en el área rural (Short, "South Vietnam as an American dependency" 211-216). Al cabo del tiempo el gobierno de Saigón se hizo dependiente y requería cada vez más esfuerzos y atención de los Estados Unidos, mientras los campesinos apoyaban a Ho Chi Minh. Medio millón de soldados americanos no fueron suficientes para resolver esa tensión y peor aún, la empeoraron con sus bombardeos. Se formó el Viet Cong, brazo armado del campesinado dispuesto a sacrificarse para defender sus tierras. Junto a los batallones del ejército de Vietnam del Norte, sumaban un rival formidable.

Estados Unidos, desde su prepotencia, jamás imaginó que unos campesinos enclenques serían tan tozudos y encontrarían el modo de contrarrestar su poderío militar. Terminó siendo la segunda guerra más larga en la historia de Norteamérica. Desde que comenzaron a rondar por allí a mediados de los 50 hasta su desenlace veinte años después, se extendió a Laos y Camboya formando un gran lío irresoluble que no podía ofrecer un final satisfactorio para los actores políticos. Al principio apoyaron a los franceses para evitar la expansión del comunismo en el sudeste asiático mientras ellos se ocupaban de librar la guerra de Corea. Gastaron 2,6 mil millones en ayuda militar pero sería en balde, Ho Chi Minh los echó de allí a patadas. En la Conferencia de Ginebra de 1954 se dividió Vietnam estableciendo una frontera en el paralelo 17 que separaba la República Democrática de Vietnam en el norte fundada por Ho Chi Minh y la República de Vietnam en el sur a manos del emperador Bao Dai gestionada por su primer ministro Bgo Dinh Diem, con el apoyo de Dwight D. Eisenhower y su sucesor John F. Kennedy (Rotter).

El corrupto y totalitario Diem se negó a celebrar las elecciones de 1956 tal y como había prometido en Ginebra por miedo a perder ante Ho Chi Minh, cuyas estimaciones de voto le daban un ochenta por ciento del electorado. Los surviétnamitas vieron frustrado su anhelo de unificar el país bajo el liderazgo único de Ho Chi Minh y Estados Unidos respaldó incondicionalmente a Bao Dai porque tampoco querían la victoria del Partido Comunista, aunque supusiera silenciar al pueblo y quebrantar los acuerdos alcanzados en Ginebra. Ese fue su pecado.

Figura 6. John F. Kennedy ofreció una rueda de prensa en el auditorio del Departamento de Estado que solía emplear como sala de conferencias para explicar la situación en Laos y la penetración del comunismo, que fue televisada para toda la nación. Fotografía de Abbie Rowe, 22 de marzo de 1961.
Fuente: Wikimedia Commons.

Diem ordenó una campaña militar agresiva contra los batallones del Viet Minh que había en el sur. En Hanoi, el Partido Comunista aumentó la presión contra el régimen de Diem esperando que colapsara y descuidó la acción militar, de modo que durante 1957 y 1958 las operaciones se saldaron con infinidad de comunistas capturados o ejecutados por el gobierno. En enero del 59 adoptaron una decisión firme durante un pleno convocado por la cúpula del Comité Central: autorizaron el uso de la violencia revolucionaria para derrocar al gobierno y deponer a Bao Dai (Asselin). La Ruta Ho Chi Minh sirvió para desplazar combatientes y mover equipamiento militar desde Hanoi hacia el sur preparándose para la lucha. El 20 de diciembre de 1960 se fundó el Frente Nacional para la Liberación de Vietnam (FNLV) que protagonizó acciones esporádicas como parte de una campaña sostenida contra el ejecutivo que apoyaba Estados Unidos; combatientes del norte infiltrados en Vietnam del Sur para organizar la insurgencia, un frente único que se organizó incluyendo nacionalistas no comunistas con el objetivo común de acabar con el gobierno intervenido de Saigón. Un año después, los asesores de inteligencia norteamericanos elaboraron un informe para evaluar la situación. Kennedy firmó un tratado de ayuda económica y militar con la República de Vietnam: sesenta y cinco millones de dólares en equipamiento y ciento treinta y seis millones en fondos de cooperación que fueron insuficientes (Ballinger y Tucker 570).

El número de asesores externos aumentó a más de tres mil doscientos, si antes sólo colaboraban con el estado mayor y hacían trabajo de despacho, ahora comenzaron a entrenar a las unidades de combate terrestre supervisando sus batallones y regimientos, pero el ejército de Vietnam del Sur no fue capaz de manejar la situación. En 1961 todos los combatientes de la insurgencia se unificaron en el Viet Cong, expresión que significaba "vietnamitas comunistas" en jerga despectiva, reuniendo quince mil guerrilleros a los que se fueron añadiendo más y más soldados norvietnamitas que pasaban por la Ruta Ho Chi Minh y muchos campesinos que despreciaban el gobierno de Diem y sus aliados americanos y estaban dispuestos a combatir por la causa. En 1962 era más de trescientos mil.

La batalla de Ap Bac se promocionó como una victoria para el ejército de Vietnam del Sur alegando la retirada del Vietcong, pero los analistas lo valoraron de forma completamente distinta: una pequeña fuerza del VC hizo frente a una fuerza mucho más grande de la 7ª División del ARVN (el Ejército de la República de Vietnam por sus siglas en inglés) aguantando el pulso con firmeza antes de abandonar la zona ordenadamente y sin sufrir graves bajas (Elliot 77; Gaspar 57-59). Los vietcongs eran duros y los soldados survietnamitas que habían entrenado los asesores eran demasiado tibios, poco efectivos, una nulidad. Consciente de su flaqueza, el gobierno de Diem adoptó medidas represivas queriendo acabar con la disidencia. Su hermano Ngo Dinh Nhu, jefe de la policía secreta, decidió que los budistas eran un grupo problemático para el régimen: en mayo de 1963 el ejército disparó contra una multitud de budistas que se manifestaban en Hué para protestar contra las políticas discriminatorias del gobierno. Poco después un monje budista se inmoló prendiéndose fuego en una calle céntrica y bien transitada de Saigón. Las imágenes salieron en los noticieros de todo el mundo y causaron una gran conmoción también en Estados Unidos. Ngo Dinh Nhu no aflojó su campaña de represión y envió sus fuerzas especiales a varios templos budistas causando la muerte de numerosos monjes, hubo una oleada de protestas estudiantiles en Hué y Saigón como reacción al suceso y las tropas del ejército tuvieron que vérselas con cuatro mil estudiantes enfurecidos (Anderson, "The Diem Years: Kennedy" 39; Kaiser 226). Era evidente que Bgo Dinh Diem había perdido el control del país, si es que lo había tenido alguna vez. El número de simpatizantes comunistas aumentaba cada día y ningún survietnamita respaldaba la gestión dura pero ineficaz del gobierno (Short, "The Problem of Diem" 263). Al final, hasta Kennedy le retiró su confianza y alentó en secreto un golpe de estado que acabó con la vida de Diem y su hermano. Tres semanas después Kennedy fue asesinado en Dallas.

Cuando Lyndon B. Johnson tomó asiento en el despacho oval heredó un problema demasiado grande para manejar. Saigón ahora estaba al mando del general

Duong Van Minh pero la guerra iba realmente mal para el bando survietnamita y dieciséis mil asesores estadounidenses en Vietnam estimaban que solo era cuestión de tiempo que cayera en manos del comunismo. Treinta y cinco mil guerrilleros del Vietcong y ochenta mil soldados irregulares barrían el suelo con su ejército. Cabía la posibilidad de que China se involucrara en el conflicto como sucedió en Corea, así que Johnson mandó un mensaje a Ho Chi Minh tratando de frenar una escalada. Washington quería mantener una "guerra limitada" que no se propagara más allá de Vietnam y al mismo tiempo no podía dejar al comunismo campar a sus anchas y defraudar a los votantes que lo consideraban una gangrena planetaria (Moyar 375).

El programa de Lyndon Johnson, aquella "Gran Sociedad" que debía dar estabilidad y confianza en un periodo de incertidumbre, quedaría en entredicho si el presidente no mostraba contundencia en política exterior. El 2 de agosto de 1964 le dieron la excusa perfecta para dar el paso: unas lanchas patrulleras norvietnamitas dispararon contra el USS Maddox en el golfo de Tonkín y Johnson acudió al Congreso para buscar el apoyo político que lo autorizase a responder militarmente a la agresión (Anderson, "Credibility: Lyndon Johnson's War" 42-45; Bernstein 350; Logevall 45-47). La cámara votó a favor con solo dos votos en contra del Senado y la Resolución del Golfo de Tonkín proporcionó al presidente autoridad plena para ordenar una intervención a gran escala como represalia. Estados Unidos bombardeó Vietnam del Norte y Hanoi envió unidades por la Ruta Ho Chi Minh atravesando la frontera con Laos para unirse a la insurgencia en el sur. Esto marcó un punto de inflexión: no sólo los guerrilleros del Vietcong sino las tropas regulares del ejército norvietnamita ponían al gobierno contra las cuerdas. Los últimos meses de 1964 intensificaron los ataques: los hoteles donde se alojaban los oficiales estadounidenses en Saigón, la base aérea de Bien Hoa, un puesto avanzado del ejército en la provincia de Tay Ninh junto a la frontera con Camboya, la provincia de Binh Dinh en la zona centro del país... así hasta la base aérea norteamericana en Pleiku en enero del 65. Un golpe tras otro, los de Ho Chi Minh les dejaban sin respiración. Johnson respondió con la Operación Rolling Thunder, una campaña de bombardeos sistemáticos contra objetivos en Vietnam del Norte desde febrero de 1965 que se alargó los próximos dos años (Moss, "The Air War against North Vietnam" 204; Wiest y McNab, "Rolling Thunder" 39). Quedará para la posteridad como una de las campañas aéreas más ineficaces de la historia; si debía servir para disuadir a Ho Chi Minh y que abandonara la guerra, sólo provocó el efecto contrario. Dio incentivos a los comunistas para luchar con redoblado ahínco torciendo el brazo del ejército survietnamita y alentando a los opositores del gobierno, que se vio en evidencia por los casos de corrupción política y las deserciones masivas: más de cien mil soldados del ARVN desertaron al acabar 1965 dejando al ejército mermado. Si antes era débil, ahora era raquítico.

Figura 7. Lyndon B. Johnson y el general Westmoreland en Vietnam del Sur. Fotografía de Yoichi R. Okamoto, 23 de diciembre de 1967.
Fuente: Wikimedia Commons.

Por fin, en marzo del 65, Johnson dio el siguiente paso: envió tropas estadounidenses de combate terrestre a Vietnam. En principio las unidades iban a defender los aeródromos de Vietnam del Sur y dos batallones de marines aterrizaron cerca de Da Nang con ese propósito. El general Westmoreland, comandante de asistencia militar, pidió que enviaran tropas adicionales creyendo que el VC estaba preparándose para una gran ofensiva y el Estado Mayor Conjunto aprobó su solicitud.

Los estadounidenses debían proteger sus enclaves militares y limitaban sus operaciones dentro de un radio de acción que no iba más allá de cincuenta millas. No pasó demasiado tiempo hasta que pasaran a la ofensiva. Siete batallones de infantería de marines y siete divisiones del ejército, otras dos divisiones de infantería y cuatro unidades separadas del tamaño de una brigada fueron llegando a la zona con la intención de aplastar al Vietcong. Se pensaba que la guerra duraría pocas semanas. Aquellos energúmenos del tercer mundo no eran rival para el soldado norteamericano y su singular potencia de fuego. Iban a recibir una lección inolvidable.

La batalla de Ia Drang, un valle fluvial en las colinas centrales de Vietnam del Sur, supuso el primer enfrentamiento entre los soldados estadounidenses y las tropas regulares del FLNV (Frente de Liberación Nacional de Vietnam) y sirvió al general Westmoreland para sopesar la situación y definir el curso de la guerra. Ia Drang confirmó la eficacia de la movilidad aérea usando helicópteros y el *body-count* (recuento de cadáveres) para medir los resultados en el campo de batalla (Daddis 83; Fitzgerald 37). Los soldados se desplazarían por aire al lugar requerido para moverse con agilidad pero el terreno conquistado no tenía la menor relevancia, sólo el número de bajas enemigas. No había que avanzar en el mapa sino matar la mayor cantidad posible de vietcongs para mermar sus filas. Con estas nociones básicas, Westmoreland diseñó la guerra de Vietnam. A finales de 1965 habrá ciento ochenta mil soldados norteamericanos en el país. A mediados del año siguiente había trescientos cincuenta mil. Al acabar 1967 serían quinientos mil (Isserman y Bowman, "Ground War: 1965-1967").

En Hanoi, los comunistas se prepararon para una guerra prolongada cuyo objetivo era agotar la voluntad del ejército americano, una guerra de desgaste que tiraría por el suelo sus planes de acabar rápida y limpiamente y les conduciría a la desesperación, aunque acarreara pérdidas considerables en ambos bandos. Estaban dispuestos a sacrificarse por sus ideales pero confiaban en que el bando norteamericano sentiría la zozobra y perdería el apoyo en casa, como así sucedió. Estados Unidos vivía una enorme agitación política y social durante los años 60 con el auge de la contracultura y los movimientos antisistema que dividían a la opinión pública. Al no lograr ningún avance significativo en la guerra de Vietnam que decantara la balanza en su favor y pusiera fin al conflicto, el público fue retirando su apoyo y recelando de la clase política. El presidente Johnson hacía todo lo posible para convencer al pueblo de lo contrario insistiendo en la idea de que estaban ganando la guerra, pero el número de soldados muertos y los excombatientes que regresaban a casa mutilados y traumatizados al cumplir servicio socavaban la credibilidad del gobierno. Lo cierto era que habían llegado a un dramático punto muerto, un impás en el que no terminaba de producirse una victoria definitiva; considerando la perspectiva altanera de los norteamericanos, sus prejuicios culturales, que un puñado de asiáticos malnutridos criados en medio de la jungla fueran imposibles de abatir y, peor aún, que masacraran a sus chicos, era un golpe bajo a su vanidad y una situación todavía más humillante que la derrota. Para muchos otros que sí empatizaban con los vietnamitas defendiendo aquellas tierras de invasores extranjeros, la guerra era un David contra Goliat que ponía de manifiesto la mala gestión de los sucesivos gabinetes presidenciales.

Nunca llegaría una victoria honrosa. Desde el primer instante fue una situación endemoniada, fruto de sus decisiones y la mala planificación: el empeño de interferir en países distantes alegando una superioridad moral que les permitía poner orden en el mundo; apoyar regímenes totalitarios en el extranjero solo para entorpecer al contrincante ideológico; consentir que se negaran las legítimas aspiraciones de un pueblo remoto que pedía elegir democráticamente a su gobierno;

promover golpes de estado para mantener un títere que se hizo dependiente inyectando fondos económicos continuadamente; la presunción, tras dos guerras mundiales que les enorgullecían como muescas en el revólver, de que nadie podría plantar cara al ejército norteamericano, hacerles sudar sobre el terreno y más aún, ponerles contra las cuerdas. La Ofensiva del Tet fue una jarra de agua fría que les demostró lo equivocados que estaban.

En vísperas de la celebración del Año Nuevo Lunar a finales de enero de 1968 nadie esperaba problemas. Normalmente había unos días de tregua no pactada para respetar sus ritos tradicionales, no se producían combates y ambos bandos podían tomarse un respiro. En Hanoi, los líderes norvietnamitas decidieron saltarse el guión y dar un golpe sorpresa justo cuando los occidentales suspiraban aliviados y se unían a los festejos. Era algo tan inconcebible como atacar el día de Navidad, y eso fue justamente lo que ocurrió. Las fuerzas comunistas, formadas entonces por más de ochenta mil efectivos, lanzaron simultáneamente una serie de ataques combinados por todo el país, desde la zona desmilitarizada cerca de la frontera hasta la península de Ca Mau en extremo meridional. Aunque las tropas estadounidenses reaccionaron eficazmente repeliendo las agresiones, los estragos causados revelaban la inmensa capacidad destructiva del enemigo y su buena organización. Tácticamente consiguieron su objetivo. En casa, el pueblo americano vio que no estaban enfrentándose a un rival pequeño, comprendieron que la guerra estaba lejos de ganarse, ya calculaban cuántos soldados más tendrían que desplazarse allí para contener al enemigo y volver las tornas; supieron entonces que su presidente les había mentido reiteradas veces: no estaban ganando la guerra de Vietnam, enviaban a los jóvenes a morir en los arrozales un año tras otro sin un horizonte claro. Lyndon Johnson decidió no presentarse a las elecciones para renovar su mandato y lanzó un comunicado en directo por televisión. Esto era como admitir su derrota en público, una muerte política. Un error estrepitoso. La guerra entró en su siguiente fase, ya no sería una marcha triunfal sino un maldito embrollo, una huida desesperada hacia adelante.

Richard Nixon se hizo con la presidencia en 1968 porque había prometido en campaña que pondría fin a la guerra, hasta ese punto había consenso en el electorado: no solo los jóvenes antisistema y los pacifistas, sino el ala más conservadora del país formada por los votantes republicanos que deseaban traer de vuelta a sus hijos y nietos atrapados en el sudeste asiático. Nixon se comprometió a buscar una "paz con honor" que ya no era igual a buscar la victoria y procedió a "vietnamizar" la guerra: la retirada progresiva mientras las fuerzas estadounidenses transferían la responsabilidad al gobierno survietnamita y su ejército (Moss, "Nixon Takes Control"). Así se hizo, pero el Vietcong y el FLNV no aflojaron ni un ápice su ofensiva, antes al contrario, continuaron con toda intensidad. Estados Unidos ordenó bombardeos masivos en Vietnam del Norte y del Sur y penetró en Laos y Camboya atacando los bastiones de la insurgencia en suelo extranjero. Por su parte, Hanoi emprendió la invasión total de Vietnam del Sur en primavera del 72 pero los americanos lograron resistir a duras penas. Nixon anunciaba el éxito de la vietnamización exagerando el relato para seducir al electorado mientras Kissinger se reunía en secreto en París con Le Duc Tho para negociar un acuerdo de paz. El presidente Nguyen Van Thieu se opuso a los términos del tratado y exigió sesenta y nueva enmiendas al acuerdo, haciendo que los norvietnamitas se retiraran enojados de la mesa de negociación y volvieran a casa para consultar a su líder. Nixon bombardeó Hanoi y Haiphong presionando para retomar las negociaciones, pero el acuerdo que alcanzarían no diferirá mucho del primer borrador esbozado antes (Anderson, "The American War in Vietnam: De-escalation" 73-75; Kimball 363).

Figura 8. Richard Nixon y Henry Kissinger, asesor de seguridad nacional y secretario de Estado, conversando en el despacho oval de la Casa Blanca. Fotografía de Oliver Atkins, 8 de octubre de 1973.
Fuente: Wikimedia Commons.

El 27 de enero de 1973 ambas partes firmaron los Acuerdos de Paz de París incluyendo un alto el fuego y la retirada de las tropas estadounidenses en marzo. Nixon se comprometió con Thieu a prestar apoyo a Vietnam del Sur si Hanoi vulneraba los términos del tratado y violaba el alto el fuego acordado. Con esto, el presidente puso punto y final a su participación en la guerra. Vietnam del Norte y Vietnam del Sur seguían enzarzados pero Estados Unidos ya no estaría en medio de los dos sacrificando a sus hombres (Kissinger 340; Lawrence 137). Por otra parte Nixon tenía problemas más acuciantes en casa, acosado por la prensa y expuesto ante la opinión pública por el escándalo Watergate. En 1974, Richard Nixon renunció al cargo y acto seguido el Congreso recortó la ayuda militar en Vietnam. En diciembre, Hanoi lanzó su ofensiva final haciendo retroceder a las desorganizadas tropas survietnamitas mientras avanzaba inexorablemente hacia la capital. El 30 de abril de 1975 los tanques entraron en el palacio presidencial en Saigón y Thieu anunció su rendición.

Estados Unidos se había retirado dos años antes de la caída de Saigón. Vietnam estaba en manos de los comunistas. A pesar de haber luchado denodadamente para impedirlo, los norteamericanos no pudieron conseguir los objetivos que se marcaron al principio, era una derrota desde cualquier ángulo posible: táctica, moral y políticamente, Estados Unidos no pudo torcer el brazo al Partido Comunista de aquella región inhóspita y sus feroces guerrilleros; América era poderosa, sí, pero no imposible de vencer. Sólo a los patriotas más recalcitrantes les importaba la imagen proyectada en el mundo. Para el resto de la sociedad, el fin del derramamiento de sangre era la mejor noticia posible, lo que llevaban tanto tiempo exigiendo a lo largo de incontables concentraciones en pro de la paz. La izquierda y los antisistema tuvieron lo que querían; en cambio el gobierno de la nación, las instituciones públicas y sus representantes electos quedaron en evidencia. Tras años enviando chicos al matadero, no había nada que justificara su empeño y sí mucho de lo que avergonzarse (Willbanks).

1.5. Vivir la pesadilla

Un país que se forjó en el fragor de la guerra, dichoso de portar armas, complacido de haber pacificado el mundo dos veces consecutivas, parecía predispuesto a tomar parte en una buena pelea dondequiera que fuese. El pueblo americano siempre tuvo a sus soldados en un pedestal, el ejército era el trampolín para convertir a sus hijos, amigos y maridos en auténticos héroes. No se cuestionaban los motivos, partían de la premisa de que los valores estadounidenses encarnaban el espíritu más elevado de la civilización. Desde 1775 hasta 1991 más de cuarenta millones sirvieron en las fuerzas armadas en tiempos de guerra: "El soldado, más que ningún otro, ruega por la paz porque es el soldado quien debe sufrir y soportar las heridas y cicatrices más profundas de la guerra"[7] dijo una vez el general Douglas MacArthur (Ambrose 261). Cuando regresaban a casa sus familias les recibían amorosamente, sus vecinos les aclamaban por su valentía, el pueblo norteamericano agradecía su sacrificio y ensalzaba a sus héroes. Al menos, así fue hasta la guerra de Vietnam.

Los que volvían del sudeste asiático soñaban con el retorno al hogar. Contaban pacientemente los días, confeccionaban sus propios calendarios para consolarse en medio de la jungla y en los paréntesis de calma dentro de los austeros barracones mientras permanecían insomnes. Los que se alistaron voluntarios esperaban dar ejemplo en sus comunidades y hacer que se sintieran orgullosos de ellos. Se medían con la "Generación más grande", los que combatieron en la Segunda Guerra Mundial y libraron al mundo de las garras del nazismo, a quienes habían idealizado y se convirtieron en sus modelos desde la infancia, sus referentes morales. Sin embargo aquella vez sería distinto. En casa, mientras ellos se batían con los vietcongs, la nación pedía el fin de la guerra, cuestionaba el rumbo de los acontecimientos y se preguntaba qué sentido tenía enviar muchachos a combatir en un lugar del que nunca oyeron hablar antes. La guerra de Vietnam era un atroz sinsentido y los que se prestaron a luchar en ella simplemente eran marionetas, peones al servicio de la política. Desde noviembre de 1955 hasta abril de 1975 los militares desplazados allí, ya fuera como asesores externos o soldados de infantería, a menudo eran abucheados al irse y luego eran abucheados otra vez al volver desde el momento en que ponían un pie en el aeropuerto. Enarbolaban pancartas contra ellos, les insultaban, les lanzaron escupitajos, les miraban por encima del hombro y les trataban con desdén. No eran héroes, sino tipos despreciables (Westheider, "Soldier's Issues in the Vietnam War" 159-161).

El pueblo americano, como en el resto del mundo, concentraba su ira contra la clase política pero también contra quienes participaron activamente en la guerra de Vietnam, contra los soldados. En el periodo del 5 de agosto de 1964 al 7 de mayo de 1975 más de nueve millones de militares contribuyeron al esfuerzo bélico y cerca de tres millones cumplieron servicio y arriesgaron el cuello en Vietnam. Más de cincuenta y ocho mil regresaron en un ataúd o nunca volvieron, sus nombres están esculpidos en el monumento de granito negro que honra su recuerdo en Washington, D.C. aunque parece más un muro de las lamentaciones que inmortaliza un fiasco garrafal. Para muchos soldados Vietnam solo fue el comienzo de su pesadilla; si ya era difícil volver a la normalidad y retomar su estatus civil después de haber matado y visto morir a tantos, si no tenían suficientes demonios dentro de sus cabezas deberían soportar una lacra que los convirtió en parias, en apestados sociales, el resto de sus días. "Este grupo de veteranos nunca recibió la bienvenida que merecían", afirma el coronel Calvin C. Hudson II, comandante de Fort Worth (Rivera).

Robert Eisenberg se graduó en el instituto en 1967 y muchos de sus compañeros de promoción estaban siendo reclutados o ingresaban en el ejército por su propia voluntad. Eisenberg se alistó en la Reserva de la Marina un año antes deseando ir a Vietnam para demostrar su valía. Tuvo que esperar hasta 1970 para participar en operaciones navales: fue desplegado dos veces como artillero de tercera clase en el buque de aprovisionamiento USS Ponchatoulain en el golfo de Tonkín. Trabajó de catorce a dieciocho horas diarias en aquel petrolero que reabastecía los portaaviones y funcionaba como barco de municiones durante once meses de operaciones intensas en alta mar. Le concedieron un permiso para asistir al funeral de su padre y luego le asignaron al carguero anfibio USS Tulare que servía para desplegar a las unidades de infantería desde la zona desmilitarizada hasta el delta del Mekong. Al volver de Vietnam no podía dar crédito a lo que vio. La nación ya no quería abrazar a sus héroes, no eran guerreros sino escoria. La gente les escupía en la cara literalmente, les insultaba, incluso trataban de agredirlos por la calle. Ellos no estuvieron allí, no sabían lo que estaba pasando. Solo vieron todo lo malo, las cosas contra la guerra que se decían en las noticias… no sabían nada acerca del tipo que cargó con un herido a sus espaldas dos, tres millas hasta un lugar seguro" (Id). Eisenberg recuerda lacónicamente ese momento, justo al llegar a San Francisco saliendo del aeropuerto para regresar a su hogar en Texas: "No fue una experiencia muy agradable, era un pobre marinero frente a unas quinientas personas furiosas". Un par de policías acudieron en su ayuda. Uno era veterano de la Segunda Guerra Mundial y el otro veterano de Corea y le ayudaron a tomar el vuelo de escala rumbo a casa. En Texas, su familia le brindó todo su apoyo para reintegrarse y pasar página. Dos años y medio después regresó a la Marina donde permaneció hasta jubilarse tras una carrera de treinta y cuatro años: "Estaba rodeado de personas que habían compartido experiencias similares y con las que podía hablar", admite. Nadie que no hubiera estado en aquella guerra sabía cómo fue de verdad, no hallaban comprensión en ningún otro lugar sino al reunirse con los otros veteranos que sirvieron a su lado.

El presidente Nixon marcó el 29 de marzo de 1974 como el primer Día de los Veteranos de Vietnam, un año después de que las tropas de combate se retiraran y llegaran los últimos prisioneros de guerra retenidos en Vietnam del Norte. La conmemoración del Día de los Veteranos quiere reconocer el esfuerzo de aquellos hombres que sacrificaron tanto; durante años era una celebración agridulce donde se mezclaban la culpa de los supervivientes y la melancolía por los que murieron, además de poner el foco en la carnicería que supuso, con los tullidos y los inadaptados desfilando compungidos en procesión. Con el tiempo los veteranos han recobrado su dignidad y no están dispuestos a seguir flagelándose por haber combatido en una guerra impopular (Cooper).

Aunque sí había motivos para estar avergonzados, en la guerra de Vietnam, muchos hombres protagonizaron actos de valentía incuestionable, cumplieron con su deber y sobrevivieron a una experiencia aterradora. Pero cualquiera que analizara la situación y reflexionara sobre lo que estaba ocurriendo vería que la guerra, en su sentido más amplio, nunca tuvo una peor justificación ni fue más abominable. El soldado Tobias Wolff se preguntaba "¿Por qué no nos respaldaron los vietnamitas? ¿Por qué no les importaba que estuviéramos muriendo por ellos?" y ponía el dedo en la llaga: "Cada vez que abofeteábamos a alguno, destrozábamos una aldea o gritábamos obscenidades desde un jeep nos retratábamos como su enemigo y por lo tanto entregábamos más poder y legitimidad a la misma gente a la que debíamos vencer"[8]. En efecto, los aldeanos verían a los norteamericanos como bestias, invasores que no paraban de maltratarlos de mil y un formas imaginables, que destruían sus chozas y arrasaban sus cultivos sin importarles en absoluto el bienestar de los habitantes: "Mi estancia en Vietnam es el recuerdo de la ignorancia. No sabía hablar el idioma. No conocía nada sobre su cultura, nada sobre su religión, nada sobre las comunidades que vivían en aquellos pueblos. No sabía nada sobre lo que deseaba toda esa gente, si estaban a favor o en contra de la guerra... El resultado final fue que era un imbécil o un ciego vagando por una tierra extraña" decía Tim O'Brien (Mahini et al).

Figura 9. Un marine lleva detenido a un aldeano sospechoso de pertenecer al Vietcong, al oeste de la base aérea estadounidense en Da Nang. Fotografía de G. Durbin, 8 de marzo de 1965.
Fuente: Wikimedia Commons.

El sistema de *body-count* ingeniado por el general Westmoreland contribuyó a cosificar a los civiles, que al final solo eran cifras. No era raro que los trataran a empujones pues no confiaban en ellos y los identificaban con el enemigo, ni por supuesto que abriesen fuego contra ellos puesto que nunca los vieron como a personas. La misma población que se suponía debían salvar se convertía en objetivo: no iban a liberar Vietnam, iban a arrasarla. En 2003, el periódico *Toledo Blade* publicó una serie de artículos[9] denunciando las atrocidades cometidas por la unidad Tiger Force formada por cuarenta y cinco soldados de élite que se alistaron voluntarios y combatieron en la 101 División Aerotransportada. A lo largo de siete meses sangrientos de 1967 causaron estragos allá donde iban: tomaron prisioneros y los torturaban salvajemente, violaron mujeres, mutilaron o asesinaron a civiles desarmados causando una cifra de bajas que oscila entre las nueve y las más de cien víctimas inocentes. El Ejército investigó el asunto y concluyó que dieciocho de ellos cometieron crímenes de guerra incluyendo negligencia en el cumplimiento del deber pero jamás llegaron a juzgarlos en un tribunal militar y varios siguieron en servicio activo años después como Norman Bowers, Franciszek Pyclik y Eberhard Gasper.

Los hombres de la unidad Tiger Force están etiquetados como *Rogue GIs* (soldados viles) mientras las autoridades puntualizan que el ejército abrió doscientos cuarenta y dos expedientes por crímenes de guerra en Vietnam y corroboraron un tercio, lo que condujo a veintiuna condenas; el encubrimiento es evidente, solo se trata de la punta del iceberg. Se conocen muchos más incidentes como el ataque a Thang Phong del Navy SEAL Bob Kerrey –que luego sería senador por Nebraska– o la masacre de Son Thang que fue conocida como "el My Lai del cuerpo de marines". El teniente coronel Anthony Herbert divulgó variedad de casos así en su libro de memorias *Soldier*[10]. El *Toledo Blade* revisó documentos clasificados del ejército y contabilizó no menos de veintitrés episodios de tortura y malos tratos a vietnamitas a manos del 172º Destacamento de Inteligencia Militar, como aplicar descargas eléctricas a los detenidos usando el generador de un teléfono de campaña. Uno de los miembros de la Tiger Force, Sam Ybarra, era nombrado en siete de las treinta denuncias por crímenes de guerra incluyendo la violación y apuñalamiento de una niña de trece años y el brutal asesinato de un niño de quince años. El sargento Roy E. Bumgarner apodado "Bummer" que sirvió en la 1ª División de Caballería y luego en la 173ª Brigada Aerotransportada se convirtió en un verdadero asesino en serie; un excomandante decía que había matado personalmente a más de mil quinientas personas en un lapso de cuarenta y dos semanas. Fue acusado de asesinato premeditado y juzgado en un consejo de guerra pero el veredicto sólo le condenó por homicidio involuntario; la pena consistía en una multa de noventa y siete dólares al mes durante seis meses (Sallah y Weiss; Turse, "The Vietnam War Crimes You Never Heard Of").

Sí, los soldados iban a Vietnam creyéndose héroes... y se convertían en psicópatas. Un oficial de la Cuarta División de Infantería cortó la oreja de una mujer y la colocó en la antena de radio de un jeep como adorno; solo recibió una carta de amonestación. En agosto de 1967 un niño vietnamita de trece años fue violado por un interrogador de la 196ª Brigada de Infantería, le condenaron por actos indecentes y agresión a siete meses y dieciséis días de reclusión. En septiembre del mismo año un sargento estadounidense mató a dos niñas vietnamitas ejecutándolas con una bala en la cabeza; juzgado en consejo de guerra fue declarado no culpable y no recibió ningún castigo por ese delito. Y así podríamos seguir. Lo que hacían esos hombres no era tan diferente de lo que hicieron los criminales que sus padres habían combatido veinte años antes en Europa. Christian Appy denominaba esa conducta la "doctrina de la atrocidad", una estrategia basada en los dictámenes oficiales de los Estados Unidos. Hubo connivencia; más que ocultar tales hechos, los fomentaban (Appy, "Drawing Fire and Laying Waste" 201).

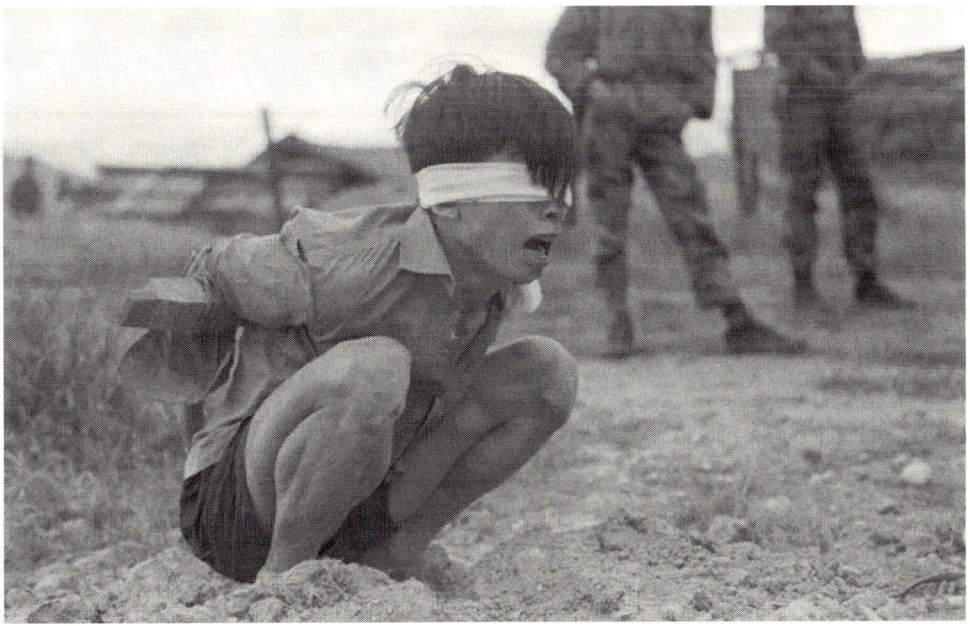

Figura 10. Prisionero del Vietcong interrogado por un destacamento de las Fuerzas Especiales en Thuong Duc. Fotografía de David Epstein, 23 de enero de 1967.
Fuente: Wikimedia Commons.

"Estabas caminando en la cuerda floja todo el tiempo" decía James Webb. "Confusión ética es la única palabra que puedo usar". Y en semejante estado de ofuscación se entregaron al consumo de drogas. En Vietnam eran baratas y fáciles de conseguir. Innumerables soldados empezaron a drogarse para escapar del aburrimiento, la espantosa rutina y el absurdo de soportar a los mandos militares. Otras veces necesitaban huir de la realidad, perder el conocimiento y olvidar por un momento el espectáculo sanguinario que se les había grabado en la retina. Según Michael Maclear servían para expresar su inconformismo, un desplante a las autoridades, así es como podían protegerse. Sobre todo en las bases militares y en las unidades de apoyo el consumo estaba disparado; las unidades que salían a patrullar las evitaban porque en plena zona de combate cualquier distracción podía costar cara. El consumo de marihuana alcanzó su cota máxima en el cincuenta y ocho por ciento de las fuerzas estadounidenses en el periodo de 1969 a 1971 cuando el gobierno empezó a retirar las tropas; era el momento de relajarse, pensó la mayoría. El consumo de heroína también aumentó de modo alarmante, del dos por ciento al veintidós por ciento. Además las drogas duras que usaban en Vietnam era mucho más fuertes y adictivas que las versiones disponibles en Estados Unidos: quinientos mil soldados se volvieron adictos. En 1971, mientras cinco mil soldados fueron hospitalizados por heridas de guerra, veinte mil quinientos recibieron tratamiento por abuso de drogas[11]. Para miles de combatientes, Vietnam fue una alucinación.

1.6. La lámpara de lava

El ejército estaba yéndose por el desagüe. El acceso a la heroína era un factor clave para explicar el consumo: los mayores suministros procedían del norte de Laos, el norte de Tailandia y el noroeste de Birmania, área que se conoce como el Triángulo Dorado. La heroína pura llegó a Vietnam del Sur y estaba disponible para estos jóvenes soldados en estado de shock que necesitaban escapar de allí como fuera, huir mentalmente al no haber otro modo mejor de hacerlo. Los americanos compraban viales de droga por un precio asombrosamente inferior al que pagarían en casa. Podían conseguir una caja de cigarrillos de marihuana liados y empaquetados, cada uno de los cuales había sido bañado en opio líquido, por solo diez dólares. Otras veces ni siquiera tenían que soltar dinero, por ejemplo una caja de detergente podía intercambiarse por droga. El polvo blanco y los porros pasaron a ser un accesorio habitual del soldado norteamericano, como las raciones C y las revistas porno.

En 1969 se trataba de un problema importante para el ejército, una encuesta realizada por el Departamento de Defensa indicaba que casi el veinticinco por ciento de los soldados consumían marihuana, otra encuesta similar el año después confirmaba que el diez por ciento había probado la heroína al menos una vez (McCoy et al.). Desde luego, los que respondieron a los encuestadores se quedaron cortos. Tales números apenas son un eufemismo. Los barracones olían a hierba y los muchachos aparecían en las fotos con los ojos rojos o los párpados dilatados y una sonrisa estúpida plantada en la cara. Entre veinticinco mil y treinta y siete mil soldados estaban enganchados al caballo.

John Steinbeck IV tenía veintiún años en enero de 1968 cuando publicó un revelador artículo en *The Wahingtonian*[12]. El hijo del famoso autor de *Las uvas de la ira* (1939) había estado en Vietnam un año entero como reportero en una emisora de radio y televisión de las Fuerzas Armadas y trabajaba como redactor en la oficina del Jefe de Información del Ejército en ese momento. En marzo testificaría en el Congreso: "Cerca del sesenta por ciento de los soldados estadounidenses con edades entre los diecinueve y los veintisiete años fuman marihuana cuando creen que es razonable hacerlo". El ejército, como cabía esperar, reaccionó airadamente y expresó su indignación ante semejantes declaraciones. Acaba de romperse un tabú, pero aquel hecho inconfesable terminó siendo uno de los principales leitmotivs de la guerra de Vietnam.

En realidad, el ejército añadía un paquete de dextroanfetamina dentro del equipo de supervivencia que se entregaba a los soldados en el campo. Aquella píldora estimulante, el *dexie*, no era peligrosa en las cantidades administradas y debía servir para mantenerse despierto al montar guardia o soportar mejor el esfuerzo físico durante las patrullas. Sin embargo el opio es una tradición en Oriente y era cuestión de tiempo que los soldados entraran en ese submundo. La Ruta Ho Chi Minh servía para transportar los cargamentos de marihuana introduciéndola en Vietnam del Sur en cantidades masivas de modo que podías encontrarla en cada esquina. Hasta el presidente Richard Nixon admitió en 1971 que el abuso de drogas era el problema número uno para la salud pública de la nación. Los altos mandos estaban tan preocupados que financiaron un proyecto de investigación que les ayudase a manejar el asunto. Ya era evidente que los soldados tenían fácil acceso a la heroína barata y potente, el quid de la cuestión era descubrir quién se había enganchado a la sustancia. En septiembre del 71 todos los soldados que volvían a casa fueron sometidos a una prueba de orina. Los que daban positivo serían enviados seis o siete días a desintoxicación. Quienes estaban a punto de embarcar para salir de aquel infierno y aun así no fueron capaces de reducir el consumo ni ante la expectativa de abandonar Vietnam, estaba claro que se habían convertido en adictos. El sociólogo Lee N. Robins dirigió aquel proyecto de investigación y entrevistó a cuatrocientos setenta soldados de los casi catorce mil que cumplieron servicio aquel mes, así como a los cerca de quinientos soldados que habían dado positivo por opioides. Estas fueron las conclusiones: casi la mitad de todos los hombres que se alistaron en ejército había probado uno de los dos opioides –heroína y opio– y el veinte por ciento se habían enganchado. Robins encontró pocos argumentos para justificar la visión de la heroína como una droga especialmente peligrosa; es decir, los soldados la consumían alegremente, como caramelos (Aguirre; Robins; Westheider, "Soldier's Issues in the Vietnam War" 173).

Figura 11. Soldados fumando marihuana en un apartamento de Saigón, 1971.
Fuente: The Canna Chronicles.

Era un secreto a voces. Claro que se comportaban como lunáticos, es lo que eran. Al menos la gran mayoría. "No hay una discoteca psicodélica que pueda igualar la belleza de las bengalas y las bombas en plena noche", escribió Steinbeck. Hasta el cómico Bob Hope incluyó el uso de los estupefacientes en sus monólogos: "Antes del espectáculo vi a un sargento parado en una esquina con una pantalla de lámpara en la cabeza esperando a ser encendida... En un cuartel, todos miraban a las 12 en punto. Y ni siquiera tenían un televisor". Luego remataba: "Nuestro oficial dijo que muchos de vosotros estáis cultivando vuestro propio césped". Y recibía una lluvia de aplausos y vítores cuando sentenció "En lugar de quitarles la marihuana a los soldados deberíamos dársela a los negociadores de París"[13].

Robert Jay Lifton decía que las drogas eran parte del "universo social falsificado" de Vietnam y un modo de resistir para los *grunts* extenuados desairando a los oficiales superiores. Ya en 1960 se administraba clínicamente un remedio para el dolor de cabeza conocido como Binoctal que los soldados ingerían junto con un trago de alcohol para tener un rápido subidón (Colbach y Wilson, 40). Muchos soldados admitían que las píldoras de dextroanfetamina aumentaban su irritabilidad: uno confesó haber matado a más de cien civiles en valle de Ia Drang estando drogado. La marihuana era tan habitual como una marca cualquiera de tabaco. Auténticos *connoisseurs*, sabían apreciar y distinguían entre las distintas variedades según la región de cultivo: Pleiku Pink, Bleu de Hué o Cambodian Red dependiendo de la provincia donde se producía. Mientras los campesinos preferían masticar nueces de betel o fumar opio, aprovecharon la creciente demanda del mercado y hacían negocio vendiendo marihuana en paquetes de cigarrillos Kent por cuatrocientas piastras o un dólar con cincuenta al cambio, un precio inaudito.

Cuando el Departamento de Defensa se propuso reprimir el consumo de marihuana, se propagó una forma de la heroína altamente purificada que también se fumaba, el "scag", introducido por primera vez en Vietnam a finales de 1969 por soldados tailandeses entrenados por la CIA. Los estadounidenses eran el cliente ideal: luchando en una guerra para prestar ayuda a un régimen dictatorial corrupto contra un movimiento revolucionario respaldado por el pueblo, la ingenuidad con la que acudieron a la oficina de reclutamiento tornó en amargura. Jay Dee Ruybal sirvió en el Cuarto Batallón, 60º de Artillería desde octubre del 67 a junio del 69 y recuerda: "Para muchos de nosotros las drogas eran una forma de automedicación. Me hacían soñar despierto. Ofrecían una liberación pasajera del miedo constante y el sufrimiento físico". Norman Zinberg[14] recalca que las drogas se consumían en grupo y servían como rito de iniciación para los nuevos reclutas, los FNG o "Fucking New Guys" en la jerga del ejército (Zinberg). Acabaron transformándose por completo: "Con su pelo largo, sus muñequeras Black Power y sus medallones de la paz, los soldados barbudos y desaliñados en Long Binh que se presentaban a sus pruebas de detección de heroína antes de partir se parecen poco a los duros profesionales que se abrieron camino en Vietnam hace once años" afirmaba *The Washington Post* (Johnson y Wilson). Paul Starr decía que "los emblemas del rock, las drogas y la paz eran tan comunes en los cuerpos de infantería como lo eran en California" (Moser 63; Starr et al. 36). Para el estremecimiento de los mandos, llegó el día en que sus soldados eran indistinguibles de un hippie insumiso. En julio del 1971 más de mil combatientes participaron en una manifestación contra la guerra en las calles de

Chu Lai que se convirtió en "la mayor fiesta de marihuana en la historia del ejército". Un marine comentó: "Los negros de nuestra unidad dirían que, en lo que a ellos respecta, Ho Chi Minh era un hermano del alma. Junto con algunos desertores universitarios formaron una especie de coalición. Escuchaban música todo el rato, se drogaban y se negaban a cumplir las órdenes asignadas" (Sanders 68; Taylor). La contracultura entró en los barracones junto con los opiáceos del Triángulo Dorado; un cocktail irresistible, el mejor chute de todos. El gran viaje.

Lowell Carpenter trabajó en la Oficina de Rehabilitación y Abuso de Drogas en el cuartel general del ejército en Long Binh desde agosto de 1971 hasta abril de 1972, durante el periodo conocido como "drawdown" o reducción de las tropas. A la vuelta de la esquina todavía podía conseguirse un vial de heroína un noventa y cinco por ciento pura por cinco dólares. Carpenter era mecanógrafo y transcribía todas las propuestas sobre cómo manejar el problema que pasaban por su despacho; su compañero de cuarto se dedicaba a procesar los análisis de orina en el laboratorio. Más adelante, Carpenter fue asignado a dos equipos de educación sobre drogas para ayudarles a elaborar un guión que usarían para sus presentaciones en las sesiones informativas que realizaron en todo el país; sugirió que comenzaran con la canción *Sister Morphine* de los Rolling Stones y luego iniciaran un debate sobre los riesgos de consumir heroína (Carpenter). Lo que no reconocía el ejército es que fueron ellos mismos quienes hicieron a los soldados dependientes de las sustancias químicas justo desde el mismo arranque de la guerra.

El ejército norteamericano proporcionó alegremente anfetaminas, esteroides y analgésicos para ayudar a sus hombres a manejar los combates prolongados. La guerra de Vietnam era un conflicto tan insólito que algunos historiadores se refieren a ella como "la primera guerra posmoderna", el mejor ejemplo de guerra asimétrica del pasado siglo xx. Los guerrilleros del VC combatía de una forma inesperada y engañosa para contrarrestar las fortalezas de los estadounidenses y explotar sus debilidades; el ejército estaba dispuesto a usar cualquier instrumento que pudiera darles alguna ventaja en el frente y no lo dudaron: recurrieron a las drogas (Kamienski, "The Drugs That Built a Super Soldier" y "Vietnam: The First True Pharmacological War" 204-205). De hecho, de esto no cabe ya ninguna duda, los soldados americanos usaron las drogas más intensamente que cualquier generación anterior de tropas alistadas: los comandantes prescribían muchas pastillas a los batallones para mejorar su rendimiento. Estaban dopados. Las fuerzas armadas usaron doscientos veinticinco millones de tabletas de estimulantes entre 1966 y 1969. Por otro lado administraban sedantes para aliviar la ansiedad y prevenir colapsos mentales; esto último parecía surtir efecto, la tasa de crisis nerviosas era de un uno por ciento, una reducción drástica respecto a la Segunda Guerra Mundial donde las cifras eran de un diez por ciento (Janos). Solo uno de cada cien muchachos perdía la cabeza irremediablemente en el campo de batalla. Sin embargo, la abstinencia de las anfetaminas era otro factor que aumentaba la irascibilidad de las tropas desplegadas y puede haber sido el causante de las muchas tropelías cometidas en sus misiones: chicos nerviosos reaccionando exageradamente al estrés.

Otra cuestión sería el problema sobrevenido, las consecuencias a medio y largo plazo. Los veteranos, una vez en casa, no solo estaban marcados por el trauma, la repulsa social y a menudo las secuelas físicas de sus heridas —muchos eran discapacitados— sino que un alto porcentaje se había convertido en alcohólicos y drogadictos. Esta era la rutina del soldado que volvía de Vietnam: ansiedad, depresión, aislamiento, ideas suicidas, rabia y pánico. ¿Cómo no recurrir a las drogas y al alcohol para paliar su dolor, su angustia vital? Además, el retorno se convertía en sí mismo en una experiencia traumática; aquel anhelado momento marcaba un trágico punto de inflexión en sus vidas.

Después de sobrevivir a su período de servicio de un año, fueron enviados a casa solos en un avión comercial, a menudo vistiendo los uniformes que llevaron en la selva cubiertos de barro. Literalmente, dentro de un breve período de 24 a 36 horas, un soldado de combate podría verse separado de sus amigos en pleno tiroteo, ser depositado en medio de un atasco de tráfico en su ciudad sintiendo el desfase horario y sufrir el choque cultural del reajuste súbito a la vida civil (Brinson y Treanor; Close). Lee Robins descubrió que solo el cinco por ciento de los soldados que volvían a casa retomaban el consumo de drogas en un año y solo el doce por ciento recaía en el vicio al cabo de tres años. En otras palabras, nueve de cada diez soldados que consumían heroína en Vietnam eliminaron su adicción de la noche a la mañana. El problema era los que no podían desengancharse. Si bien el cambio de contexto, el entorno radicalmente diferente de la vida civil, hizo que la mayoría modificara su comportamiento —ya no tenían fácil acceso a las drogas, dejaron de estar sometidos al estrés de la guerra, abandonaron las amistades que les animaron a consumir en grupo— otros no fueron capaces de romper el hábito (Clear). Eran los inadaptados, los marginados sociales. Los profundamente traumatizados, los irremediablemente perdidos siguieron acudiendo al camello. En una espiral descendente, cualquier desencadenante externo provoca el deseo compulsivo de repetir un hábito pernicioso, es lo que los expertos denominan el "deseo inducido por señales». En el caso de un excombatiente pensar en la guerra, recordar su experiencia en el frente siendo incapaz de interrumpir el bucle obsesivo hace que los hábitos adquiridos allí se perciban igual de apremiantes. Cuando no tenían éxito al reintegrarse —algo que la sociedad norteamericana no les hizo nada fácil al acosarles y señalarles constantemente— se refugiaban en sí mismos, se perdían en un círculo vicioso de negatividad y corrían a buscar un chute para desconectar. Vidas truncadas.

2. NAPALM Y BUENOS DESEOS

2.1. El teatro de operaciones

Fueron a Vietnam para ser héroes. Muchos se convirtieron en carniceros desalmados. Otros pasaban el día fumando hierba y conspirando contra sus oficiales. Pero todos pasaron por su propio infierno. La guerra de Vietnam no se definía por las batallas campales; fue un conflicto prolongado, una guerra duradera que se libraba de manera continua en las patrullas y las misiones de búsqueda y destrucción. Pero hubo numerosos enfrentamientos de alto nivel entre las tropas americanas y las fuerzas del FLNV, destellos del infierno que se convertían en deflagraciones a gran escala.

Figura 12. Una patrulla de infantería avanza campo a través para saltar la última posición conocida del Vietcong durante la Operación Hawthorne, 7 de junio de 1966.
Fuente: Wikimedia Commons.

La primera de ellas fue la batalla del valle de Ia Drang. Del 14 al 17 de noviembre de 1965, sirvió al general Westmoreland para evaluar la situación y comprender en qué consistiría la guerra de Vietnam. Un valle fluvial en las tierras altas del centro de Vietnam del Sur, servía como ruta de suministro para el ejército norvietnamita. La Primera División de Caballería estableció zonas de aterrizaje probando la nueva táctica de movilidad aérea en helicóptero. Fueron atacados inmediatamente por las fuerzas del FLNV y necesitaron refuerzos continuos para mantener el pulso. Más y más helicópteros se desplazaron allí llevando docenas de hombres para sumarse a la batalla.

Se ordenó el bombardeo masivo del área colindante para volar las posiciones vietnamitas y diezmar al enemigo. Cuando se disipó el polvo, trescientos cinco estadounidenses habían muerto pero el alto mando se felicitaba por el número de bajas enemigas, al menos un millar de soldados caídos del otro bando (Cash; Pritzker Military Museum and Library, "Welcome Home Baby Killer"; Wiest y McNab, "Search and Destroy"). Los vietnamitas aprendieron la lección: sus comandantes decidieron evitar atacar en grandes formaciones y enfrentarse a los americanos a corta distancia para mitigar su ventaja de artillería. A partir de entonces se convertirían en el enemigo invisible.

El ejército de Estados Unidos estableció la primera base de las fuerzas especiales en Khe Sanh en 1962 cerca de la zona desmilitarizada, a catorce millas de la frontera con Vietnam del Norte y solo seis millas al este de la frontera con Laos. La base militar fue creciendo hasta que el general Westmoreland destinó seis mil soldados de infantería en 1967 para interceptar el flujo incesante de suministros por la Ruta Ho Chi Minh. El 21 de enero de 1968 entre quince mil y veinte mil soldados del FLNV que rodeaban la zona lanzaron un asalto y sitiaron la base militar. Solo el reabastecimiento de tropas por helicóptero y una enorme potencia de fuego aéreo mantenían la base inexpugnable pero peligrosamente a punto de caer. El 1 de abril empezó una operación de socorro que se prolongó hasta el día 15. A pesar del duro esfuerzo de los marines por defender la base, las fuerzas estadounidenses la abandonaron en junio. Todavía hoy sigue habiendo una fuerte controversia respecto a los objetivos del FLNV en Khe Sanh, no se sabe con certeza si el general Giap buscaba una victoria aplastante, proteger la Ruta Ho Chi Minh o si solo se trataba de una maniobra de distracción mientras planificaban la Ofensiva del Tet. Más de doscientos marines murieron frente a mil seiscientos soldados norvietnamitas muertos y unos quince mil heridos (Clarke 109; Page y Pimlott, "77 Days at Khe Sanh" 321-327).

La Ofensiva del Tet fue un puñetazo en el estómago. Rompiendo al alto el fuego durante las celebraciones del Año Nuevo Lunar el 30 de enero de 1968, los líderes norvietnamitas decidieron poner fin al punto muerto en que se hallaba la guerra y dar un golpe sobre la mesa. El plan consistía en lanzar una gran ofensiva en los centros urbanos de la República de Vietnam del Sur y alentar a los miembros de la insurgencia survietnamita haciéndoles ver que aún era posible ganar la guerra. El Vietcong atacó trece ciudades del área central del país a primera hora de la mañana y las 24 horas siguientes atacaron coordinadamente bases militares, instalaciones gubernamentales, más ciudades y pequeños pueblos mientras en Khe Sanh los marines estaban concentrados en defender su base. Hué fue asaltada, así como la embajada de Estados Unidos en Saigón. Aunque los agresores murieron en el transcurso del ataque, metieron el miedo en los americanos: no había un remanso de paz en Vietnam, ningún lugar estaba a salvo en ningún momento. El Vietcong y el FLNV perdieron cerca de cuarenta y cinco mil hombres pero lograron una victoria moral que cambió el curso político de la guerra (Oberdorfer 244-245; Page y Pimlott, "Tet: The Turning Point" 353-357; Wiest y McNab, "The Tet Offensive").

Entretanto, el 31 de enero del 68, un día después de empezar la Ofensiva del Tet, arrancaba la batalla de Hué. Se trataba de la tercera ciudad más grande de Vietnam del Sur, la antigua capital cerca de la Zona Desmilitarizada, un lugar relativamente tranquilo donde la población aún vivía con normalidad. Hasta entonces. La ciudad estaba bajo la protección del ARVN, el Ejército de la República de Vietnam del Sur que los asesores externos norteamericanos habían estado entrenando con denodado ahínco durante años, pero eran francamente inútiles y no podían medirse con los eficaces luchadores del FLNV. Las fuerzas del ARVN se extendían a lo largo de la carretera que unía Hué con la Zona Desmilitarizada, pero los norvietnamitas los hicieron retroceder rápidamente y establecieron el control de gran parte de la ciudad mientras los marines se replegaban al complejo del Comando de Asistencia Militar cerca del río Song Huong, que llamaban el río Perfume por las plantas aromáticas que se cultivan a su alrededor. Los marines y las tropas del ARVN se reorganizaron y pasaron a la contraofensiva (Andradé 153). Gracias a los refuerzos estadounidenses de la Primera División de Caballería y el apoyo de la artillería naval en alta mar que lanzaban obuses terrestres y ataques aéreos, hicieron retroceder al FLNV y recuperaron Hué. A ras de suelo tuvieron lugar feroces combates en las calles, casa por casa, contra las tropas norvietnamitas que se atrincheraron en el espacio urbano y aprovechaban las edificaciones para protegerse. Hizo falta un mes entero para despejar la ciudad. Murieron setecientos soldados del AVRN y miles de norteamericanos resultaron heridos de distinta consideración mientras los norvietnamitas perdieron a cinco mil hombres y tres mil más en la ciudad y sus inmediaciones. Después del enfrentamiento, Hué quedó prácticamente en ruinas dejando sin hogar a miles de personas además de los cinco mil ciudadanos muertos o desaparecidos que se contabilizaron. Una devastación monumental.

Camboya era el principal bastión de las fuerzas comunistas desde donde emprendían sus ataques a Vietnam del Sur. A cambio los norvietnamitas prestaban apoyo a los insurgentes que luchaban para derrocar al gobierno de Camboya, los Jemeres

Rojos. Antes, Camboya quiso permanecer neutral y su dirigente Norodom Sihanouk no se opuso al establecimiento de bases comunistas dentro del país, pero en marzo del 70 su sustituto Lol Nol ordenó atacar esas bases para plantar cara a los líderes de Hanoi. Los altos mandos estadounidenses estaban hartos de tolerar la presencia de aquellas bases del Vietcong más allá de la frontera con Camboya y el presidente Nixon tomó la decisión de invadir el país limítrofe para perseguir a las fuerzas de Vietnam del Norte. Nixon pronunció un discurso televisado para toda la nación y dio luz verde a la ofensiva. Doce mil soldados americanos y ocho mil hombres del ARVN lanzaron su ataque a lo largo de un gran frente de cien millas avanzando en busca de la Oficina Central para Vietnam del Sur, el denominado "Pentágono de la jungla" desde donde se planificaban todas las acciones del Vietcong. Conforme avanzaban en Camboya las tropas coordinadas causaron alrededor de dos mil bajas enemigas, se incautó numeroso equipo pero jamás encontraron la base que buscaban. Entretanto la decisión de Nixon y el operativo resultante desencadenaron una ola de protestas en Estados Unidos incluyendo una manifestación en la Universidad de Kent que se saldó con un atroz tiroteo y sacudió a la opinión pública (Anderson, "Consequences: Richard Nixon's War" 91-95).

El 8 de febrero de 1971 se planeó la misión Lam Son 719 para probar la capacidad de las fuerzas armadas de Vietnam del Sur y testear el rumbo de la "vietnamización" antes de pasar el testigo definitivamente a los survietnamitas. Se trataba de una incursión en la Ruta Ho Chi Minh a la altura del tramo que penetraba en Laos. Después de la reacción encolerizada del pueblo americano a la invasión de Camboya, el ejecutivo fue más cauto y delegó en el ARVN limitándose a prestar apoyo logístico y varias unidades de marines. Las fuerzas estadounidenses ocuparon la base abandonada de Khe Sanh, que llevaba tiempo desatendida tras el fuerte asedio del FLNV años antes, y establecieron allí el área de preparación para los soldados survietnamitas. El plan consistía en dirigirse hacia Laos a lo largo de la Ruta 9 y cortar el camino de la Ruta Ho Chi Minh, luego asaltar el centro administrativo de Tchepone, principal ciudad de la provincia de Savannakhet, y regresar finalmente a Vietnam. Dieciséis mil soldados del ARVN equipados con tanques y helicópteros de los Estados Unidos y miles de soldados americanos fueron a Laos con apoyo aéreo para despejar el avance, pero se toparon con treinta mil soldados del FLNV equipados con armamento soviético. No tardaron en sacar ventaja de la mala organización del ARVN provocando un cincuenta por ciento de bajas survietnamitas y otros mil quinientos estadounidenses abatidos. Quedó en evidencia que el torpe ejército de Vietnam del Sur no tenía la preparación necesaria para enfrentarse a los comunistas del norte, pero no sería óbice para que Nixon siguiese adelante con el proceso de vietnamización que había puesto en marcha pensando en la retirada definitiva del país.

Figura 13. Situación de combate en el valle de Ia Drang. Un helicóptero UH-1D pilotado por el mayor Bruce P. Crandall asciende instantes después de haber transportado a varios soldados de infantería al campo de batalla, 1 de noviembre de 1965.
Fuente: Wikimedia Commons.

No habría un momento de descanso. El 30 de marzo del 72, Vietnam del Norte ordenó un ataque masivo contra Vietnam del Sur enviando fuerzas convencionales provistas de tanques y artillería. Faltaban pocos días para las vacaciones de Pascua pero a los líderes comunistas en Hanoi no les importó, posiblemente escogieron adrede tal fecha igual que organizaron la Ofensiva del Tet; aquella misión se conocería como la Ofensiva de Pascua. Consistía en un ataque simultáneo en tres frentes por parte del FLNV a través de la Zona Desmilitarizada. Cuatro divisiones se lanzaron a la ofensiva mientras dos divisiones adicionales se sumaron en Laos cruzando la frontera hacia Hué y Da Nang. Por último, tres divisiones en Camboya se encaminaron a Vietnam del Sur con el objetivo de arrasar las tierras altas en el centro del país y dividir la República por la mitad. En el extremo meridional, tres divisiones atacaron la ciudad de An Loc a setenta millas al norte de Saigón. Un gran golpe coordinado que ingeniaron los generales Vo Nguyen Giap y Van Tien Dung con el propósito de derrocar el gobierno de Thieu. Por aquel entonces solo cien mil estadounidenses permanecían estacionados en Vietnam entrenando al AVRN, el grueso de las tropas se había retirado y estaban de vuelta en sus casas. Los funcionarios preveían una ofensiva significativa pero quedaron boquiabiertos por la escala y la ferocidad del ataque masivo. El AVRN se mantuvo firme por una vez y logró rechazar el ataque haciendo retroceder a los norvietnamitas en mayo, que sufrieron de cuarenta mil a setenta y cinco mil muertos y otras sesenta mil bajas. El apoyo aéreo estadounidense fue de vital importancia para repeler la agresión, otro signo más de la fuerte dependencia de Vietnam del Sur cuya capacidad para mantener el territorio se ponía en duda. En cualquier caso, la guerra era tan impopular en América que nada podría evitar la retirada final de Estados Unidos. Tres años después Saigón caerá sin el amigo americano para evitarlo.

En todo aquel tiempo el apoyo aéreo jugó un papel fundamental. Estados Unidos nunca pretendió invadir por tierra Vietnam del Norte, pero no tenían remilgos en atacarlos desde el aire lanzando bombardeos con sus aviones. En marzo de 1965 la Operación Rolling Thunder llevó a cabo bombardeos seleccionados contra objetivos específicos para amedrentar a Hanoi pero resultó en balde. Más adelante, como respuesta a la Ofensiva de Pascua se lanzó la Operación Linebacker en la que las fuerzas aéreas estadounidenses atacaron las rutas de suministros y a las tropas enemigas desplegadas en el territorio. En total se realizaron más de cuarenta y un mil incursiones incluyendo el puerto de Haiphong. Los poderosos B-52 atacaron las principales instalaciones del FLNV y los bombarderos tácticos atacaron objetivos más pequeños. En diciembre de aquel mismo año, cuando las negociaciones de paz en París llegaron a un aparente callejón sin salida, se ordenó la Operación Linebacker II que concentraba el uso de bombarderos B-52 y aviones tácticos en el transcurso de dos intensas semanas en Hanoi (Kimball 365). *Two hundred million guns are loaded... Woa, Don't look back to see*[15].

¿Y por qué se cuidaba tanto Estados Unidos de no invadir Vietnam del Norte? Uno pensaría que lo más práctico habría sido llevar la guerra a Hanoi y golpearles en casa; al no hacerlo permitían al otro bando llevar la iniciativa siempre, todas las batallas comenzaban con una ofensiva directa iniciada por el FLNV en el momento elegido por ellos. Tras tantos años conteniendo la hemorragia y viendo caer a sus muchachos uno se preguntaría por qué diablos no cruzaban de una vez el paralelo 17 y barrían a los comunistas. Pero es que temían la intervención de China.

El difunto coronel Harry Summers Jr. afirmó que había sido "engañado por China durante la mayor parte de la guerra". China y la Unión Soviética, los dos gigantes del comunismo, jugaron un papel mucho más importante en la guerra de Vietnam de lo que muchos norteamericanos querían admitir. Para empezar, igual que Estados Unidos prestó su apoyo a Vietnam del Sur, la Unión Soviética hacía lo propio ayudando a sus socios de Vietnam del Norte, de hecho el cincuenta por ciento de todos los fondos de ayuda económica que destinó la U.R.S.S. de 1965 a 1968 en sus programas de política exterior fueron exclusivamente para Vietnam del Norte. Los equipos antiaéreos soviéticos derribaban a los aviones estadounidenses que sobrevolaban sus ciudades, según el coronel Alexei Vinogradov "los estadounidenses sabían muy bien que los aviones viet-namitas de diseño soviético a menudo eran pilotados por soviéticos" (Lind, "Why we went to war in Vietnam"). Pero el papel de China fue aún más determinante: Ho Chi Minh en persona participó en una reunión secreta con representantes chinos en verano del 65 donde se acordó que China entraría en la guerra si Estados Unidos invadía Vietnam del Norte. Tal cosa era impensable, habría desencadenado una guerra mundial, una perspectiva terrible. De ahí que se hablara de una "guerra contenida" y evitaran por todos los medios evitar la escalada (Dumbrell, "Lyndon Johnson's War" 50-54).

China, por su parte, realizó el mayor esfuerzo militar después de la guerra de Corea destinando trescientos veinte mil soldados chinos a Vietnam del Norte entre 1965 y 1973 justo cuando Estados Unidos contaba con un máximo de ciento setenta mil hombres asignados en el sur. Beijing no comprendía la conformidad del alto mando estadounidense; el 23 de septiembre de 1968 Mao Zedong le preguntó al primer ministro norvietnamita Pham Van Dong: "¿Por qué a los americanos no les escandaliza que más de cien mil soldados chinos os estén ayudando a construir vías férreas, carreteras y aeropuertos si lo saben perfectamente?" Punto en boca. Jamás oiríamos una palabra fuera de tono de un general o un político americano. China era un tabú. Su participación en la guerra de Vietnam era algo que no cabía dentro de sus cabezas, mucho mejor no sacudir el avispero por lo que pudiera pasar. Si las acciones recomendadas por el coronel Harry Summers hubieran sido tomadas en serio por Washington, era altamente probable que estallara una guerra chino-estadounidense con repercusiones globales (Lind, "Inflexible Response" 85-88). El presidente Lyndon Johnson había aprendido la lección tras la guerra de Corea y decidió actuar con moderación. En definitiva, era como si Estados Unidos peleara con una mano atada a la espalda: repelían los ataques del FLNV y defendían el campo pero nunca hicieron lo equivalente yendo al terreno contrario. Prudente o absurda, fue una decisión consciente que les costaría el éxito. O tal vez no estaríamos hoy aquí si hubieran hecho lo contrario.

2.2. El arsenal del diablo

En suelo firme, mientras los politicastros y los generales de alto rango pensaban a lo grande, los soldados de a pie lo tenían bien claro: era matar o morir. Westy –el general Westmoreland– y los guaperas de West Point podían quedarse embelesados mirando los mapas en una pared pero eran los *grunts* quienes estaban en el terreno sudando a chorros y sangrando. En definitiva, era una guerra entre las M-16 y las AK-47.

Estos dos rifles de asalto marcaron el transcurso de la guerra campo a través en medio de la selva. La ametralladora M-16 era un arma increíblemente útil que proporcionaba una mayor potencia de fuego: disparaba rondas de 5,56 mm y podía ponerse en modo automático, era más compacta y ligera que el M-14 de manera que cada soldado podía cargar con más municiones en sus patrullas. En cambio los VC usaban la típica Kalashnikov de 7,62 mm de los soldados soviéticos que la U.R.S.S. exportó a sus aliados del Pacto de Varsovia. Era un arma con un bajo coste de fabricación pero con una gran fiabilidad en condiciones adversas y un mantenimiento mínimo, fácil de manejar (Haskew).

El M-14 había sido el rifle estándar del ejército americano en 1959 para reemplazar otros rifles automáticos y semiautomáticos que usaban antes. No tardó en ser sustituido a su vez, pues era demasiado grande para transportar por la jungla. Los potentes proyectiles 7,62 OTAN tenían un excelente alcance pero su tamaño limitaba la cantidad de munición que los soldados podían llevar. Además era inmanejable cuando se usaba en modo automático, parecía cobrar vida propia y podía causar bajas en ambos bandos si se desataba durante una refriega. Así, cuando el M-14 se enfrentaba con un AK-47 los tiradores debían elegir entre falta de precisión o una baja cadencia de tiro, haciendo que se quedaran sin munición mucho antes que su enemigo.

La M-60 era una ametralladora ligera alimentada por correa que disparaba cartuchos de 7,62 mm pero era sumamente pesada y requería trabajo en equipo para transportarla: un soldado llevaba el arma y un compañero suyo le ayudaba como artillero asistente. El inconveniente, el clima tropical de Vietnam y la altísima humedad afectaban al arma. Avanzar por el follaje hacía que cargar con un aparato voluminoso fuera muy problemático y por eso acabó empleándose como arma montada en helicópteros, lanchas patrulleras y vehículos móviles (Bocetta; Kriss; Rosser-Owen, "Rifles and carbines" 28).

Aunque en Vietnam la mayor parte del terreno –escarpado y con densa vegetación– no era el más adecuado para los vehículos blindados, Estados Unidos desplegó una cantidad significativa de tanques y otros vehículos pesados durante la guerra que proporcionaban protección, movilidad y mayor potencia de fuego. Los tanques se utilizaron en operaciones urbanas como la batalla de Hué. Los dos vehículos más habituales y efectivos fueron el tanque M-48 Patton que sirvió como vehículo de apoyo de infantería con un cañón estándar de 90 mm y el M-113 para el transporte de personal en convoyes que atravesaban el país prestando servicio como dispositivo antiaéreo, lanzallamas y atención médica (Rosser-Owen, "Armored fighting vehicles"). Pero de cualquier modo el transporte rápido y la inserción de tropas se llevó a cabo en helicóptero la inmensa mayoría de las veces convirtiéndose en parte esencial del esfuerzo bélico estadounidense y elemento imprescindible de la guerra. Los helicópteros sirvieron como cañoneros, transporte de tropas y ambulancia, sobre todo el Bell UH-1 Iroquois, abreviado UH-1 y llamado coloquialmente Huey. El Cobra AH-1 se usó para repeler la Ofensiva del Tet. Con una cañonera de gran capacidad, dio apoyo a las fuerzas terrestres y trabajó en equipos de *hunters-killers* (cazadores-asesinos) causando una gran devastación a su paso (Casey et al. 192-198; Horwood 120-121; Macksey; Pritzker Military Museum and Library, "Vietnam War: Vietnam Equipment").

Aviones como el F-4 Phantom servían como interceptores y cazabombarderos, volaban en misiones de reconocimiento y operaciones *Wild Weasel* (comadreja salvaje) con objeto de destruir las defensas aéreas enemigas. También preparaban áreas objetivo arrojando cargas de fibra metálica conocida como "paja" que interfería el radar enemigo. Por su parte, los Boeing B-52 propulsados por ocho motores turborreactores eran fortalezas volantes capaces de realizar bombardeos masivos descargando una carga útil de 31.500 kg a baja altitud. Los B-52 llevaron a cabo los más feroces bombardeos durante la guerra, con una descomunal potencia destructiva que rompía las líneas ofensivas norvietnamitas e interrumpía sus rutas de suministro. En cuanto a las bombas en sí, Vietnam las vio de todas clases y tamaños: desde granadas de mano hasta minas terrestres, bombas de 500 libras y proyectiles de 105 mm; en Laos se usaron bombas de racimo que aún permanecen allí en la actualidad esperando para detonar. Y luego estaba el napalm.

Desarrollado durante la Segunda Guerra Mundial y utilizado contra Japón, es una mezcla de gasolina disuelta en poliestireno expandido que adquiere forma de gelatina ignífuga, extremadamente eficaz como arma incendiaria. Arde lentamente a una temperatura entre los 800 y 1200°C y puede causar la muerte por asfixia al inhalar los gases tóxicos que desprende. El ejército de Estados Unidos hizo un uso intensivo del napalm hasta convertirla en un arma psicológica terrible, además de un arma física, debido a sus escalofriantes efectos. Eran como escupitajos del infierno, vómitos abrasadores que lo calcinaban todo a su paso. Una pesadilla pestilente con olor a goma quemada.

El poliestireno plástico, el benceno de hidrocarburo y la gasolina mezclada formaban un gel capaz de adherirse a cualquier cosa: aplicados en un cuerpo humano provocaban una muerte lenta y agónica. Al encenderse podían arder hasta diez minutos; si el agua hierve a 100°C imaginemos un calor entre ocho y doce veces más intenso. Al principio lo usaban en lanzallamas terrestres para quemar secciones de bosque y arbustos esperando abrasar a los guerrilleros del Vietcong escondidos entre la vegetación. Luego se incorporó a los bombarderos B-52 y comenzaron los fuegos artificiales: una sola bomba de napalm podía destruir áreas de hasta 2.500 m² calcinando todo lo que hubiera dentro. Se lanzaron unas ocho millones de toneladas de bombas sobre Vietnam. Su inventor el químico Louis Fieser podía estar orgulloso: en Tokio causó una tormenta de fuego que desintegró a cien mil personas; en Vietnam no se pueden contabilizar las muertes. Las quemaduras que produce son mucho peores que las provocadas por el fuego, primero la gelatina cubre todo el cuerpo y luego lo abrasa como un magma viscoso parecido al alquitrán; sus heridas son demasiado profundas para sanar: derrite la carne. No hay forma humana de apagar el fuego una vez encendido, solo sofocarlo parcialmente, pero las víctimas tratarían de limpiarlo en balde propagando el área quemada con sus desesperados espasmos.

Desde un punto de vista táctico era una herramienta fenomenal. Con sus lanzallamas limpiaban búnkeres, trincheras y túneles. Incluso si las llamas no podían penetrar en todo el búnker subterráneo, el fuego consumía suficiente oxígeno para asfixiar a sus ocupantes en un periquete. Se consideraba un elemento primordial durante la guerra de Corea, crucial para la victoria estadounidense, así que la usaron alegremente en la guerra de Vietnam desde su comienzo. De 1963 a 1973 arrojaron sobre Vietnam 388.000 toneladas de napalm, diez veces más que en Corea y veinte veces más que en el frente del Pacífico durante la Segunda Guerra Mundial (Budanovic). El napalm corría de un lado al otro del país más deprisa que cualquier licor en una barra libre. Lo usaban para destruir aldeas enemigas, lo que implica que se usó contra víctimas civiles matándolas agónicamente. Cuando los B-52 bombardeaban una zona lanzando sus bombas de napalm en rápido movimiento no podía garantizarse la precisión: más víctimas civiles.

El 8 de junio de 1972, un fotógrafo de Associated Press tomó una instantánea que causó impacto en el mundo entero. En las afueras de Trang Bang, una pequeña ciudad en la provincia de Tay Ninh treinta millas al noroeste de Saigón, el ARVN bombardeó la zona y la población huía angustiada por carretera. Una niña, identificada después como Phan Thi Kim Phuc, corría a pie completamente desnuda después de haberse quitado la ropa empapada en napalm para salvarse de las llamas. Las fuerzas norvietnamitas habían ocupado la localidad y el ejército pasó tres días tratando de expulsarlos. Aquella mañana, hartos e incapaces de sacar al FLNV de Trang Bang, enviaron varios aviones Skyraider propulsados por hélice para bañar de napalm el sitio[16]. La niña se había refugiado con su familia en un templo budista. Al oír los aviones de su propio ejército creyeron que estaban a salvo y salieron de su escondrijo, pero al llegar a la calle los pilotos los confundieron con el enemigo: "Volví la cabeza y vi los aviones, y vi cuatro bombas aterrizando", contaba la niña. "Entonces, de repente, había fuego por todas partes y mi ropa estaba quemándose. En ese momento no podía ver a nadie más a mi alrededor, solamente fuego". Un rato después la niña tenía la piel abrasada, corría descalza por la Ruta 1 sollozando y chillando de dolor con los brazos en alto. El fotógrafo Nick Ut dejó su equipo de cámara en la carretera y la bañó de agua, luego la subió a su camioneta con otros niños y condujo a toda prisa hasta un hospital cercano (Harris; Holland). Más tarde fue a la oficina de Associated Press en Saigón para revelar las fotos que aparecerían en veinte diarios estadounidenses importantes y le darían un Pulitzer, además del premio World Press Photo a la Fotografía del Año en 1973. La imagen icónica que tituló "The Terror of War" acabaría conociéndose popularmente como "Napalm girl". Kim Phuc pasó catorce meses en hospitales recuperándose de las quemaduras. Dos de sus primos murieron en los bombardeos. Quiso estudiar para ser doctora pero el gobierno comunista de Vietnam la sacó de la escuela de medicina para usarla en campañas de propaganda. Mientras tanto, en Estados Unidos la imagen se convirtió en el símbolo de la guerra y sus repugnantes consecuencias, los pacifistas llevaban desde 1966 protestando contra la utilización del napalm y boicotearon a la compañía que lo producía para el ejército, The Dow Chemical Company, pero la ONU no condenará su uso contra civiles hasta 1980.

Figura 14. Kim Phuc, de nueve años, corre desnuda por la carretera. A la izquierda su hermano Phan Thanh Tam de doce años. Algo rezagado y mirando hacia atrás, su hermano menor Phan Thanh Phuoc de cinco años. A la derecha, sus primos Ho Van Bo y Ho Thi Ting van cogidos de la mano. Fotografía de Nick Ut, 8 de junio de 1972.
Fuente: Wikimedia Commons.

Por si todo esto fuera poco, el ejército estadounidense arrojó una mezcla de herbicidas conocida como el Agente Naranja por todo Vietnam para destruir la cubierta forestal y los cultivos que podían alimentar al enemigo. Se trataba de un defoliante rociado desde aviones en vuelo bajo, cincuenta millones de litros que contenían unos ciento setenta litros de dioxina altamente tóxica a lo largo de 4,5 millones de acres. La Operación Ranch Hand roció ríos, canales, arrozales, campos y caminos; algunos miembros del personal militar bromeaban diciendo *Only you can prevent a forest* como un guiño a la campaña del Servicio Forestal americano con la mascota Smokey the Bear y el famoso eslogan *Only you can prevent forest fires* (Solo tú puedes prevenir los incendios forestales) con tono sarcástico. Estaban envenenando el país (Buckingham 108).

El Agente Naranja producía enfermedades horrendas que siguen padeciéndose sesenta años después en toda la región. El defoliante, una mezcla de ésteres de butilo sin purificar de ácido 2,4-diclorofenoxiacético, ácido 2,4,5-triclorofenoxiacético y 2,3,7,8-tetraclorodibenzo, debe su nombre a la banda de color naranja que había pintada en los tambores de almacenamiento que contenían el material; además del Agente Naranja había otros herbicidas como los Agentes Blanco, Púrpura, Azul, Rosa y Verde. El ejército arrojó un arco iris de gases venenosos sobre la población civil de Vietnam, Laos y Camboya. Los vietnamitas sufrían enfermedades de la piel, alteraciones en la función hepática, deterioro del sistema inmunológico y daños en el sistema nervioso, endocrino y reproductivo, cánceres, disfunción muscular, alteración hormonal, enfermedades del corazón, una incidencia espantosamente alta de abortos espontáneos, defectos de nacimiento y malformaciones congénitas a menudo extremas y grotescas como el síndrome de Fraser –incluyendo criptoftalmia, sindactilia, anomalías laríngeas y malformaciones urogenitales– y niños con espina bífida (Onion et al.; Stilwell). La dioxina es un contaminante orgánico persistente denominado "sustancia química permanente" que tiene una vida de media de hasta veinte años, pero cuando se filtra por debajo del suelo y en los sedimentos de los ríos puede permanecer activo hasta cien años o más. Las primeras misiones de defoliación en Vietnam se produjeron cerca de Dak To en 1961, luego se arrojó Agente Azul formado por compuestos de arsénico para matar el arroz en el valle de A Shau y siguió empleándose hasta 1971. Unas cuatrocientas mil personas murieron o quedaron mutiladas como resultado de la exposición al Agente Naranja y los demás herbicidas usados por el ejército; dos millones de personas han padecido cáncer y otras enfermedades por su culpa. Medio millón de niños han nacido con defectos graves de nacimiento, monstruosidades aberrantes imposibles de mirar sin estremecerse (Wilcox 154). Todas las formas de morir estaban presentes en aquel condenado lugar.

2.3. El enemigo sensible

El ejército estadounidense mataba vietcongs como si eliminara una plaga de chinches. No le preocupaba la muerte de civiles. En una orgía homicida fusilaban pueblos enteros, disparaban a quemarropa contra gente indefensa, violaron mujeres y violaron niños. Está documentado. El enemigo solo había cometido un crimen, defender una ideología que no toleraban. Muchos soldados norteamericanos lo han admitido: no los veían como a seres humanos. Pero lo eran. Luchaban contra un invasor mucho más poderoso y más petulante que jamás había perdido una guerra. Estaban dispuestos a sacrificarlo todo para defenderse y repeler al agresor, el ogro imperialista que mantenía un régimen corrupto y les impedía decidir su futuro por sí mismos.

Nguyen Nhu The lideró un pequeño equipo durante los primeros días de la Ofensiva del Tet, su objetivo era destruir un puente crucial. Su equipo fue asesinado.

A él le dispararon en una pierna y fue capturado. Permaneció en prisión hasta 1973 recluido en varios penales. En la isla de Phu Quoc sufrió las peores vejaciones: "Me mataron de hambre, me pegaron y torturaron. Me golpeaban en las piernas con tubos de agua y me colgaron de los brazos durante 24 horas seguidas. Perdí mi cabello", recuerda en su casa de Hai Duong entre sollozos (Roman).

Phan Huy Thong estaba cumpliendo el servicio militar y ordenaron a su batallón tomar el cuartel de Quang Trung, cerca de Saigón. Murieron ciento veinte de los quinientos soldados que lucharon allí. En 1974 un proyectil le voló la pierna izquierda durante un tiroteo en Cu Chi y lo dejó tullido para siempre. "El perdón es importante. Pero es más fácil perdonar cuando no ves a tu enemigo cara a cara", reconoce Nguyen Van Bien con amargura. Los combatientes no eran las únicas víctimas, el dolor se prolonga en sus vástagos. Tran Huu Naghi era un soldado condecorado que recibió un disparo en el cuello y fue rociado con el Agente Naranja durante la Ofensiva del Tet. Contrajo matrimonio con Pham Thi Phuc y tuvieron cuatro hijos; dos de ellos sufren graves problemas de salud: "El efecto del Agente Naranja en mis hijos me ha roto el corazón. Uno nació con paladar hundido y su mandíbula no se alinea. La gente tiene miedo de él y le dice que no debe hablar en absoluto. Mi segunda hija fue abandonada por su primer marido porque no podía concebir hijos", cuenta la madre (Id).

Le Ba Bon pertenecía a una familia humilde de agricultores de arroz y abandonó la escuela para unirse al ejército de Vietnam del Norte en 1972. Cuando terminó la guerra le resultó difícil reincorporarse a la vida civil debido a sus lesiones, dos dedos de la mano amputados: "Comenzar la vida después de la guerra fue aterrador para mí. Con mis heridas no pude continuar con mi educación ni encontrar un trabajo. Pero he dejado atrás mi dolor. Es hora de mirar hacia el futuro", dice tiempo después. Pham An Thic sirvió en una unidad de artillería entre 1965 y 1977, fue el único que sobrevivió de sus cuatro hermanos. Su madre Dau recibió las cartas del gobierno norvietnamita comunicándole que sus hijos habían sido asesinados: "No sabía cómo habían muerto. No sabía qué estaban haciendo cuando murieron. Solo sabía que se habían ido. Perder a un hijo es la mayor tristeza". Entretanto, la esposa de Thic lo esperó durante doce años: "No sabía si estaba muerto o si estaba vivo. Todo lo que podía hacer era cuidar a mis hijos y trabajar duro para poder alimentarlos. Yo no era especial, fui una de las miles de esposas y madres vietnamitas que tuvieron que sobrevivir sin sus maridos durante la guerra", dice lacónicamente. Un caso similar al de Pham Thi Sang, esposa de un soldado: "Nos bombardeaban con frecuencia y mucha gente murió en el frente. Los gravemente heridos fueron llevados al puesto de socorro pero enterré a mis amigos muertos en el campo de batalla. Los añoro mucho". Trabajaba como cultivadora de arroz para que la familia sobreviviera: "Éramos muy pobres y estábamos siempre hambrientos porque no había suficiente arroz para mí y mis bebés", recuerda (Coomes).

Figura 15. Mujer vietnamita llora la muerte de su marido, un militar caído en combate, en el transcurso de un funeral multitudinario en Hue.
Fuente: Wikimedia Commons.

Lo que aquellos hombres y sus familias eran capaces de soportar supera en dureza las experiencias de los soldados americanos. Ellos estaban lejos de casa y al menos podían contar con que sus seres queridos estaban a salvo, en cambio los luchadores vietnamitas veían sufrir a sus familiares a diario y debían protegerlos a toda costa del agresor implacable. Lo que para el ejército extranjero no era más que un teatro de operaciones, para ellos era su tierra natal, sus aldeas, sus hogares. Superados en potencia de fuego tuvieron que ingeniar otros métodos para imponerse al enemigo. Se endurecieron más allá de todo límite concebible y fueron capaces de hacer cosas que a cualquier occidental le parecerían inimaginables. Cuando el ejército emprendió sus misiones de búsqueda y destrucción en 1966 descubrieron una red de túneles subterráneos cerca de Saigón; se estimaba que había sido excavada manualmente en el transcurso de veinte largos años. El empeño de los operarios era asombroso y dejó anonadados a los soldados estadounidenses. Los túneles del Vietcong eran estructuras simples y poco profundas que se usaban como refugio y para ocupar posiciones de combate, pero también aparecían grandes y complejos túneles que usaban para ocultar áreas de atención médica, preparación y comando. Las paredes estaban recubiertas con capas de arcilla que dificultaban su demolición y el colapso de la estructura; los túneles se extendían a lo largo de kilómetros y contenían varias cámaras y niveles, un auténtico laberinto bajo el suelo para planificar, entrenar y moverse sin ser detectados. Por eso aparecían súbitamente en medio de la jungla y los cogían por sorpresa, los vietcongs se desplazaban bajo sus pies y salían a la superficie para golpear duro antes de volver a ocultarse como fantasmas. Sí, los americanos cargaban con el equipo en largas patrullas a través de la selva, un verdadero vía crucis; en cambio sus enemigos se movían por túneles diminutos que medían dos por tres pies, tan estrechos que sólo podían avanzar de uno en uno prácticamente arrastrándose, sin ver la luz del sol, ignorando la sensación de agobio en todo momento y en silencio perpetuo para no delatar su posición.

El ejército norteamericano tuvo serios problemas para eliminar esos túneles, no sabían cómo acabar con ellos. Los bombardeos no surtían efecto, hasta las bombas de 300 kg que explotaban a escasos 50 m de la entrada no eran capaces de causar el desplome del túnel o su entrada. Intentaron atacarlos con gases lacrimógenos y granadas de humo pero eran tan espaciosos que lograban evadirse y no les afectaba. Llevaron perros entrenados para recorrer los túneles pero no lograban evitar las trampas explosivas a lo largo del recorrido (Lehrer 60). Al final, el ejército formó equipos de *tunnel rats* (ratas de túnel) con hombres seleccionados por su constitución delgada y su baja estatura[17]. El trabajo era tan exigente que debían abandonar vicios comunes como beber, fumar, comer dulces o mascar chicle porque podían embotar su sentido del olfato y revelar su posición. La misión requería una enorme fortaleza mental para arrastrarse durante horas en total oscuridad sobreponiéndose a la claustrofobia con altas probabilidades de encontrar un peligro mortal, tal como serpientes, escorpiones, gas venenoso, granadas de mano, estacas *punji* o vietcongs esperándoles escondidos. Arañas, mosquitos y murciélagos aparecían constantemente. Herbert Thornton reconoce: "Debías tener una mente inquisitiva, muchas agallas y mucho valor para saber qué tocar y qué no tocar para mantenerte con vida porque podías salir volando de allí en un santiamén" (Curran). Incluso los tipos más valientes podían sucumbir en semejantes condiciones. Para los vietcongs era su hábitat natural.

Al final, los soldados norteamericanos debían reconocer que los vietnamitas tenían bemoles. Empezaron despreciándolos: parecían individuos raquíticos, endebles, ridículos parloteando con sus voces agudas un aparente galimatías; prácticamente unos imbéciles viviendo en la extrema pobreza en sus monótonos arrozales como si aún estuvieran en el neolítico. Pronto cambiaron de opinión. De algún modo eran capaces de aguantar las embestidas del mayor y mejor ejército del mundo, no se rendían y luchaban como demonios. No es que llegaran a simpatizar con ellos, pero aunque solo fuera por espíritu deportivo había que respetarles. Creían que podrían ganar la guerra en cuestión de semanas pero no fue así en absoluto. Mientras los soldados americanos peinaban la selva locos de paranoia, los guerrilleros del VC permanecían agazapados bajo el suelo masticando tierra entre los insectos con una paciencia infinita. Eran duros de verdad.

¿Cómo podían ganar la guerra contra un enemigo así? En realidad, Vietnam entera era una trampa. Fueron allí pensando que sería un paseo pero todo el conflicto fue como caer en una emboscada metafórica: una primera impresión engañosa, para entrar en un callejón sin salida y recibir golpes por todos lados hasta caer de rodillas. Al cabo de varios años sin ver una solución cualquier soldado lo sabía. En casa, sus parientes lo sabían. La comunidad internacional lo sabía. No les esperaba una victoria final sino un rapapolvo, un fiasco histórico. Estados Unidos, como pueblo, empezó a comprender que sus políticos mentían a la nación sin pestañear o despeinarse. Lo sucedido en el golfo de Tonkín parecía un incidente tergiversado para manipular a la opinión pública y justificar una contraofensiva. El número de "provincias pacificadas" en cada balance parecía un cuento de hadas para contentar a las masas y blanquear las carnicerías cometidas por las tropas. Los recuentos de cadáveres estaban claramente manipulados, añadiendo a las víctimas civiles para inflar los números en un cómputo matemático perverso. La gente hablaba ya de la "brecha de credibilidad" de Lyndon Johnson, un eufemismo para referirse a un hecho incómodo en grado sumo: el presidente y su ejecutivo estaban mintiendo como bellacos. El país pasó de la ingenuidad más boba al cinismo más agrio (Marlantes). Cuando Kennedy leyó los primeros informes sobre la situación en Vietnam del Sur, lo que se conoce como el *December 1961 White Paper* (Libro blanco de diciembre de 1961), debía sopesar la futura necesidad de ayuda militar y económica para estabilizar el gobierno de Ngo Dinh Diem; ya en aquel entonces algunos asesores le recomendaron retirarse de Vietnam por completo alegando que era un "callejón sin salida". Kennedy no prestó la debida atención o decidió ignorar el consejo porque aumentó la participación militar en Vietnam. El gabinete Johnson pagó las consecuencias. Un callejón sin salida, la madre de todos los atolladeros.

Cuando el Viet Minh controló Vietnam después de vencer a los japoneses en 1945, devolvieron las tierras comunales a los campesinos pobres y se abolió el impuesto territorial sobre las pequeñas propiedades (Faulkner). Pues claro que eran comunistas, eran pobres. Despreciaban a los terratenientes y pedían un reparto equitativo del suelo para poder subsistir con un mínimo de dignidad. Se resistieron al régimen colonial francés y luego a la dictadura clientelar que lo reemplazó con el respaldo de Estados Unidos porque suponía retroceder en ese sentido: la tierra era de quienes la trabajaban, no de los explotadores. Cuando el movimiento de liberación nacional, primero el Viet Minh y luego el Vietcong controlaban una aldea, los campesinos pobres vivían mejor, los frutos de su trabajo les pertenecían. Por el contrario los franceses y los estadounidenses apoyaban a los terratenientes. Para los vietnamitas era una guerra entre ricos y pobres. Y los pobres eran muchos, muchísimos más. Los combatientes del VC eran los hijos de los aldeanos, el brazo armado del campesinado. En una nación subdesarrollada se trataba de la inmensa mayoría de la población: un ochenta por ciento habría votado a Ho Chi Minh también en Vietnam del Sur si se hubieran celebrado elecciones, en definitiva, hacer la guerra contra el comunismo significaba hacer la guerra contra el país entero.

Figura 16. A la izquierda, guerrillero del Vietcong agazapado en un búnker con su rifle SKS, una carabina semiautomática rusa. A la derecha, el soldado de primera James P. Laurie con un Colt .45 limpiando un entramado de túneles subterráneos al sur de An Khe durante la Operación Pershing, febrero de 1967.
Fuente: Wikimedia Commons.

Cuanto más cruentos eran los bombardeos norteamericanos y más aldeas arrasaban, más jóvenes vietnamitas se unían a la resistencia. En vez de amedrentarlos les daban más incentivos para luchar, era como echar gasolina al fuego. Tratándose de un país mísero, los guerrilleros combatían con armas obsoletas, bombas de elaboración casera y trampas explosivas rudimentarias. Malvivían hacinados en sus túneles pero estaban altamente disciplinados: el Partido Comunista de Vietnam, el FLNV y el Vietcong defendían una ideología coherente y convincente, no lo hacían por intereses ocultos o motivos oscuros sino para conseguir las reformas sociales que garantizarían una vida más justa para toda la población. Los vietnamitas no estaban esperando que los liberasen del yugo comunista sino todo lo contrario, resistían en sus aldeas contra un ejército invasor que les atacaba sin piedad. Ellos luchaban por su independencia, contra la dictadura, los terratenientes y los ocupantes extranjeros; sin duda alguna la razón estaba de su parte.

2.4. Descansar y relajarse

El soldado americano no sabía por lo que luchaba. Creían que sí, pero en realidad no tenían ni la más remota idea. Patriotismo, idealismo, comunismo, eran palabras muy grandes que les habían metido en la cabeza para darles un pequeño empujón al empezar la guerra, luego iban allí por inercia. "Un día estaba como tú, caminando por la calle. Tenía un coche nuevo y una novia guapísima... 24 horas después estaba en Fort Dix durmiendo en el aparcamiento porque no tenían sitio suficiente para acomodar a todos los reclutas", recuerda el sargento Lawrence Galiano. En Newark tenía planeado matricularse en una escuela de arquitectura tras acabar el instituto, pero fue reclutado el 10 de julio de 1966 y unos meses después estaba en el sudeste asiático. Sirvió del 5 de febrero de 1967 al 1 de febrero de 1968 con el 1er Batallón del 12° Regimiento, 4° División de Infantería, conocido como los Red Warriors. Su preparación consistió en "un poco de entrenamiento, una pequeña orientación del país y un par de palabras en vietnamita", luego le subieron a un helicóptero "y tuvimos la oportunidad de vaciar nuestros M-16" (Huber).

Cero empatía, nada de reflexión. Desde el momento en que se ponían el uniforme sus vidas consistían en tirar adelante sin mirar atrás. Si conseguían regresar a su país andando sobre sus pies habrían vuelto a nacer, entretanto pasaban el tiempo lo mejor que podían para no pensar en ninguna otra cosa.

En agosto de 1970 un boletín del ejército describía la rutina de algunos hombres de la 25ª División de Infantería que se hallaban lejos de la acción; como nunca ganarían una medalla al valor inventaron la suya propia, el "clip de papel de plata" que se otorgaba en una ceremonia llena de sarcasmo: "El especialista Howard se distinguió con conspicua gallardía e intrepidez a riesgo de su vida cuando respondió él solo a más de doscientas llamadas telefónicas exponiéndose a una lluvia de preguntas. Pasó de la relativa seguridad de su escritorio al dispensario donde repetidamente compraba latas de refrescos. Organizó y dirigió su sección mientras barrían su rancho. Ignorando al suboficial de personal, limpió su máquina de escribir, recogió el correo, acarició a cuatro perros y tomó su pastilla contra la malaria". En realidad, un setenta y cinco por ciento de los soldados trabajaban en funciones de apoyo logístico fuera de peligro y con relativa comodidad. Los soldados de combate se referían a ellos como REMF o *rear echelon motherfuckers* (hijos de puta en la retaguardia). Multitud de panaderos, carniceros y heladeros se ocupaba de alimentar a las unidades; los bibliotecarios organizaban los libros en los archivos de las bases militares; incluso había especialistas en entretenimiento que planeaban excursiones y concursos para elevar la moral de las tropas. Había pequeños puestos de venta que ofrecían bebidas, chucherías y revistas. Muchos electricistas y encargados de mantenimiento se ocupaban del agua corriente, los refrigeradores y las máquinas expendedoras.

Algunas bases parecían pequeñas ciudades norteamericanas. Long Binh Post, a veinte millas de Saigón, contaba con tres mil quinientos edificaciones que costaron unos ciento treinta millones de dólares: ochenta y un canchas de baloncesto, sesenta y cuatro canchas de voleibol, ocho de softbol, seis de tenis, tres campos de rugby, doce piscinas, cinco tiendas con productos de artesanía local, tres salas de musculación equipadas con pesas, dos campos de minigolf, una pista de atletismo, un campo de tiro con arco, una pista para carreras de karts, un campo de golf y otro de tiro al plato, tres bibliotecas, una zona de fiesta y un anfiteatro para ver películas de cine y espectáculos en directo. "Si alguna vez nos atacaran, el VC tendría que usar el servicio de autobús programado para moverse por la base", bromeaba un coronel (Lair; Muehlberg 31). Había cuarenta bares en Long Binh.

Los colmados eran prácticamente grandes almacenes donde podías encontrar todo lo que quisieras en una época en la que todavía no se habían inventado los Wal-Mart: rapé, anchoas, dados, bombillas de flash, radios y salsa para bistec en la misma tienda de Camp Radcliff por ejemplo. "El único peligro al que se enfrentaba un REMF era contraer la gonorrea o ser atropellado por un camionero borracho. Y la mayor dificultad con la que se enfrentó un REMF fue cuando se rompió un generador y la cerveza se calentó o no hubo película esa noche", decía irritado Arthur Wiknik Jr., un veterano del escuadrón de infantería que combatió en Hamburger Hill (Lair, "Same Side, Different Wars" 63). Dean Muehlberg relataba en su libro *REMF War Stories* cómo su rifle permaneció sin usarse tanto tiempo que terminó saliéndole moho.

A solo veinte kilómetros de Saigón, Long Binh Post estaba a un paseo en autobús o en jeep del bullicio de la ciudad. Antes, los soldados estacionados estaban dispersos en bases que se repartían en distintos barrios pero desde 1967 una única base daba alojamiento a sesenta mil miembros del personal militar. Long Binh era mayor que Cleveland y todos sus huéspedes anhelaban correrse una juerga memorable en el centro de Saigón cuando se cansaban de pasar el tiempo apaciblemente dentro de la base (Kalmusky). Eso significaba buscar prostitutas. A finales de la década de 1960 había treinta y dos casas de citas en Saigón, desde modestos apartamentos hasta elegantes establecimientos de tres pisos a manos de la Yellow Pang Society. Las *Flower Boats* o *sampans* ejercían su oficio sin hacer ascos a los soldados, antes al contrario: eran clientes fijos. En 1968 el gobierno survietnamita contabilizaba en Saigón unas diez mil trabajadoras sexuales. En 1974 la cifra había ascendido a cien mil prostitutas. Antes de terminar 1975 había unas doscientas mil. Muchas veces se trataba de un negocio familiar consentido o alentado por la madre, en el que la hija se acostaba con el cliente mientras sus hermanos hacían de proxenetas en la calle. Lo mismo pasaba en otras ciudades.

En todo el sudeste asiático los países anfitriones firmaron acuerdos para brindar estos servicios como centros recreativos y de descanso para el personal militar impulsando la proliferación del comercio sexual. El ejército no participaba en el asunto oficialmente pero se sabe que muchos burdeles estaban mantenidos por el gobierno, protegidos por el ARVN y reservados exclusivamente para soldados yanquis y survietnamitas. El primer burdel militar abrió en 1966 en Pleiku con veinte habitaciones bien amuebladas y chicas seleccionadas por su atractivo físico y por hablar inglés. El pase costaba trescientas piastras, unos dos dólares con cincuenta, y permitía estar hasta tres horas con cualquier chica. Entre cien y trescientos soldados visitaban el burdel diariamente. Muchos preferían algo de emoción y buscar chicas en los bares frecuentados por soldados aunque se arriesgaran a sufrir una mala experiencia: corrían rumores sobre chicas de Vietcong que escondían hojas de afeitar en sus vaginas para castrar o matar a sus clientes en la cama. En efecto, había chicas entrenadas que podían usar sus vaginas para fumar cigarrillos, disparar flechas y ocultar objetos afilados en sus genitales, el colmo del exotismo. En el *Sin City* de Pleiku las mujeres trabajaban en una tienda de campaña con quince o veinte camas. En Phu Loi el burdel se cerraba por la noche para evitar al FLNV. Muchas se dedicaron a la prostitución después de sufrir una violación ante la perspectiva de no poder encontrar un marido ni un trabajo respetable: "¿Qué podían hacerme que no me hubieran hecho ya?", dice Le Ly Hayslip en sus memorias (Hayslip y Wurts 303).

Una prostituta vietnamita ganaba unos 180 dólares al mes. Un funcionario público tenía un sueldo mensual de 30 dólares; los ministros y miembros del gabinete de Diem cobraban un salario fijo de 120 dólares. Ser prostituta en Vietnam podía llegar a ser muy lucrativo. Otras chicas se ofrecían como amantes, algo parecido a una novia estable que proporcionaban compañía y consuelo sentimental a los soldados necesitados de afecto. Antes, durante el dominio francés estaba terminantemente prohibido que las mujeres vietnamitas contrajeran matrimonio con un soldado extranjero. Esta medida se revocó durante la ocupación norteamericana: el ejército estadounidense registró hasta sesenta y cuatro solicitudes de soldados para casarse con nativas entre junio del 64 y noviembre del 66. Un estudio reveló que la mayoría de ellos estaban divorciados, inhibidos sexualmente, resentidos con su primera esposa y desencantados (Hays). Por otro lado, los que no buscaban afecto sino un alivio momentáneo no eran precavidos ni usaban siempre profilácticos: se extendió la *Black Clap* (sífilis negra) llamada eufemísticamente "rosa de Saigón", una enfermedad venérea que no responde a los antibióticos y corría como un reguero de pólvora en los campamentos.

Figura 17. Raquel Welch bailando con varios soldados durante el espectáculo navideño de Bob Hope en Da Nang, 19 de diciembre de 1967.
Fuente: Wikimedia Commons.

En las bases militares había normalmente mujeres vietnamitas que realizaban las tareas domésticas tal como barrer y fregar platos, las denominadas *hootchmaids* (sirvientas de cuartel) o *mamasans*. Muchas empezaron a trabajar de adolescentes, eran cándidas y sumisas, pero al cabo del tiempo terminaron endureciéndose y ejercían la prostitución o traficaban con droga (Lair, "Same Side, Different Wars" 83). La vida cotidiana en las bases podía llegar a ser demencial: los soldados fumaban marihuana usando sus M-16 como pipa inhalando el humo profundamente de los cañones al estilo *shotgun* (escopeta) y compraban el "té de Saigón" a las chicas del bar. Era lo normal. Una vez al mes los soldados que volvían de sus patrullas permanecían cuatro o cinco días seguidos en una base avanzada como LZ Gator rodeada de búnkeres y alambre de púas, con estación médica, canchas deportivas, oficinas y salas de entretenimiento. En la jerga militar es lo que llamaban R&R (*rest and relaxation* o *rest and recreation*, descanso y relajación). Podían disfrutar al fin de una ducha caliente, comida recién hecha, cerveza fría y revistas *Playboy* con sus páginas desplegables que convertían en ídolos devocionales. Escuchaban sus cintas de casete con la música del momento, como Jimi Hendrix, The Animals y otros grupos de rock que se convertirán en la banda sonora de Vietnam. Tim O'Brien escribía en *The New York Times*[18]: "La verdadera guerra, al parecer, estaba en otro sistema solar. Durante el día llenábamos sacos de arena o hacíamos guardia en el búnker. Por las noches había películas al aire libre y a veces espectáculos en vivo: lindas chicas coreanas en minifalda con lentejuelas y botas altas de cuero rompiendo nuestros corazones, luego volvíamos al cuartel para escribir cartas, beber o simplemente dormir bien" (O'Brien, 1994).

Saigón, Vientián y Bangkok se convertían en lugares sórdidos, ciudades del vicio donde los soldados gastaban su asignación en sexo y borracheras, pero en la relativa calma de sus barracones se contentaban con una comida caliente que les hiciera olvidar la monotonía de sus raciones enlatadas. Los MKT o *mobile kitchen trailers* (remolques móviles de cocina) transportaban los alimentos sin contar con un medio de refrigeración, por lo que no era infrecuente notar un regusto amargo a comida pasada que disimulaban bañándola en salsa. El menú típico era *corned beef* a la plancha, patatas lionesas, tomates guisados, ensalada de col con pimientos verdes y pan de maíz. Después de comer se entretenían con cualquier cosa: usaban los *Slinkies*, ese juguete que consistía en un muelle helicoidal de metal que los niños usaban para verlo bajar escaleras, como antenas de radio improvisada. Lo unían a los cables y lo arrojaban sobre los árboles, resonaba entre 7 y 8 MHz y servía para comunicación local en HF, también lo usaban para ampliar el alcance de una radio portátil y captar emisoras de música (Green 24).

Obsesionados con la violencia o queriendo mantener la moral alta grababan inscripciones en sus encendedores Zippo, frases lapidarias como *Death is my business* *and business has been goo*d (La muerte es mi negocio y el negocio ha ido bien) o *I know I'm going to heaven because I've already been to hell: Vietnam* (Sé que iré al cielo porque ya he estado en el infierno: Vietnam). Algunos guardaban cráneos humanos de sus víctimas del Vietcong y quisieron llevarlos consigo en el viaje de vuelta a Estados Unidos para conservarlos como macabros trofeos de guerra. Michelle Boorstein describía en *The Washington Post* una habitación del Centro Médico del Ejército Walter Reed donde había seis cráneos confiscados alineados en una vitrina con grafitis como *Today's pigs are tomorrow's bacon* (Los cerdos de hoy son el tocino de mañana) y *Stay high stay alive* (Mantente drogado, mantente vivo). Uno de aquellos cráneos estaba pintado con franjas psicodélicas de colores azul, rojo y amarillo; otro tenía las cuencas vacías de los ojos llenas de cera roja "como si el cráneo se hubiera utilizado para iluminar la noche solitaria de un soldado hace décadas" (Boorstein).

Otros quehaceres mantenían a muchos soldados ocupados la mayor parte del día. Los encargados de KP (siglas de Kitchen Police o Kitchen Patrol, el personal de cocina) pelaban patatas, hacían café, fregaban ollas y sartenes o limpiaban el suelo de colillas para mantener los comedores limpios (Murphy). Para el soldado Bob Kickenweitz la tarea más alucinante era quemar mierda: "A menos que seas un veterano de Vietnam no conocerías los detalles de la quema de mierda, y sí, es exactamente lo que parece. ¡Quemas mierda! No hay razón para llamarlo de otra manera. Excrementos, materia fecal, porquería o heces, es lo mismo, créanme. ¡Es mierda!". Las letrinas eran cubículos de cuatro paredes con ocho pies de ancho y seis de profundidad, en la parte superior de la pared frontal había un área protegida para la ventilación. Dos asientos de inodoro estaban unidos en un banco con un agujero por debajo para cada uno de ellos con un tambor de cincuenta y cinco galones de capacidad, más de doscientos kilos, donde se acumulaban las deposiciones. Vaciar los tanques de excrementos era un trabajo arduo: con una pértiga debían sacar los tambores y llevarlos a tres o cuatro metros de distancia, luego los sustituían por otros nuevos para que la letrina pudiera seguir usándose. Los tanques repletos de mierda eran otro asunto: vertían dentro algo de diésel y lo mezclaban con las heces removiéndolas con un largo palo; después enrollaban algo de papel higiénico, lo prendían para encender una mecha y lo echaban a los tambores (Kickenweitz y Childs). Los excrementos malolientes ardían en una gran fogata que desprendía una negra humareda. El delicado arte de quemar mierda (*shit burning*).

Por supuesto, la convivencia entre los soldados era difícil o como mínimo complicada. 365 días de miedo visceral, aburrimiento, estrés, frustración y hartazgo: la tensión entre los hombres era constante. Muchos fueron a la guerra llevando consigo los prejuicios y los estereotipos raciales que aún estaban vigentes en Estados Unidos por aquella época. En otras palabras, en los campamentos se mascaba el odio y no necesariamente por el enemigo vietnamita sino por los compañeros negros. Debido al sesgo económico, los afroamericanos fueron reclutados por el ejército en una proporción mucho más alta que los blancos: constituían el 16% de todos los reclutas y un 23% de las tropas de combate a pesar de que solo había un 11% de la población civil de color en 1967. Vietnam fue la primera guerra estadounidense donde los soldados negros estaban plenamente integrados, aunque se quejaban amargamente porque les asignaban las peores tareas y recibían más a menudo reprimendas de sus superiores. Además, las posibilidades de promocionar y ascender eran mucho menores, sólo había un 2% de oficiales negros. El corresponsal de la revista *Time* Wallace Terry dijo una vez que "las Fuerzas Armadas son la institución mejor integrada en nuestra sociedad durante la guerra y hasta el día de hoy" pero tras el asesinato de Martin Luther King la violencia racial que estaba latente se desató con toda crudeza. En Cam Ranh Bay algunos soldados blancos desfilaron alrededor de la base con túnicas del Ku Klux Klan. John Lee Hooker grabó en 1969 *I Don't Want To Go To Vietnam* mientras Jack Helms, miembro de la junta de reclutamiento de Louisiana y "Gran Mago" del Klan describía a los activistas por los derechos civiles como "una panda de beatniks en pantalón corto de inspiración comunista, Anticristos y pervertidos sexuales" (Westheider, "I'm Not a Draft Evader" 25). Muhammad Ali dijo[19]: "Quieren que vaya a Vietnam para disparar a unos campesinos que nunca me lincharon, nunca me llamaron negrata y nunca asesinaron a mis líderes" (Gorservski y Butterworth 57; Tischler 5). Los Black Panther denunciaban la guerra de Vietnam, los jóvenes afroamericanos quemaban sus tarjetas de reclutamiento mientras en el frente debían soportar los insultos: banderas confederadas que los sureños pintaban en jeeps, tanques y helicópteros, grafitis como "I'd rather kill a nigger than a gook" (Prefiero matar a un negro que a un estúpido vietnamita). Los peluqueros del ejército se negaban a cortar el pelo a los negros aunque penalizaban a los soldados por mostrar el cabello afro: los llevaban al calabozo, le rapaban la cabeza y los metían en la cárcel. "Todos estos bestias hijos de puta caminando con sus melenas luciendo como malditas niñas y nosotros no podemos mostrar nuestro maldito pelo afro de tres pulgadas de largo" (Maycock; Tournier y Feeley 49; W. Terry).

Terry Whitmore presenció un motín en la estafeta de correo de Freedom Hill en Da Nang cuando el gerente de una cervecería al aire libre, irritado por la cantidad de marines negros que socializaban allí, mandó retirar toda la música soul de la máquina de discos (Loeb 198). Hubo motines en China Beach, en la prisión militar Stockade de Long Binh y en el portaaviones Kitty Hawk. Según se recrudecía la tensión racial, los soldados negros que iban a Vietnam se volvían más combativos. Los que fueron reclutados entre 1967 y 1970 se llamaban "Bloods", estaban influidos por Stokely Carmichael y Malcolm X, usaban amuletos, pulseras de cuentas y guantes negros para exhibir con orgullo su origen étnico, hacían "brazaletes de esclavos" con los cordones de las botas y ondearon banderas negras en sus lanchas patrulleras y sus jeeps. Cuando se encontraban con un compañero hacían el "dap", un complicado apretón de manos convertido en ritual que variaba en cada unidad. Otras veces hacían el saludo Black Power. En Saigón frecuentaban barrios distintos, los negros iban al distrito de Khanh Hoi y colgaban carteles en sus bares favoritos con el aviso *No Rabbits Allowed* (No se admiten conejos, refiriéndose a los blancos) o formaban agrupaciones como Blacks In Action, Unsatisfied Black Soldier, Ju Jus y Mau Maus. En 1971 había unos cien desertores negros en el distrito de Saigón apodado Soul Alley junto al aeropuerto Tan Son Nhut y otros huían a través de la U.R.S.S. para llegar a Suecia. La carne podrida, las prostitutas, los bidones llenos de mierda y los insultos racistas no eran lo bastante divertidos para ellos.

Figura 18. *Shit burning*. Fuente: Randy Barnes y Chris Woelk, John Podlaski.

2.5. Es la hora de volver

Sí señor, pasaron una temporada en el infierno y volvieron a casa sintiéndose extraños, desubicados, rotos por dentro. Aunque la mayoría de los veteranos no sufrieron daños permanentes durante la guerra, entre un 15 y un 25% padecieron un deterioro relacionado con el estrés, una enfermedad psicológica provocada por la experiencia en combate: el TEPT o trastorno por estrés postraumático (PTSD en inglés, siglas de *post-traumatic stress disorder*) tan habitual que se hizo un tema recurrente al hablar de Vietnam. De 500.000 a 700.000 soldados quedaron tocados. Parte de las mujeres que sirvieron allí, el 90% como enfermeras, también lo sufrieron. Antes conocido como neurosis de guerra o fatiga de combate, la lista de nombres que se refieren a ello es larguísima: Corazón de Soldado, neurosis de trauma psíquico, agotamiento nervioso, astenia neurocirculatoria, traumatofobia, *Shell* o *Battle Shock* en la Primera Guerra Mundial, neurosis de ansiedad, fisioneurosis, síndrome de reacción retardada, trastornos de estrés, neurosis de posguerra, neurosis traumática, shock nervioso, neurosis de compensación, reacción de estrés grave, trastornos situacionales transitorios, síndrome del superviviente… el trastorno estaba mal definido y se había estudiado poco hasta ese momento, cuando la casuística era tan abundante que ya no pudo seguir ignorándose. A principios de los 70 todos los diagnósticos reconocían oficialmente las consecuencias a largo plazo de la guerra, pero no fue hasta comienzos de los 80 cuando el TEPT fue reconocido como entidad psiquiátrica separada. Hubo que esperar hasta 1987 cuando el DSM-III-R aclaró por fin el significado del trastorno incluyendo la reexperimentación, la evitación y la hiperexcitación como los síntomas principales.

Aunque la mayoría de los soldados se casaron, encontraron un trabajo estable y se reintegraron en la sociedad con esfuerzo, otros padecieron una discapacidad crónica que les acompañaría el resto de sus vidas. Para muchos la guerra continuó teniendo un impacto debilitante. Todos experimentaron el estigma de la vergüenza cuando comprobaron que la guerra de Vietnam generaba un amplio rechazo de la sociedad y recibieron un trato abiertamente hostil al regresar. Al cabo del tiempo la exposición al Agente Naranja provocó una larga lista de enfermedades a los veteranos que fueron expuestos al herbicida químico incluyendo varios tipos de cáncer, dolencias cardíacas, Parkinson y diabetes; además causaba defectos de nacimiento en sus hijos. Cerca de 300.000 excombatientes murieron por su culpa. A pesar de todo, el TEPT fue la peor consecuencia y les obligó a lidiar con el trauma durante décadas (McElhinny). Vietnam fue una guerra tan endemoniada que no se podía comparar con ninguna otra guerra anterior: allí el enemigo y los civiles eran indistinguibles, las escaramuzas se sucedían en secuencias irregulares sin tener apenas un respiro, no había límites claros entre el frente y la retaguardia, la edad promedio de un soldado era de 20 años frente a los 26 años que tenían los combatientes de la Segunda Guerra Mundial, la rotación de servicio por periodo de un año hacía que no llegaran a confraternizar o establecer un vínculo duradero y efectivo, la guerra se saldó con una derrota por lo que sintieron que su esfuerzo había sido en balde. En consecuencia, los soldados sentirán una huella indeleble que se manifiesta en tres grupos de síntomas: intrusivos, de evitación y fisiológicos. Los síntomas intrusivos van desde los recuerdos persistentes a las pesadillas, un modo de volver a experimentar los eventos adversos; los síntomas de evitación son formas de eludir esos recuerdos adoptando una estrategia de introversión y reclusión social; por último los síntomas fisiológicos incluyen una mayor excitación, perturbación del sueño, irritabilidad y reacciones físicas incontrolables al revivir el trauma.

Con la cabeza convertida en una batidora de ideas horribles, el veterano de Vietnam debía convivir con sus demonios las 24 horas del día. Wayne J. Scott elaboró un decálogo de síntomas con ayuda del soldado Gary Martin. El DSM-IV o Manual diagnóstico y estadístico de los trastornos mentales enumera los síntomas del TEPT y Scott los traduce a sucesos cotidianos que los describen con claridad, a saber: pensamientos intrusivos, malos sueños o pesadillas, ataques de pánico, fobias, falta de motivación, pérdidas de memoria, alienación, desconexión emocional, problemas de concentración, ira, paranoia, insomnio, desconfianza, dificultad para mantener un trabajo estable (Scott).

Frank Palmos describía perfectamente en su libro *Ridding the Devils* (1990) la naturaleza de los pensamientos intrusivos, una especie de flashbacks repentinos que se desencadenaban en cualquier momento al experimentar una vivencia cotidiana. Palmos fue el único superviviente de un grupo de cinco periodistas asesinados por el Vietcong durante la Ofensiva del Tet: "No era un pensamiento pasajero ni un tema recurrente sino algo que entraba por una puerta lateral de mi mente, incitado por una referencia a Vietnam en un periódico. Un pensamiento que se apagaría con el resplandor de la dura luz del día o con el ruido del tráfico" (Id). Pero revivir el trauma se repite en la oscuridad del dormitorio: despertar de una pesadilla cada noche o sudar frío tratando de recordar lo que estaba soñando, tener miedo de acostarse o quedarse despierto hasta altas horas de la madrugada evitando ir a la cama hasta caer dormido delante del televisor era la rutina de un veterano. Este era sueño recurrente de un ex fusilero de la 101 División Aerotransportada[20]: "Estoy jugando a las cartas en una autocaravana con un tipo que no fue a Nam, luego escucho explosiones a lo lejos, me levanto y empiezo a caminar hacia allí. Me llaman para que vaya. Es la hora de volver" (Kidder 41). Además les resultaba imposible dormir profundamente porque les habían enseñado a funcionar con un mínimo de sueño, estar alerta las 24 horas, montar guardia y patrullar sin descanso (Dieterle). Les castigaban severamente si se quedaban dormidos de servicio, así que ya no podían conciliar el sueño con normalidad. Albert French cuenta cómo era dormir estando desplegado en Vietnam: "Dormir era solo descanso, no paz y nunca el suficiente descanso para calmarte plenamente, mirar hacia atrás, sentir quién eras o, a veces, simplemente sentir" (French 43). Tomar alcohol o medicamentos sin receta suele ser el único modo de dormir bien por la noche para un veterano atormentado.

En perpetuo estado de crispación, los excombatientes estaban siempre tensos, atentos a todo lo que sucediese alrededor, a punto de tener un sobresalto si algo les pillaba por sorpresa: se sentaban de espaldas a la puerta de entrada, dormían cerca de las ventanas, cuando conducían por el campo buscaban sitios para una emboscada o posibles escondites de ametralladoras. Escuchar el tubo de escape de un automóvil, cualquier ruido repentino, un sonido estridente, hacía que reaccionaran inconscientemente según su entrenamiento: cuando te disparan corres a otra posición; te tiras al suelo para reducir el área objetivo de tu cuerpo; te arrastras desde la posición donde fuiste descubierto; observas buscando al enemigo; apuntas tu arma; abres fuego. Los movimientos (crawl, walk, run y crawl-dry fire) son instintivos y están bien arraigados en el soldado para poder sobrevivir en el frente; en Vietnam pasaban por todo el proceso sin tener oportunidad de ver al enemigo del VC por lo que se hacía más automatizado si cabe. Y luego estaba la depresión. Si un compañero era cosido a tiros por una ráfaga de AK-47, voló por los aires en una explosión o fue destrozado por la metralla, no había mucho tiempo para llorar su pérdida. Aparecía un helicóptero, lo metían en una bolsa de plástico y se lo llevaban a Long Binh en cuestión de momentos. Quedaba una sensación de entumecimiento emocional y vacío existencial que nunca desaparecía del todo, un sentimiento de absoluta impotencia que los conduce a la autocompasión. La depresión se instala sin remedio: la culpa del superviviente. A menudo buscaban pelea contra tipos más duros y jóvenes o se metían en problemas a propósito para sufrir daño y recibir el castigo que creían merecer.

Vivirán ataques de pánico en un ascensor lleno de gente, en la cola del supermercado, rodeados de multitudes o hallándose al aire libre en medio del campo. Muchos veteranos tenían dificultades para hacer algo tan sencillo como contestar al teléfono, así que lo dejaban sonar hasta que se cortara la llamada, esperaban a que alguien más contestara o simplemente dejaban el teléfono descolgado para evitar el problema. Si se sentían solos, se mentalizaban para creer que la persona al otro lado del teléfono era alguien importante, una persona querida o un antiguo compañero del ejército, y como no podían mantener una conversación normal preferían no hablar con nadie. Algunos han decidido vivir en lugares apartados lejos del bullicio para reducir al mínimo las interacciones sociales, se relacionan con un puñado de personas de su entera confianza que comprenden su manera de ser y se sienten seguros en su propio terreno, como ermitaños.

Desde luego, y esto hacía mucho más amarga su existencia, se sentían traicionados. Traicionados por los políticos, los altos cargos militares y traicionados por la sociedad en general. Les habían utilizado, se aprovecharon de su patriotismo y su extrema juventud para manipularles, les enviaron al otro extremo del mundo para morir, les importaron un bledo. La estrategia del "body-count" consistente en acabar con el mayor número posible de vietnamitas les empujó a una situación incómoda, moralmente ambigua cuando no directamente reprobable, asegurando el asesinato masivo de civiles, atacar objetivos poco claros, incidentes violentos con abuso de autoridad, un alto índice de bajas provocadas por fuego cruzado y fuego amigo, exposición a agentes tóxicos destinados al enemigo y por último el abandono más absoluto en el momento de volver a casa. La mayor de las traiciones: el desprecio. Un veterano dijo: "Cuando el médico mencionó el tema de los cuidados paliativos, supuse que estaba cansado de tratar conmigo y que me quería muerto" (Janssen). Los hospitales y los profesionales de la salud no les inspiraban ninguna confianza, rehúsan aceptar ayuda, los entornos médicos les resultaban abrumadores y deshumanizantes. Al haber pasado por experiencias de dolor, inmovilización y amenaza, desarrollaban patrones defensivos de desconfianza y escepticismo. Cuando regresaban a casa la amenaza no se desactivaba sino que seguía vigente: "Nos escupieron, nos llamaron asesinos de bebés, nos trataron como basura cuando volvimos" (Prater; The Veterans History Project). ¿Cómo no sentirse resentido con la población civil? Hipervigilancia, pensamientos catastróficos sobre el futuro, falta de respeto por las figuras de autoridad, actitud intimidatoria, retraimiento e ira.

Figura 19. Marcha de protesta contra la guerra de Vietnam en la Avenida Pennsylvania en la que participaron multitud de soldados veteranos con sus uniformes y pancartas reivindicativas con eslóganes tan incendiarios como "WAR SHITS– OUT NOW".
Fotografía de Leena A. Krohn, 24 de abril de 1971.
Fuente: Wikimedia Commons.

Para Wayne J. Scott la instrucción militar es un gran condicionante del TEPT, se trata de un tipo de educación muy estricta, casi un adoctrinamiento que influye poderosamente en la posterior vida del soldado y sus puntos de vista. Los soldados son competitivos, tienen valores familiares rígidos, les resulta difícil mantener relaciones o compartir su intimidad, odian los lugares concurridos y a menudo padecen fobia social: debido a su formación son pensadores concretos, piensan en blanco y negro. Bien y mal, útil o inútil, vivir o morir, servir y cumplir órdenes o desobedecer y ser un estorbo. Nunca les desprogramaron. Ya no pueden asimilar las situaciones ambivalentes, los matices, las rutinas intrascendentes: no son capaces de digerirlas, les sobrepasan. Desde que pisaron la academia el sistema les presionó para deshacerse de las personas que no encajaban en el programa desalentando el pensamiento independiente, la iniciativa individual. Esto les hace útiles estando de servicio pero les hace incapaces de desenvolverse con soltura en un entorno caótico como la vida real fuera del ejército. El sistema suprime a los débiles, los inconformistas y los alborotadores mientras los ganadores reciben alabanzas y recompensas. Les entrenan para ganar, no querían perdedores. Así pues, cuando son plenamente conscientes de su derrota, de la futilidad de sus actos, llega el autodesprecio. Un miembro del ejército no puede vivir con la deshonra, no puede verse a sí mismo como un perdedor: trastoca toda su programación, la escala de valores que les han inculcado.

Es difícil imaginar que un día estás en Vietnam viendo una carnicería constante y al día siguiente has vuelto a casa con tu familia como si nada hubiera sucedido. Los excombatientes descubren muy pronto que ya no pueden relacionarse con nadie. Sus viejos colegas les preguntan llenos de curiosidad "¿Cuántos VC has matado?" como si se tratara de algo banal. Comprueban que ya no tienen mucho en común con sus amigos y conocidos, carecen de conciencia política y compromiso con su país aunque no sabrían situar Vietnam en el mapa. Sus padres les invitaban al bar llenos de orgullo, sus madres sufrían en silencio dando las gracias porque siguieran vivos sin confesar el miedo que sintieron durante su servicio militar (DeGrandpre y Lombardo; Kassraie). Una madeja de actitudes y sentimientos entremezclados que refuerzan la alienación del soldado. La naturaleza rígida de su entrenamiento militar y su servicio operativo no encajan con la vida familiar o civil: reglas, frialdad, brusquedad, rabia, desconsideración, a menudo violencia doméstica y maltrato psicológico, desapego, necesidad de control, menosprecio...

En la Primera Guerra Mundial, al principio muchísimos soldados pertenecían a las clases bajas trabajadoras, tenían pocas habilidades de alfabetización y casi nunca llevaban diarios o registros escritos de su experiencia en las trincheras, pero cayeron y el ejército tuvo que recurrir a las clases medias emergentes que sí contaban con una educación mejor y llevaban diarios, anotaban todas sus vivencias y escribían cartas profusamente. Diez o quince años después de acabar el conflicto bélico llegaría una avalancha de publicaciones, crónicas en primera persona de los veteranos supervivientes. Lo mismo sucedió tras las Segunda Guerra Mundial y más tarde tras las guerras de Corea y Vietnam. Los veteranos llegaban a la conclusión de que no podían desprenderse del pasado; algunos recurren al abuso de alcohol y sustancias, desarrollan comportamientos aberrantes, se automedican y llegan incluso al suicidio, otros buscan ayuda profesional o se unen a grupos de apoyo para veteranos y otros escribirán artículos y libros. Así es como década y media después de finalizar la guerra, hacia los años 90, aparecen multitud de relatos: testimonios orales o escritos, crónicas, análisis en profundidad, confesiones, denuncias, anécdotas, vivencias cotidianas, novelas. Un caudal de información y desahogo emocional que describe pormenorizadamente lo que sucedió en la selva, en las calles de Saigón y los cuarteles. Textos que ayudan a cicatrizar la herida o sirven para hurgar aún más en el dolor.

Happy Birthday, Captain America *–to a Vietnam vet on his fortieth Birthday*[21]	Feliz cumpleaños, Capitán América –para un veterano de Vietnam en su cuadragésimo cumpleaños
For your twenty-second, I made a cake: *Waldorf Astoria, red velvet with white icing,* *topped with a postage-stamp-sized flag –* *Old Glory, stapled to a toothpick –* *and my best blue-icing cake-top script:* *Happy Birthday Captain America*	Para tu vigésimo segundo, hice un pastel: Waldorf Astoria rojo con glaseado blanco, con una bandera del tamaño de un sello la enseña nacional clavada con un palillo y mi mejor caligrafía con una manga pastelera de color azul en lo alto: Feliz cumpleaños Capitán América

2.6. Teñiremos el Potomac de rojo

La fe de Estados Unidos en sí misma como una nación amable, benefactora del mundo y en posesión de la verdad se resquebrajó por culpa de Vietnam. Los bombardeos, las bajas civiles, el napalm, los mutilados, todo ello fue presentado al público en fotografías a todo color en revistas como *Time* o *Life*. Nunca antes la prensa había mostrado una realidad tan cruda como los reportajes que llegaban del sudeste asiático en ese periodo. Al caer Saigón el bochorno será mayúsculo. Los activistas habían estado manifestándose durante años proclamando que la guerra de Vietnam era injusta, un sinsentido, una lacra para la identidad moral de Estados Unidos; en seguida los veteranos se unieron a los manifestantes. Por primera y única vez en la historia del país, miles de excombatientes salieron a protestar, marcharon por las calles enarbolando pancartas y declarando públicamente su oposición a la guerra exactamente igual que los antisistema. Que los soldados arrojaran sus medallas y se avergonzaran de haber servido al país significaba romper el último tabú: los héroes nacionales renegaban de la nación misma (Foley 416; Prados 403).

El 10 de julio de 1969 la ciudad de Seattle organizó un gran desfile "Welcome Home" para los soldados con los primeros efectivos que fueron retirados al ordenarse la reducción drástica de tropas de combate estadounidense con el programa de vietnamización de Nixon. "El desfile estuvo genial... pero estábamos recién salidos de la selva", comentaba uno de ellos. "Fue una cortina de humo", dijo Rik Burkhart (Wyman). En efecto, unos ochocientos o novecientos hombres iban andando por las avenidas del centro con sus uniformes caqui como un batallón de infantería, abstraídos, cabizbajos, absortos en sus pensamientos, ignorando a las multitudes congregadas a su alrededor. América nunca podrá conmemorar Vietnam como una victoria moral o una guerra justa igual que celebran la Segunda Guerra Mundial, se instalará en la memoria como un recuerdo colectivo de humillación y tristeza. En el mejor de los casos sentirán lástima de sus veteranos pero no el orgullo y el agradecimiento con los que soñaron al embarcarse.

Vietnam también fue una guerra cultural. Aparte de lo que sucedía en el otro extremo del mundo, Estados Unidos vivió otro tipo de guerra: una guerra ideológica que se libraba en el frente doméstico, en la retaguarda. Cuando el presidente Kennedy fue asesinado en Dallas en 1963 había menos de quince mil militares estadounidenses en Vietnam; bajo la presidencia de Lyndon Johnson el número de efectivos aumentó dramáticamente y en 1966 se desplegaron hasta quinientos mil soldados a la región. Atrás quedaban sus madres desconsoladas, sus preocupadas novias, sus amigos y hermanos pequeños; muchísimos jóvenes temían ser los próximos reemplazos y esperaban las cartas de reclutamiento llenos de indignación. No iban a quedarse callados. Entretanto, Vietnam fue la primera guerra televisada, los reportajes en los principales medios informativos emitidos en hora punta conmocionaron a la nación mostrando la cobertura gráfica de los combates en los que participaban los soldados. Los noticieros daban informes cada noche actualizando el número de bajas mientras cuestionaban la estrategia y las decisiones que no parecían conseguir los resultados prometidos al electorado. En resumen, la televisión mostraba imágenes horrendas, daba cifras espeluznantes, insinuaba que los líderes mentían sistemáticamente y desmontaba cualquier discurso patriótico, la razón de ser de la guerra.

Vietnam inspiró incontables protestas y el gobierno reaccionó queriendo limitar las protecciones de la Primera Enmienda de la Constitución, sobre todo el derecho de reunión para pronunciar una crítica de la guerra, una forma de coartar la sacrosanta libertad de expresión en Estados Unidos; era evidente que su gobierno sería capaz de enfrentarse a la ciudadanía y reprimir las opiniones que contradijeran el relato oficial. Empezó un pulso entre los jóvenes estudiantes y la clase política. En enero del 66 la administración Johnson anunció que aboliría los aplazamientos automáticos del servicio militar para los estudiantes universitarios. Explotaron de rabia. Organizaciones como *Students for a Democratic Society* (Estudiantes por una Sociedad Democrática) lanzaron sus famosas proclamas: *Hell, no, we won't go* (¡Diablos, no, no iremos!), *Burn cards, not people!* (¡Quema tarjetas –de reclutamiento–, no personas!) y *Make Love, Not War!* (¡Haz el amor, no la guerra!) aparecían en pancartas, chapas y camisetas reivindicativas, se repetían insistentemente hasta convertirse en una declaración de principios y un eslogan pegadizo que se gritaba en cada nueva concentración.

Figuras 20 y 21. El 1 de junio de 1967 se fundó en Nueva York el VVAW (Vietnam Veterans Against the War) después de que seis veteranos desfilaran juntos pidiendo el final de la guerra. Fuente: Wikimedia Commons / Jóvenes estudiantes de la Universidad de Michigan protestando contra la guerra el 20 de septiembre de 1969.
Fuente: *The Detroit News.*

La brecha social venía de atrás. El movimiento contra la guerra había comenzado a principio de la década de 1960 en los campus universitarios pero la segunda mitad de la década más y más personas se unieron a los opositores. La contracultura hippie creció hasta incluir a miles de jóvenes estadounidenses por todo el país y llegó a su pico más alto durante la escalada bélica cuando la televisión mostraba las imágenes más horrendas para disminuir cuando el conflicto llegó a su fin. Pero el rechazo de los hippies por la cultura dominante dejaría un impacto duradero: barba y pelo largo, consumo de drogas, música rock, amor libre, rebelión y rechazo del establishment fueron sus señas distintivas. Antes, los *beatniks* se congregaban en barrios bohemios como el East Village de Nueva York o Haight-Ashbury en San Francisco flirteando con la sexualidad y las religiones orientales. Después aparecieron los *love children* (hijos del amor) con su ropa de colores estridentes, su música folk y su estilo de vida campestre y relajada. El LSD entró en escena. La mayoría de los hippies eran hombres y mujeres jóvenes, blancos, de clase media, que renegaban de la sociedad dominante y se rebelaban contra sus padres al ser incapaces de ajustarse a los estándares que les exigían para integrarse. En julio de 1967 la revista *Time* registraba el *Summer of Love* informando que el movimiento hippie estaba "floreciendo en todas las ciudades importantes de Estados Unidos, desde Boston hasta Seattle, desde Detroit hasta Nueva Orleans" y abarcaba unas 300.000 personas[22]. Los hippies se mudaban fuera de la ciudad donde podían vivir con menos dinero estableciéndose en comunas rurales: se unieron a los radicales políticos descontentos y a los prófugos que huían de las autoridades evitando ir a Vietnam a morir. Hippies, insumisos y desertores del ejército se fundieron en una amalgama de voces antisistema.

El grupo más activo de hippies con inclinaciones políticas fue The Diggers, una organización anarquista creada en 1966 en San Francisco y conocidos por repartir comida gratis a los que mendigaban en el Golden Gate Park y regentar una tienda, abastecida con artículos robados, que ofrecía ropa asequible a los evasores del servicio militar obligatorio así como a los soldados de permiso que querían ir de incógnito y no volver al ejército. En Haight-Ashbury la convivencia vecinal se convirtió en un problema, así que en octubre de 1967 los Diggers convocaron una "Marcha de la muerte de los hippies" denunciando la banalización de su cultura, reuniéndose en el Psychedelic Shop para escenificar un funeral simbólico del movimiento; se negaban a que los convirtieran en una marca o una moda. Entretanto, su ideología radical y su estilo de vida contestatario eran cada vez más imitados y se propagaban por todo el país (Pruit).

La SDS se había fundado en la Universidad de Michigan en 1960 y sirvió para articular lo que se llamará la "Nueva Izquierda", término que se acuñó en la Declaración de Port Hudson de 1962 donde criticaban la falta de libertad, el poder abusivo del gobierno, las universidades y las corporaciones, al tiempo que pedían una democracia más participativa (Tomes 141). En primavera de 1965 el SDS promovió una campaña contra el reclutamiento: en los campus las manifestaciones incluían la quema de tarjetas, la confrontación directa con los reclutadores militares y sentadas para protestar contra los ROTC (*Reserve Officers Training Corps* o Cuerpo de Entrenamiento de Oficiales de la Reserva, un programa universitario que preparaba a los alumnos para convertirlos en oficiales de las Fuerzas Armadas) además de señalar a las empresas privadas que se beneficiaban con la guerra como Dow Chemical, fabricante del napalm. Mientras tanto, el *Free Speech Movement* (Movimiento por la libertad de expresión) llevaba desde otoño del 64 causando graves alborotos en la Universidad de California en Berkeley (Jeffreys-Jones 63; Small 23).

Desde luego, la opinión en contra de la guerra se veía influída por la identificación de género y raza. Por contraste con la "mayoría silenciosa" que respaldaba la intervención militar, el movimiento *Women Strike for Peace* (Mujeres en huelga por la paz) renegó del conflicto desde su arranque (Childree). Se ha escrito mucho sobre la participación de los afroamericanos en Vietnam, pero no tanto sobre otros segmentos de la sociedad. Everett Alvarez fue un prisionero de guerra en Vietnam, en cambio su mujer Delia llegó a cuestionar la participación del país y su efecto en la clase trabajadora, sobre todo en los jóvenes latinos: los varones mexicoamericanos en edad militar constituían el 14% de la población en los estados del sudoeste, pero representaban entre un 18% y un 19% de las bajas; en otras palabras, estaban más expuestos al fuego enemigo y sus muertes causaban un gran daño a sus familias en situación económica precaria (Castillo). El reverendo Martin Luther King estaba totalmente en contra de la guerra. Su esposa Coretta Scott King dió un mitin en el Monumento a Washington el 27 de noviembre de 1965 con el pediatra Benjamin Spock, también activista. El 25 de marzo de 1967 el propio Martin Luther King encabezó su primera marcha contra la guerra en Chicago y dos semanas después dijo en un sermón ante tres mil personas en la iglesia Riverside de Nueva York que la guerra de Vietnam estaba "llevándose a los jóvenes negros que habían sido despreciados por la sociedad enviándolos a ocho mil millas de distancia para garantizar libertades en el sudeste asiático que no habrían encontrado en el el estado de Georgia y en East Harlem" (Carson y Shepard 143; Cook y Pesick 41).

Abbie Hoffman fundó el Youth International Party, conocidos coloquialmente como Yippies, y organizó una marcha hacia el Pentágono en otoño de 1967 a la que se sumaron cerca de cincuenta mil manifestantes. Hoffman, con su característico estilo irreverente y burlón, había dicho: "Teñiremos el Potomac de rojo, quemaremos los cerezos, tomaremos las embajadas, atacaremos con pistolas de agua, canicas, envoltorios de chicle y bazucas, las chicas correrán desnudas... Levantarán la bandera sobre el Pentágono y sonará una poderosa ovación" (M. Terry; Stephens 37). Pero el Pentágono aguantó, setecientos manifestantes fueron detenidos y terminaron en la cárcel. Por otro lado, las tácticas del movimiento contra la guerra cambiaron drásticamente: las quemas de tarjetas de reclutamiento en actos públicos eran habituales desde 1965 pero los opositores fueron un paso más allá, de la simple protesta al activismo radical incluso arriesgándose a cuantiosas multas y penas de prisión. En la primera mitad de 1968 se llevaron a cabo más de doscientas manifestaciones importantes en cien campus y colegios universitarios en las que participaron unos cuarenta mil estudiantes. La más célebre fue la que tuvo lugar en la Universidad de Columbia en abril de 1968, que abogaba por los derechos civiles de los afroamericanos.

Durante la Convención Demócrata de 1968 los opositores protestaron frente al Hotel Hilton de Chicago y se enfrentaron a las fuerzas del orden. Doce mil policías, siete mil quinientos soldados, otros siete mil efectivos de la Guardia Nacional y otros mil agentes infiltrados de paisano reprimieron la protesta: les golpearon furiosamente con sus porras y lanzaron gases lacrimógenos contra los manifestantes. La única cámara en vivo que había presente retransmitió las imágenes a toda la nación durante 17 minutos angustiosos. Los rebeldes habían nominado a un cerdo como presidente de los Estados Unidos al que bautizaron "Pigasus the Immortal". Entre el 26 y el 28 de agosto, más de cuatro mil delegados de todos los estados se reunían en el Anfiteatro Internacional para nombrar al candidato mientras decenas de miles de jóvenes se agolpaban en la calles para mostrar su repulsa por la guerra de Vietnam. El impacto fue mayúsculo.

El 15 de noviembre de 1969, meses después del multitudinario festival de Woodstock, los opositores organizaron la mayor manifestación contra la guerra en la historia del país, el *Moratorium Day* (Día de la Moratoria) con mítines políticos, oficios religiosos y concentraciones (Foley, "Peaks, Valleys, and the Changing Horizon" 337). En Boston cien mil personas se unieron a la protesta; en el New York State Theatre se convocó una vigilia de doce horas; en Washington D.C. se congregaron en las escaleras del Capitolio y cientos de miles de personas avanzaron por la ciudad. La víspera se había celebrado la *March Against Death* (Marcha contra la muerte) en la avenida Pennsylvania donde llevaron carteles con los nombres de los soldados muertos y las ciudades survietnamitas destruidas, se detuvieron frente a la Casa Blanca para cantar himnos por la paz y exigir la retirada del conflicto. Al día siguiente políticos como Eugene McCarthy, George McGovern y Charles Goodell pronunciaron discursos, hubo actuaciones musicales de Peter, Paul and Mary, Arlo Guthrie y Pete Seeger, y se cantó el tema *Give Peace a Chance* de John Lennon.

Figura 22. Jóvenes activistas enfrentándose a la Guardia Nacional frente al Hotel Hilton en Grant Park durante la Convención Nacional Demócrata de Chicago. Fotografía de Warren K. Leffler, 26 de agosto de 1968.
Fuente: Wikimedia Commons.

En mayo de 1970 los estudiantes de la universidad Kent State protestaron contra la invasión de Camboya ordenada por el gabinete Nixon. Cientos de alumnos se reunieron en Commons, un espacio parecido a un parque público justo en el centro del campus universitario donde ya se habían celebrado manifestaciones en el pasado. Varios oradores pronunciaron discursos en contra de la guerra y arremetieron contra el presidente Nixon; aquella noche tuvieron lugar varios enfrentamientos violentos con la policía local cuando algunos estudiantes arrojaron botellas contra sus coches y encendieron hogueras en las calles. El alcalde Leroy Satrom declaró el estado de emergencia y ordenó que cerraran todos los bares de la ciudad, lo que enfureció aún más a los manifestantes. Satrom pidió ayuda al gobernador James Rhodes y este envió a la Guardia Nacional de Ohio. Para entonces los estudiantes habían prendido fuego al edificio del ROTC y se enfrentaban a los bomberos que fueron a extinguir el incendio mientras otros aplaudían y vitoreaban. El día 4 había programada una protesta en el Commons a media mañana, se esperaba que asistieran unos tres mil manifestantes mientras cien miembros de la Guardia Nacional liderados por el general Robert Canterbury portaban rifles M-1. Un jeep militar pidió a los estudiantes que se dispersaran usando un megáfono, a lo que respondieron gritando y arrojando piedras. Canterbury ordenó a sus hombres que cargaran contra la multitud avanzando por la colina Blanket Hill junto al campo de entrenamiento del equipo de rugby. En la cima de la colina, veintiocho agentes se volvieron repentinamente y abrieron fuego disparando con sus rifles directamente contra la multitud. Setenta disparos en trece segundos. Cuatro estudiantes murieron en el acto: Jeffrey Miller, Allison Krause, William Schroeder y Sandra Scheuer. Otros nueve resultaron heridos. Varios recibieron un tiro en la espalda, lo que ilustra bastante bien la situación: Robert Stamps, Dean Kahler y el difunto Schroeder. El fotógrafo John Paul Filo ganó un Pulitzer por la imagen de Mary Vecchio, de tan solo catorce años, llorando desconsolada sobre el cadáver de Miller en el suelo (Richards 571-573). Neil Young, que se había unido recientemente a la banda Crosby, Stills and Nash, sintió una gran indignación cuando conoció la noticia y escribió la canción Ohio para expresar su rabia: *I've seen tin soldiers, I hear them coming... Four dead in Ohio*[23].

Figura 23. Mary Ann Vecchio lamentando la muerte del estudiante Jeffrey Miller, tendido en el suelo en el campus de la Universidad Kent State. Fotografía de John Paul Filo, 4 de mayo de 1970.
Fuente: Wikimedia Commons.

Para entonces, la inmensa mayoría de los estadounidenses renegaban de la guerra de Vietnam. La masacre de Kent State agravó aún más el descontento del público. Muchos llegarían a creer que las crecientes protestas en contra de la guerra obligaron finalmente al gobierno a corregir el rumbo y ordenar la retirada progresiva de tropas. Los opositores celebrarían la victoria ideológica mientras los pocos partidarios de perpetuar el conflicto, una minoría significativa, creerían que los universitarios de pelo largo impidieron a los estadounidenses ganar una guerra justificada (Dumbrell, "The Antiwar Movement" 147). Arnold R. Isaacs lo niega en rotundo. Este relato se ajusta a una narrativa que mitifica el esfuerzo de los opositores pero no se ajusta a la realidad. Según Isaacs, el respaldo popular al senador Eugene McCarthy –el mismo que intervino en el *Moratorium Day* y se posicionó en Washington del lado de los manifestantes– en las primarias presidenciales demócratas de New Hampshire hizo que los actores políticos percibieran la importancia del discurso del no a la guerra. Averell Harriman, el secretario de defensa Clark Clifford, el ex secretario de Estado Dean Acheson, los generales retirados de la Segunda Guerra Mundial Omar Bradley y Matthew Ridgway –un grupo de presión denominado *Wise Men* (hombres sabios) que aconsejaban al presidente– dijeron a Lyndon Johnson que un resultado satisfactorio en Vietnam estaba fuera de su alcance y que si continuaba su implicación en la guerra no solo perdería estrepitosamente sino que terminaría perjudicando los intereses del país (Isaacs). Para los expertos militares ganar la guerra era ya una meta inalcanzable y perpetuar el conflicto dañaría la credibilidad del gobierno manchando la imagen de los Estados Unidos ante la comunidad internacional. Dean Acheson dijo: "Ya no podemos hacer el trabajo que nos propusimos y debemos comenzar a tomar medidas para desvincularnos". En la opinión de Isaacs, fue justo en ese preciso momento cuando el gobierno se planteó la retirada, atendiendo el consejo de los *Wise Men* y no a los manifestantes universitarios o a los hippies.

SEGUNDA PARTE
La guerra cultural

SEGUNDA PARTE   LA GUERRA CULTURAL

1. CORAZONES Y MENTES

1.1. El shock por televisión

Vietnam fue la primera guerra televisada. De 1950 a 1966 el porcentaje de estadounidenses que tenían un televisor en sus hogares aumentó de forma exponencial disparándose del 9% a un espectacular 93% hasta que se convirtió en un elemento indispensable de la vida cotidiana (Kratz). Con la proliferación del televisor las principales cadenas se esforzaban por mostrar las noticias más emocionantes y dramáticas. Competían por tener los mejores presentadores, los mejores equipos de reporteros y los mayores índices de audiencia. Los avances en la grabación de vídeo permitían conseguir una mejor cobertura de noticias, así que se plantearon hacer algo sin precedentes: cubrir *in situ* la guerra de Vietnam. Por primera vez en la historia del país las noticias del frente bélico llegaban directamente a la sala de estar del gran público. No solo los periódicos informarían de lo sucedido: los espectadores podrían ver con sus propios ojos lo que sucedía en el campo de batalla.

Antes, durante la Segunda Guerra Mundial, los equipos de cámara permanecían lejos del frente, en áreas seguras que no eran zonas de combate, para filmar el aspecto más optimista de la guerra: soldados en sus bases, entrenando, recuperándose de las heridas, en sus despachos y salas de operaciones, siempre radiantes y esperanzados. Los noticieros se proyectaban en las salas de cine como un instrumento de propaganda y los locutores narraban los hechos presentándolos como buenas noticias o informaban de la tragedia con mensaje moralizante sin desprenderse nunca del tono alegre. El gobierno censuraba los contenidos influyendo en los medios de comunicación: si la prensa quería tener acceso a la información primero debía obtener las credenciales necesarias que proporcionaba el propio ejército. De tal modo, el ejército se aseguraba de que las noticias no divulgaran información que contradijera el discurso que querían transmitir y su intención primordial: mantener la moral alta, apoyar a las tropas desde el frente doméstico, reforzar la confianza en la victoria final y atenuar los datos más horrendos para no escandalizar a los familiares de los soldados (Springer 95). Durante la guerra de Vietnam esta convención se fue totalmente al traste.

Figura 24. El apoyo a las tropas disminuyó dramáticamente a consecuencia de los noticieros televisados cada noche por las principales emisoras.
Fotografía de Warren K. Leffler, 13 de febrero de 1968.
Fuente: Wikimedia Commons.

En la década de 1960 la censura gubernamental era mucho más laxa, los equipos de cámara estaban en las zonas de combate y en primera línea de fuego. Los periodistas escribían sus crónicas sin disfrazar la realidad y registraron los acontecimientos en el campo de batalla con tremendo verismo. Los estadounidenses tuvieron acceso a una visión más cruda de la guerra, muy lejos del relato idealizado al que estaban acostumbrados, y lo que contemplaron no les gustó en absoluto. El 1 de abril de 1968 el presidente Johnson, tras anunciar que no se presentaría a la reelección, reflexionaba al respecto: "Pensé en las muchas veces que la televisión trae la guerra al hogar estadounidense cada semana. Nadie puede decir exactamente qué efecto tienen esas vívidas escenas en la opinión pública estadounidense. Los historiadores sólo deben especular sobre el efecto que la televisión habría tenido sobre el futuro de esta nación en conflictos anteriores" (Kratz). Los reportajes televisados dividieron al pueblo americano, hasta entonces orgulloso de ser una nación unida. Las dramáticas imágenes influyeron en la percepción del pueblo: viéndolos desde la relativa comodidad de sus hogares, los telespectadores empatizaron con los soldados que caían en el sudeste asiático, muchachos en peligro de muerte muy parecidos a sus propios hijos, maridos, amigos, hermanos y padres ausentes. La opinión pública fue madurando conforme avanzaba la guerra y se tenía un mayor conocimiento de los hechos. Si ya existía una cierta división de opiniones en la década de 1960, esta se acentuó conforme tenía lugar el proceso de escalada. Hacia 1967 la opinión negativa estaba consolidada y el apoyo a las tropas cayó por debajo del 50%, algo insólito en la historia militar del país, muy lejos del apoyo unánime de otro tiempo. Esta caída del respaldo público se debió a la cobertura en los medios cada vez mayor. Durante la escalada también aumentó la presencia de cámaras y reporteros, los programas de noticias alargaron su duración, ya no eran boletines breves sino espacios de 90 minutos incluyendo el balance de los expertos y la opinión de voces autorizadas. A diario, mientras cenaban en sus casas tras una larga jornada, las familias norteamericanas recibían estos impactos con estupor y rabia. A pesar de todo el pueblo americano aún creía que vencería en Vietnam, cualquier otra cosa no cabía en su imaginación.

"Fue horrible. Era la primera vez que la guerra entró en nuestra sala de estar. Walter Cronkite informaba cada noche, teníamos el recuento de cadáveres a diario... En general era algo así como 'matamos a 7000 de ellos y solo murieron 1000 de nosotros'... luego el general Westmoreland decía 'solo unos pocos hombres más, solo unos pocos más, solo un poco más' y enviaban más tropas", decía Melissa Woodbury compungida (Forte). Efectivamente, el reportero Walter Cronkite tuvo una influencia fundamental en ese momento y contribuyó a que la guerra de Vietnam entrara en el imaginario colectivo del país. No en Hué o Saigón sino en un estudio de televisión en Nueva York.

Hasta 1968 Walter Cronkite creía en lo que el gobierno decía sobre Vietnam. Él era un periodista de la vieja escuela, un auténtico patriota, un profesional respetado que había cubierto la Segunda Guerra Mundial y que, como la mayoría de sus colegas, respaldaba la lucha contra el comunismo y creía entender por qué Estados Unidos intervenía en tierras lejanas para frenar su expansión. Como presentador de *CBS Evening News*, sus opiniones repercutían en el norteamericano promedio, fomentaban el debate público y tenían un eco específico en los televidentes. Siempre respaldó al gobierno y la estrategia diseñada por los altos mandos militares. En los primeros compases de la guerra visitó Vietnam y le irritó la actitud de los corresponsales de guerra más jóvenes que parecían competir entre ellos "para determinar quién era el más cínico" (Achenbach). Todo eso cambiaría con el paso del tiempo. Hasta 1968, los noticieros todavía pretendían minimizar el impacto en los televidentes cortando las imágenes más sangrientas y evitando criticar las operaciones militares. No porque el ejército censurase sus opiniones, sino porque desagradaban a Lyndon Johnson y el presidente no dudaba en expresar su enfado a los directivos de la cadena (Pach 450). Así sucedió en agosto de 1965 cuando Mosley Safer, corresponsal de *CBS News*, cubrió una misión de los marines en la aldea de Cam Ne donde se suponía que debían encontrar miembros del Vietcong y un arsenal de municiones. Safer mostró a los marines quemando las chozas con sus lanzallamas ante la desesperación de mujeres y niños survietnamitas que no sabían por qué les estaban atacando y destruían sus casas. Al día siguiente Johnson telefoneó a Frank Stanton, ejecutivo de CBS, y le espetó: "Frank, ¿estás queriendo joderme?".

Por si el desastre televisado de Cam Ne fuera poco, aquello quedó empequeñecido cuando Walter Cronkite visitó Vietnam en febrero de 1968. Cronkite protagonizó una retransmisión de una hora de duración en la franja *prime time* que sacudió a la nación, un hito que pasaría a la historia como el "Momento Cronkite" (Ritchie 271-272). Muchos aún se preguntan si el reportaje informaba sobre una debacle o si provocó él mismo la debacle hundiendo la reputación del ejército norteamericano en un momento clave de la guerra. Marcó un antes y un después. Antes, los periodistas que cubrían la guerra desde Vietnam solo repetían las consignas del ejército: así por ejemplo el personal militar allí destinado eran meros observadores, no combatientes; la misión de erradicar a los guerrilleros comunistas se llamaba eufemísticamente "pacificación", o bien se decía que luchaban por los "corazones y mentes" (*hearts and minds*) de los vietnamitas; el general Westmoreland había declarado "Las esperanzas del enemigo están en bancarrota" (*The enemy's hopes are bankrupt*) y los medios informativos no tenían por qué contradecir su discurso triunfalista. Solo el ala más crítica y resentida, los pacifistas insumisos y opositores antisistema, se permitían pensar otra cosa.

Luego vino la Ofensiva del Tet. Los periodistas con base en Saigón vieron cómo la guerra llegaba hasta ellos irrumpiendo inesperadamente en sus hoteles. Diecinueve guerrilleros del Vietcong entraron en el recinto de la embajada de Estados Unidos tras abrir una brecha en el muro exterior. Aunque fueron abatidos en seguida, lograron meter el miedo en el cuerpo a los norteamericanos. Cuando los primeros boletines llegaron a la redacción de CBS en Nueva York, Cronkite reaccionó horrorizado: "¿Qué diablos está pasando? ¡Pensaba que estábamos ganando la guerra!", dijo en un arrebato. Las imágenes en vídeo de Saigón con las escaramuzas del VC y las tropas americanas en plena capital conmocionaron al público. Daniel C. Hallin escribió que era la primera vez que la guerra aparecía en televisión "como un asunto realmente brutal" (Allison 55; Hallin 171). En aquel momento Walter Cronkite tenía una reputación inmejorable de cara a los televidentes, nunca dejó caer una opinión sesgada sobre la guerra ni adoptó una postura explícita, optando por un punto de vista imparcial y objetivo. Tras la Ofensiva del Tet, tomó un vuelo a Saigón y se alojó en el Hotel Caravelle; después fue a Hué donde el enfrentamiento era mucho más encarnizado y se palpaba en la calle (Gans 135; Schomp 10). Cronkite abandonó Hué en un helicóptero que transportaba los restos mortales de doce marines en bolsas negras para cadáveres. Cuando volvió a Nueva York, el 27 de febrero a las 10 p.m. *CBS News* emitió el especial informativo *Report from Vietnam: Who, What, When, Where, Why?*

Evitando el sensacionalismo, Cronkite no hablaba de las bajas americanas ni mostró los cadáveres, sino que evaluaba el conflicto en los mismos términos que los comandantes estadounidenses. Después del reportaje, en el plató del estudio desde donde ejercía de presentador, pronunció sus conclusiones a la manera de una columna de opinión: "Parece, ahora más que nunca, que la sangrienta experiencia de Vietnam terminará en punto muerto... Cada vez está más claro que la única salida racional será negociar, no como vencedores, sino como un pueblo honorable que cumplió su promesa de defender la democracia y lo hizo lo mejor que pudo. Les habla Walter Cronkite. Buenas noches". (Crawford 79; Seib 19).

Figura 25. Walter Cronkite con su equipo realizando una entrevista el 20 febrero de 1968 para el especial informativo *Report from Vietnam* en CBS.
Fuente:Wikimedia Commons.

Las palabras afectaron a Lyndon Johnson. "Si he perdido a Cronkite, he perdido América", dijo a su secretario de prensa George Christian (Lansburg y Chapman 126). Las consecuencias llegaron en seguida. El candidato presidencial del partido demócrata, el senador por Missesota Eugene McCarthy, recibió un impulso en las primarias de New Hampshire aquel 12 de marzo. Hasta Robert F. Kennedy se atrevió a dar un discurso señalando el engaño de la administración Johnson; luego se reunió con Walter Cronkite para almorzar y le dijo que debería empezar una carrera política y ocupar un asiento en el Senado. McCarthy quedó segundo en New Hampshire perdiendo ante Johnson por escaso margen y Kennedy se postuló para la presidencia. En medio de aquella vorágine, Johnson apareció por televisión el 31 de marzo anunciando la suspensión parcial de los bombardeos en Vietnam del Norte para retomar las negociaciones de paz. Acto seguido dijo en directo: "No buscaré, y no aceptaré, la nominación de mi partido para otro mandato como presidente". Estaba fuera de juego. Vietnam minó su credibilidad y el giro dramático que supuso la Ofensiva del Tet le distanciaron del electorado. Cronkite le noqueó para siempre.

Las encuestas Gallup llevaban desde 1965 preguntando si el país había cometido un error implicándose en la guerra de Vietnam. Hasta 1968 los resultados permenecieron prácticamente inalterables, con una considerable división de opiniones que no terminaba de inclinar la balanza. En agosto del 68 Gallup registró una caída significativa del apoyo a la guerra: el Tet, CBS y la retirada de Johnson convencieron al pueblo de que aquello era una debacle (Brands; Dallek; Hammond). La importancia del "Momento Cronkite" era indudable: su poder persuasivo estaba respaldado precisamente por su largo historial de imparcialidad y corrección política. El mismo veredicto en boca de cualquier otro no habría tenido un efecto similar. Cronkite tenía fama de ser justo, neutral, un hombre sensato y comedido. No era dado al sensacionalismo, y desde luego no tenía nada que ver con los radicales izquierdistas y antisistema. Cada vez que terminaba una emisión de *CBS Evening News* se despedía de los televidentes con la coletilla *And that's the way it is...* (Y así son las cosas...) y eso es exactamente lo que percibía el público: que contaba la realidad tal y como era, sin adornos ni artificios.

Por su naturaleza de hito histórico, el "Momento Cronkite" también ha sido ampliamente discutido: Peter Braestrup, corresponsal de *The Washington Post* en Saigón durante la Ofensiva del Tet, diría que los periodistas ofrecieron un enfoque erróneo de los acontecimientos puesto que el FLNV fue derrotado y no logró sus objetivos militares (Isaacs; Merry). Mark Bowden, sin embargo, se reafirma en un artículo para *The New York Times*: "Cronkite tenía razón. La guerra no se estaba ganando, ni se ganaría" (Bowden). Walter Cronkite, por su parte, se retiró como presentador en 1981 y trabajó en una serie documental sobre la guerra de Vietnam que sería emitida por la cadena donde repasaba el desarrollo del conflicto hasta el anticlimático desenlace. Michael Arlen definió Vietnam como una *living-room war* (guerra de salón) indicando cómo los estadounidenses seguían los acontecimientos desde la comodidad de sus hogares: para millones de personas, Vietnam no significaba cargar armamento en medio de la jungla, escarbar en túneles subterráneos, pisar una bomba trampa o incediar aldeas; Vietnam fue algo parecido a un serial televisivo, un espacio dramatizado que alimentaba las conversaciones y ofrecía entretenimiento durante la cena.

Si la televisión acabó con la carrera de Lyndon Johnson, la prensa escrita puso el último clavo en el ataúd presidencial y enterró después a Richard Nixon. Cronkite azuzó la conciencia del pueblo americano, pero *The Washington Post* aportó pruebas más que suficientes para hundir la reputación de la Casa Blanca sin remedio. Primero, *The New York Times* publicó una serie de artículos basándose en un informe clasificado del Departamento de Defensa que Daniel Ellsberg, analista de seguridad nacional, filtró al periódico. El documento fue conocido popularmente como los Papeles de Pentágono y revelaba décadas ininterrumpidas de políticas fallidas en Vietnam y engaño sistemático al pueblo estadounidense (Riggs). El primero de los artículos, publicado el 13 de junio de 1971 por Neil Sheehan, causó un gran impacto. Nixon se enteró por una llamada telefónica con Al Kaig, ayudante de Henry Kissinger (Gross y Davies). Nixon consiguió una orden judicial que impedía a *The New York Times* continuar la historia, así que Ellsberg acudió a *The Washington Post* acto seguido. Cinco días después este otro diario empezó a publicar sus propios artículos. El redactor jefe Ben Bradlee y la propietaria Katharine Graham tomaron una decisión difícil, dar a conocer aquella información arriesgándose a más medidas judiciales. Cuando el gran público supo que el gobierno estadounidense se vió mucho más implicado de lo que jamás admitieron en la escalada del conflicto entre Vietnam del Norte y Vietnam del Sur, la desafección del pueblo por sus representantes electos cayó en picado como nunca. Pruebas sobre elecciones fraudulentas, corrupción y operaciones encubiertas (*Black Ops* en inglés) orquestadas por Estados Unidos mancharon la imagen de sus políticos. Para colmo, los documentos demostraban que el gobierno sabía perfectamente que estaban enviando a una generación entera de jóvenes a combatir en una guerra imposible de ganar. El sueño de instaurar la democracia y libertad en el sudeste asiático solo fue una tomadura de pelo, un engaño colosal. El gobierno dependiente de Vietnam del Sur era tan turbio, negligente y malévolo como se suponía que debían ser los líderes comunistas al norte del paralelo 17. Los informes internos que circulaban por los despachos eran tan catastróficos que ningún estadista con un mínimo de sensatez habría creído posible ganar la guerra. Simplemente iban pasándose la pelota unos a otros, haciendo que sus sucesores lidiaran con el problema sin ponerle solución. Los jóvenes tenían toda la razón al creer que los políticos eran unos viles embaucadores. Todos los norteamericanos, a izquierda o derecha del espectro político, coincidían en su repulsa de Vietnam: Walter Cronkite y *The Washington Post* provocaron el vuelco definitivo de la opinión pública.

1.2. "And it's 1, 2, 3, what are we fighting for?"

Dado que la guerra de Vietnam estaba provocando en Estados Unidos una brecha social como nunca antes en su historia, el desgarro era palpable y podía constatarse a lo largo y ancho del país. Más que palpable, era audible. La música que sonaba en los transistores constituía la banda sonora de una generación de jóvenes desencantados y marcó la rebelión cultural de Norteamérica en ese periodo. Joan Baez y Leonard Cohen se pronunciaron en contra de la guerra pero Bob Dylan sería la voz más influyente a partir del álbum *Bringing It All Back Home* de 1965. Pete Seeger viajó por todo el país interpretando baladas en conciertos y festivales mientras en el otro extremo del espectro político el sargento Barry Sadler lanzó *Ballads of the Green Berets*, un álbum patriótico que se convirtió en un éxito y llegó al número uno de las listas en 1966 con un millón de copias vendidas incluyendo la canción *Letter from Vietnam*. Se trataba de una excepción, un eco residual de la llamada mayoría silenciosa que respaldaba a las fuerzas armadas; la escena musical iba en la otra dirección (James; Deaville).

Como afirma el historiador H. Bruce Franklin: "Algunas de las primeras actividades organizadas contra la guerra de Vietnam se centraron en cantar en conciertos, clubes y campus" (Franklin 204). Las canciones en pro de la paz aparecían en revistas como la decana *Sing Out!* y la nueva *Broadside* (Lee 31). De hecho, la portada del primer número de *Sing Out!* en 1950 presentaba el tema *The Hammer Song* de Pete Seeger y Lee Hays que se popularizó tras la grabación de Peter, Paul and Mary en 1962. El tercer número de *Broadside* incluía *Will Not Go Down Under the Ground* de Bob Dylan, que hacía referencia a los refugios antiaéreos y fue grabado por Happy Traum para el álbum *Broadside Ballads Volume 1*. El número 6 tendrá en portada el inolvidable *Blowin' in the Wind* de Dylan. David Crosby, miembro de The Byrds, comentaba: "Después de un par de años de participación de Estados Unidos en la guerra de Vietnam comenzó a oler muy mal. Empezábamos a preguntarnos ¿Por qué estamos allí?" (Cohen). *Time* publicó un artículo[24] repasando las canciones en contra de la guerra como *Eve of Destruction* compuesta por P.F. Sloan, de tan solo diecinueve años por aquel entonces, que grabó con gran éxito Barry McGuire y solía ponerse como ejemplo de todo lo que iba mal en la contracultura (Perone 14).

Antes incluso de que se extendieran las protestas contra la guerra, el movimiento por los derechos civiles ya tenía sus himnos. El famoso tema *The Times They Are A-Changin'* de Bob Dylan en 1963 anticipaba el clima sombrío que se cernía sobre la juventud estadounidense: *There's a battle outside and it's ragin'... It'll soon shake your windows* vaticinaba los estragos de Vietnam para miles de muchachos llamados a combatir. Phil Ochs en *What Are You Fighting For?* había dicho *The war machine is right next to your home...* Poco después el pulso de los pacifistas contra el establishment se acentuó más todavía. El 25 de marzo de 1966 la Universidad de California en Berkeley organizó una gran fiesta benéfica donde participarían Jefferson Airplane y Mystery Trend. El cartel mostraba una escena de la guerra de Vietnam: combatientes con sus cascos y ametralladoras evitando las explosiones provocadas por los bombardeos en colores blanco, negro y rosa, un gran rótulo con la palabra Vietnam en tipografía militar y la palabra paz garabateada por debajo. Muy pronto la paz sería más que un deseo, un eslógan y una declaración de principios: Lennon grabaría en Montreal el tema *Give Peace a Chance* con acompañamiento único de panderetas, guitarra acústica, coros y sonido ambiente buscando la máxima naturalidad y cercanía.

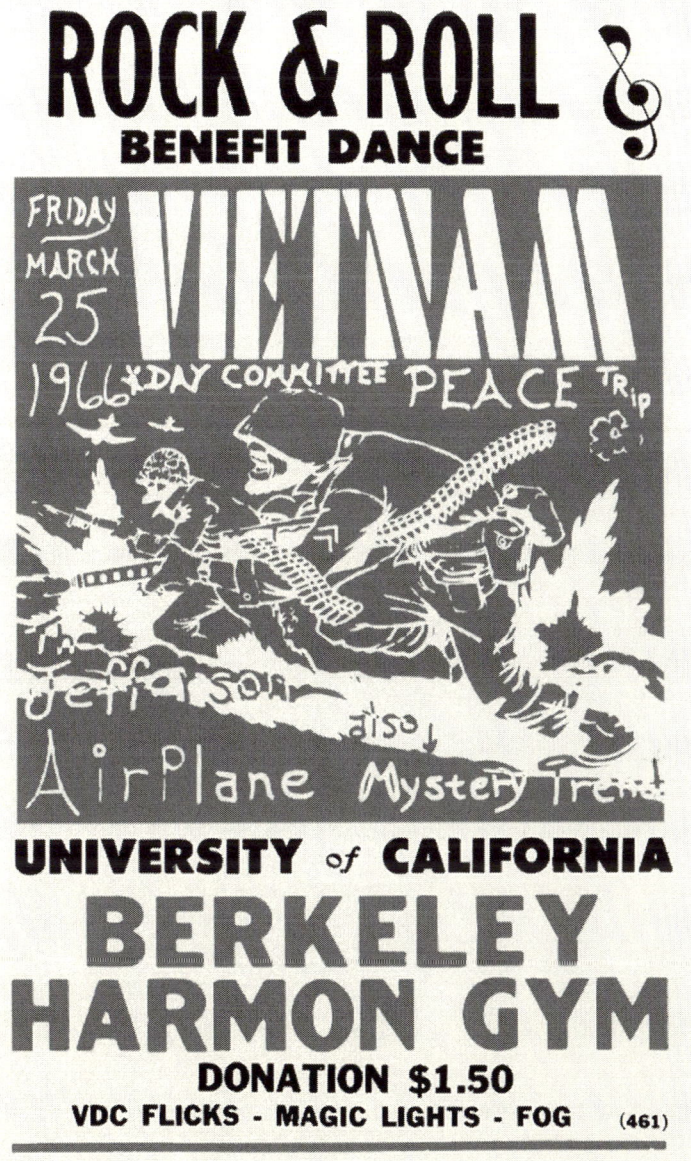

Figura 26. Cartel del *Rock and Roll Benefit Dance. Vietnam Day Committe Peace Trip* celebrado en el Berkeley Harmon Gym de la Universidad de California el 25 de marzo de 1966. El VDC (Vietnam Day Committee) era una organización formada por estudiantes del Área de la Bahía de San Francisco para oponerse a la guerra de Vietnam.
Fuente: Whitney Museum of American Art.

Las canciones satíricas de Phil Ochs se burlaban de la sacrosanta institución militar y sus consignas: *Talking Vietnam* desmonataba las razones esgrimidas para ir a la guerra, *Draft Dodger Rag* trataba de cómo evitar el reclutamiento. Pete Seeger en *If You Love Your Uncle Sam, Bring 'Em Home* pedía el regreso de las tropas sin más demora. Tom Paxton imaginó a una compañía de soldados americanos sentados con un batallón de vietcongs y drogándose juntos como buenos amigos en *Talking Vietnam Potluck Blues* (Meisenzahl y Peace). En la primera manifestación importante contra la guerra celebrada en Washington en abril de 1965, Judy Collins cantó una versión de *The Times They are A-Changin'* y Joan Baez interpretó *We Shall Overcome* convertido en un himno por los derechos civiles. Aquel mismo año Malvina Reynolds compuso *Napalm* donde inquiría al mismísimo Lyndon Johnson: "Lucy Baines, did you ever see that napalm? Did you ever see a baby hit with napalm?" y Tom Paxton arremetía contra el presidente lleno de frustración: "I got a letter from LBJ. It said, 'This is your lucky day. It's time to put your khaki trousers on'".

El 24 de septiembre de 1965 el Carnegie Hall de Nueva York anunció uno de los primeros grandes conciertos contra la guerra coordinado por Barbara Dane en el que participaron sesenta artistas, anunciado con el lema *Sing-In for Peace*. Allí, el grupo de folk The Fugs interpretó el tema *Kill for Peace* para estupefacción del público (Sullivan 8). Dane también realizó una gira por las bases militares del país actuando en las cantinas, que se grabó en el álbum *Free the Army! Songs of the GI Resistance Sung by Barbara Dane with Active-Duty GIs* con coros de soldados en Fort Hood, Fort Benning y Fort Bragg (Cohen; Perone 39-41). Phil Ochs tuvo una gran idea inspirado por el poeta Allen Ginsberg: si nuestra forma de pensar contribuye a que la guerra continúe, bastaba con desear el fin de la guerra para que esta acabara de una vez. Organizó un concierto en Los Angeles llamado *War is Over* (La guerra ha terminado) y escribió en *Los Angeles Free Press*: "¿Estáis todos hartos de esta apestosa guerra? En ese caso, amigos, haced lo que yo y miles de estadounidenses más hemos hecho: declarar el fin de la guerra". Ochs volvió a interpretar su canción *The War is Over* ante 150.000 manifestantes reunidos en el Monumento a Lincoln el 21 de octubre de 1967 y en un mitín celebrado en Nueva York el 26 de noviembre (Carrillo 81; Hill 51).

Algunos músicos hicieron todo lo posible para evitar alistarse alegando no ser aptos para el servicio, por ejemplo fingiendo una enfermedad mental: miembros de The Doors, Creedence Clearwater Revival y Jefferson Airplane se resistieron para no combatir en Vietnam y su público lo entendía perfectamente. Otros autores, pese a gozar de un estatus reconocido como ídolos nacionales y haber servido antes en el ejército, expresaban su rabia contra el gobierno como Johnny Cash en sus canciones *The Wall* y *The Viet Nam Blues*. En 1965 The Animals lanzaron *We've Gotta Get Out of This Place* sobre la alienación de vivir en un pueblo pequeño sin terminar de encajar, pero servía para expresar el estado de ánimo de los soldados desplazados en el otro extremo del mundo. Al mismo tiempo, Nancy Sinatra ironizaba sobre la parafernalia militar *en These Boots Were Made for Walking.* Al año siguiente cuando los soldados volviesen y se unieran al movimiento de protesta, el sentimiento antibelicista se intensificaría.

Figura 27. Varios manifestantes se enfrentan a la policía militar en las afueras del Pentágono. Una joven ofrece una flor en ofrenda de paz, acción simbólica que se hizo habitual en este tipo de concentraciones. Fotografía de Albert R. Simpson, 21 de octubre de 1967.
Fuente. Wikimedia Commons.

Mientras tanto el consumo de LSD y el "Summer of Love" convivían con la guerra televisada y las imágenes difundidas en los noticieros, cada vez más horrendas y traumáticas. John Lennon y Yoko Ono pedían la paz insistentemente pero Jimi Hendrix captaba el caos y el terror existencial en *Machine Gun* y su interpretación de *The Star Spangled Banner* con su fantasmagórica y desgarrada distorsión de guitarra. Aún más sombríos, King Crimson en *21st Century Schizoid Man* y Black Sabbath en *War Pigs* plasmaban el vacío existencial y la locura del conflicto bélico. Melancólico y reposado, Marvin Gaye cantaba la balada melódica *What's Going On* reflexionando sobre la violencia desatada del hombre contra sí mismo y el resto de los seres humanos (Mills).

Luego grabaría *I Want To Come Home For Christmas* en homenaje a las tropas en plenas fiestas navideñas de 1972.

Edwin Starr de Motown dio forma a una impactante canción protesta que combinaba golpes rítmicos repentinos con su voz desgarrada y una letra incendiaria (Hopkins, 2012). El tema "War" no podía dejar indiferente a nadie: *What is it good for absolutely nothing... War, it ain't nothing but a heartbreaker... War, friend only to the undertaker*. En 1968 las manifestaciones contra la guerra estaban en su punto álgido y el festival de Woodstock sirvió para reunir a los indignados por la violencia en el sudeste asiático. Promocionado como *three days of peace and love* (tres días de paz y amor) el mensaje estaba claro: contrarrestar la guerra y el odio que llevaban a los jóvenes a morir en vano. Los medios de comunicación quisieron minimizar el evento rebajando su importancia y sepultándolo entre el grueso de noticias destacadas del momento; sin embargo su trascendencia fue innegable. Bob Dylan también trató de boicotearlo argumentando que comercializaba el mensaje del no a la guerra para obtener beneficios económicos y la prensa denunció que el festival acabó destruyendo la propiedad donde se celebró, una granja lechera en Bethel, Nueva York. Más de 500.000 personas de todo el país asistieron a sus conciertos, acamparon en sus alrededores y disfrutaron de las actuaciones del 15 al 18 de agosto a pesar del mal tiempo y la pronta escasez de agua y comida, insuficiente para la inmensa marabunta de público (Storey 106). Muchos de los artistas hablaron sobre la guerra de Vietnam y se pronunciaron en contra.

Si la década de los 60 estuvo marcada por temas contestarios *como I Ain't Marching Anymore* de Phil Ochs, *Bring 'Em Home* de Pete Seeger y *Alice's Restaurant Massacree* de Arlo Guthrie, *The I-Feel-Like-I'm-Fixin'-to-Die Rag* de Contry Joe and the Fish sería probablemente la más pegadiza: *And it's one, two, three, what are we fighting for? Don't ask me, I don't give a damn, Next stop is Vietnam* (Andresen 62-3). Pero Woodstock llevó el sentimiento de rabia e impotencia a otro nivel cuando Jimi Hendrix versionó el himno nacional el 17 de agosto. La actuación, que duró menos de cinco minutos, hacía sonar su guitarra eléctrica empleando técnicas de distorsión y barra vibratoria hasta imitar dramáticamente el sonido real de la guerra incluyendo explosiones y disparos de ametralladora. Justo a la mitad de su interpretación Hendrix tocaba brevemente el *Taps*, el toque de corneta que el ejército norteamericano hace sonar durante un funeral o para indicar el final del día. Más que una ironía, era un desplante: un auténtico agravio a las fuerzas armadas. Para los aficionados a la música rock Woodstock fue un acontecimiento irrepetible: Santana, Joan Baez, Grateful Dead, The Who interpretando temas de su opera rock *Tommy*, Jefferson Airplane, Janis Joplin actuó justo después de su ruptura con la banda Big Brother and the Holding Company,

Joe Cocker y su versión de *With a Little Help From My Friends* con su voz ronca... un hito inolvidable detrás de otro.

Mientras tanto, en el otro extremo del mundo, los soldados desplazados en Vietnam oían exactamente aquella misma música con añoranza del hogar y siguiendo la moda. *The House of the Rising Sun* de The Animals trataba de un tipo cuyo padre es un jugador alcohólico, nada que ver con la guerra, pero tocaba la fibra sensible de los soldados y terminó asociándose al conflicto. Hendrix versionó la canción de Dylan *All Along the Watchtower* con acierto indudable y sería uno de los temas más escuchados. *Gimme Shelter* de los Rolling Stones sí hablaba claramente de la guerra con los perturbadores coros de Merry Clayton: *Rape, murder. It's just a shot away. It's just a shot away.* Mick Jagger explicaba: "Era una época muy dura, muy violenta. Fue una guerra realmente desagradable. La gente se opuso y no quería luchar en ella... En realidad es una especie de canción sobre el fin del mundo. Es el apocalipsis". En cambio la canción *Fortunate Song* de Creedence Clearwater Revival encerraba una crítica mordaz contra todos aquellos que se libraban de ir a la guerra por pertenecer a la clase adinerada y tener una familia influyente. En concreto, John Fogerty se inspiró en la hija de Richard Nixon quien contrajo matrimonio con el nieto del expresidente Dwight D. Eisenhower: "Julie Nixon andaba con David Eisenhower y tenías la sensación de que ninguna de estas personas se involucraría en la guerra" (Bordowitz 80; Sudderth 33). Simon and Garfunkel también señalaban a Nixon y su impulso para intensificar la guerra de Vietnam en *7 O'Clock News/Silent Night*.

For What It's Worth de Buffalo Springfield trataba de los disturbios en Sunset Strip que presenció Stephen Stills pero acabó convirtiéndose en otro alegato antibelicista (Browne). The Doors reflexionaba sobre las noticias que llegaban del frente en *The Unknown Soldier*. En Vietnam, los disc-jockeys pinchaban todas estas canciones dentro de las emisoras del ejército y los soldados las escuchaban en las bases militares. El locutor de las fuerzas armadas destinado en Saigón Adrian Cronauer conducía el programa *Dawn Buster*. Ejerciendo de presentador, abría cada nueva emisión con el saludo "Gooooooood Morning, Vietnam!" que se hizo caracterísitico. Cronauer alternaba comentarios chistosos en la onda de Bob Hope con canciones de rock de rabiosa actualidad incluyendo aquellas más agresivas y provocadoras, inyectando una dosis de energía en los soldados norteamericanos (Genzlinger). *Dawn Buster* contaba con un amplio seguimiento de las tropas y formaba parte de la rutina diaria, realmente contribuyó a que los combatientes asociaran la música rock con la guerra de Vietnam. La música era omnipresente y llegaba a los soldados en forma de álbumes, casetes y programas de radio grabados que los familiares enviaban desde casa por correo. La emisora de las fuerzas armadas Vietnam Network no tenía reparos en incluir las canciones que sonaban en las principales estaciones de radio de los Estados Unidos aunque tuvieranletras comprometidas. También había transmisiones clandestinas como la emisora pirata Radio First Termer que operaba desde Saigón, cuyos programas se hicieron legendarios a pesar de su efímera trayectoria (Kramer 155-156). Los soldados compraban magnetófonos de primer calidad a muy bajo precio en los dispensarios del ejército, o bien los pedían a Japón y luego escuchaban música con sus auriculares en aviones y helicópteros. A menudo los propios soldados tocaban aquellas canciones improvisando con sus guitarras en el campamento base, o veían a bandas locales interpretando sus versiones en los bares y clubes de Saigón. Incluso los programas de radio del Vietcong como *Hanoi Hannah*, el equivalente de *Tokyo Rose* en la Segunda Guerra Mundial, pinchaban temas de Ray Charles y B.B. King mientras instaban a los soldados americanos a desertar o deponer las armas (Bradley).

Otras canciones sonaban en las máquinas de discos instaladas en los bares como *Detroit City* de Bobby Bare, un cantante country que insistía con su estribillo *I wanna go home... Oh how I wanna go home...* expresando justo lo que pensaban los soldados cuando les invadía la melancolía. *Hello Vietnam* de Johnny Wright, otro cantante country de corte tradicional, transmitía el mensaje de que América prevalecería en su lucha por la libertad a pesar de hacer grandes sacrificios para obtener la victoria. Sin embargo la mayoría de soldados coincidía con los jóvenes que acudían en casa a los conciertos más incendiarios; el soldado de infantería Michael Rodríguez se identificaba con las letras burlonas de Country Joe and the Fish: "Amargo, sarcástico, enfadado con un gobierno que algunos de nosotros tampoco entendíamos, se convirtió en el himno de los *grunts* en el campo de batalla" (Bradley y Werner; Rodriguez). De hecho, el propio Joe McDonald era un veterano de los marines y gozaba de la simpatía de sus compañeros. *Bungle In The Jungle* de Jethro Tull era deliberadamente ambigua pero parecía describir con precisión las patrullas en medio de la selva. *(Sittin' On) The Dock of the Bay* de Otis Redding fue compuesta poco después de visitar a las tropas en Vietnam y trataba de captar la nostalgia de los soldados desplazados describiendo los sentimientos de un vagabundo que añora el hogar, algo con lo que las tropas se verían inevitablemente identificadas; algo similar sucedía con la canción *Green, Green Grass of Home* de Porter Wagoner en el álbum *Soul of a Convict*. Por contraste, *Still In Saigon* de The Charlie Daniels Band captará perfectamente el trauma de los veteranos de guerra que vuelven a su país y los devastadores efectos del trastorno por estrés postraumático (Blanton). No cabía duda: Vietnam tenía su propio ritmo.

Figura 28. El soldado Harry Simons "Your Brother" trabajó en 1969 como disc-jockey en
Da Nang para el AFVN (American Forces Vietnam Network).
Fuente: AFRTS, Marine Corps Times.

1.3. Literatura sobre Vietnam

La guerra de Vietnam también tuvo su reflejo en la literatura, aunque al principio los
autores apoyaron el conflicto bélico con patriótico entusiasmo. Un ejemplo temprano
sería *Wings of the Tiger* (1966). Su autor Carl Krueger era un productor de cine, responsable de la película documental *Thunderbolt!* (William Wyler y John Sturges,
1947) con James Stewart y el film *Alas de fuego* (*Sabre Jet*, Louis King, 1953) con
Robert Stack sobre la Segunda Guerra Mundial y la guerra de Corea respectivamente. Cuando intentó producir un guión sobre las Fuerzas Aéreas en la Guerra de
Vietnam y no consiguió el apoyo necesario en Hollywood, Krueger convirtió el guión
dramático en una novela . Narraba la historia del cazabombardero bimotor McDon-
nell Douglas F-4 Phantom II desplegado en Saigón y se promocionó en 1966 como

"The First Novel of Vietnam". Paralelamente, Robin Moore publicaba *The Green Berets* (1965). Moore había sido compañero de Bobby Kennedy en Harvard, recibió su instrucción militar en Fort Benning y Fort Bragg y fue destinado a Vietnam. Cuando el libro se reimprimió en edición de bolsillo se convirtió en un superventas en 1966 y tendría dos años más tarde su versión cinematográfica cuando el propio John Wayne compró los derechos de adaptación y se aventuró a codirigirla, el film *Boinas verdes* (*The Green Berets*, Ray Kellogg y John Wayne, 1968) (Herzog 19-21; Taylor 40). En la misma línea temática Peter Derrig escribió *The Pride Of The Green Berets* (1966) y su secuela *The Glory Of The Green Berets* (1967) presentando las aventuras del Mayor Cunningham y su equipo en misión secreta para combatir la corrupción de las fuerzas locales en Vietnam del Sur, un relato trepidante lleno de adrenalina que se promocionaba como un retrato honesto de la guerra pero no cuestionaba el papel de las fuerzas estadounidenses, sino que recuperaba el arquetípico héroe propio del western (Hellmann, "Return of the Frontier Hero National Purpose" 45-47; Anderegg 24-25).

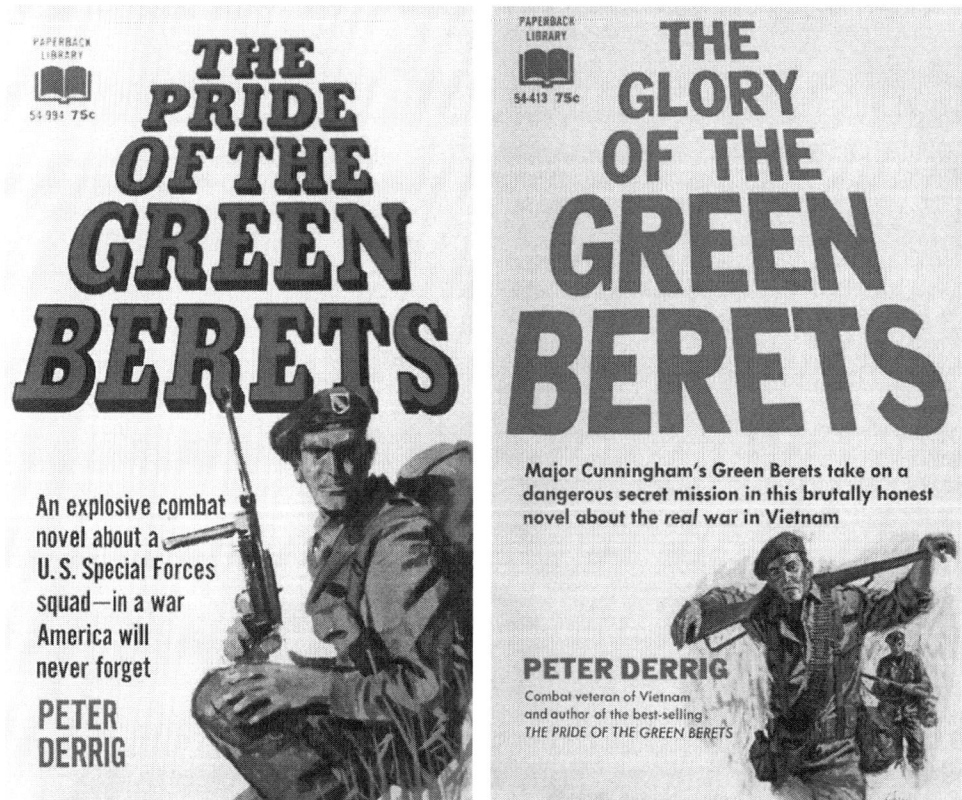

Figura 29. *The Pride Of The Green Berets* (1966) y *The Glory Of The Green Berets* (1967) de Peter Derrig.
Fuente: Between the Covers-Rare Books.

Más concienciado con los estragos de la guerra, David Halberstam –que había ganado un Pulitzer por su reportaje sobre el derrocamiento del régimen de Diem para *The New York Times*– marcó un punto de inflexión con su novela *One Very Hot Day* (1967) que plasmaba el desencanto que se palpaba pasado el ecuador del conflicto. Halberstam presentaba las vivencias del Capitán Beaupre afectado de fatiga de combate y agotamiento nervioso; Big William, un chico negro que cae abatido antes de disparar un solo tiro; el teniente vietnamita Thuong, quien afirma "no somos un pueblo fácil de salvar"...En resumen, un primer relato coral y poliédrico que transmitía con cinismo palpable el absurdo de la guerra. Beaupre trabaja como asesor del ejército norteamericano colaborando con el ARVN. Junto con el idealista teniente Anderson recién graduado en West Point emprende una misión para localizar posibles reductos del Vietcong. La historia transcurre a lo largo de un único día caluroso bajo un inclemente sol abrasador, reflejando el estado emocional y psicológico de los hombres. Algunos pasajes describen a la perfección los paréntesis de R&R (*rest and relaxation*) en los bares sórdidos de Saigón, la segregación entre soldados blancos y negros, los oficiales dando órdenes por radio desde la retaguardia y evitando entrar en acción sobre el terreno... Si bien la obra no es tan penetrante y dura como las que vendrán después, fue un primer acercamiento a la realidad de los soldados sin la épica ni el tono triunfalista que irradiaban las narraciones precedentes (Anisfield 56; Beidler, "Early Vietnam Writing" 32; Myers 42-44). Una vez roto ese tabú los escritores no temerán usar un estilo cada vez más agrio en trabajos posteriores denunciando aspectos controvertidos de Vietnam.

En *The Short-Timers* (1979) Gustav Hasford dinamitó el estereotipo positivo del soldado americano y plasmó a los combatientes como psicópatas homicidas. Basándose en sus propias experiencias autobiográficas, Hasford narraba la historia de un corresponsal del ejército apodado por sus compañeros "Bufón" que cubre la Ofensiva del Tet y la Batalla de Hué. Una francotiradora del Vietcong elimina a la mitad de los miembros de la patrulla de Bufón durante una misión; cuando finalmente la encuentran y la matan, uno de los soldados le corta los pies y los echa en una bolsa llena de miembros amputados que guarda como trofeos. El título hace referencia a los *shorts* que mantienen la cordura contando los días hasta completar el servicio, plasma la terrible falta de empatía de los *grunts*, las carnicerías, la enajenación del soldado en el campo de batalla... La primera parte del libro que narra el periodo de entrenamiento en Parris Island es especialmente demoledora, con el sargento de instrucción Gerheim condicionando a los reclutas para convertirlos en máquinas de matar (Beidler, "The New Literature of Vietnam" 170; Fuchs 91). Hasford, que fue redactor de *Leatherneck Magazine* y *Pacific Stars and Stripes*, vio su novela adaptada en el film *La chaqueta metálica* (*Full Metal Jacket*, Stanley Kubrick, 1987) y escribió posteriormente la secuela *The Phantom Blooper* (1990). Mientras tanto, John Crowther denunció el racismo que padecieron los soldados afroamericanos en su polémica novela *Firebase*.

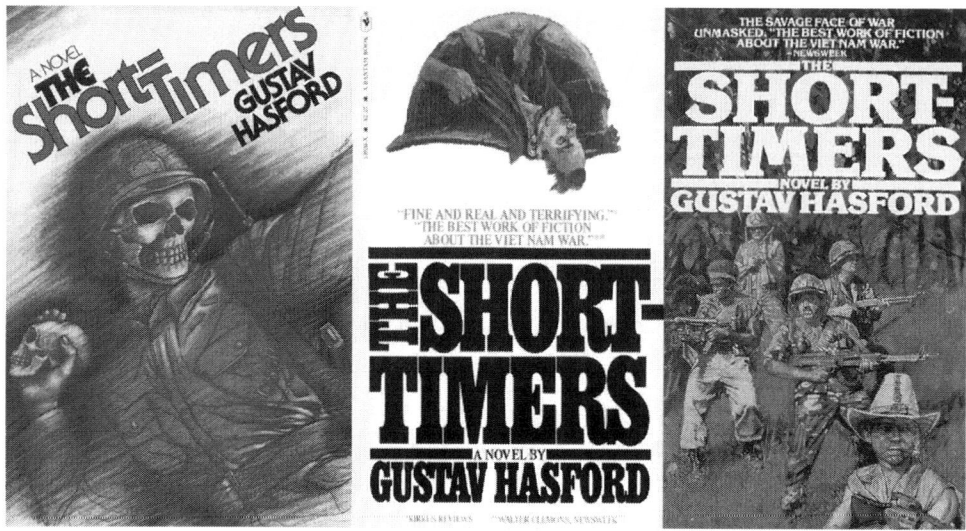

Figura 30. Sucesivas ediciones de *The Short-Timers* de Gustav Hasford reflejan la coyuntura del mercado. La primera edición de Harper and Row en 1979 con portada de John Spesato hacía hincapié en la violencia de la guerra. El año siguiente Bantam la relanzó con nueva cubierta cuyo diseño inspiró posteriormente la cartelería del film *La Chaqueta Metálica* (*Full Metal Jacket*, Stanley Kubrick, 1987) que lo adaptaba. Bantam la reeditó en 1983 con el aspecto de una novela de aventuras y un diseño que remite a los icónicos G.I. Joe comercializados el año anterior.
Fuente: Wikimedia Commons, Castalia House, Raptis Rare Books.

El periodista Charles Collingwood había sido uno de los corresponsales más célebres de Edward R. Murrow cubriendo la Segunda Guerra Mundial para *CBS News* y consiguió ser el primer reportero estadounidense en cruzar el paralelo 17 y ofrecer sus crónicas desde Vietnam del Norte. Sus experiencias inspiraron su libro *The Defector* (1970) sobre las peripecias de Bill Benson en Hanoi para ayudar a desertar a un ministro norvietnamita a instancias de un ex agente de la CIA; una novela de espionaje y suspense al estilo John Le Carré ambientada en Vietnam y alejada de los tópicos de la guerra, no tanto sobre los soldados que combatían en ella como sobre las intrigas políticas en las altas esferas (Lomperis 76-77). James Carver en *The Shadows in Go-Yeu* (1971) narraba la historia del teniente Marron destinado a una pequeña localidad de Vietnam del Sur para reemplazar a un oficial norteamericano desaparecido en extrañas ciscunstancias. Gracias a su conocimiento exhaustivo del idioma, la cultura local y su sentido común, Marron destapa una red ilegal de tráfico de drogas y armas enfrentándose a un cabecilla del Vietcong para resolver varios asesinatos; una trama de intriga y aventuras poco trascendente pero que funcionó bien en su momento (Stephens 20).

Figura 31. Portadas de *Going After Cacciato* (Delacorte Press, 1978) y *The Things They Carried* (Houghton Mifflin, 1990) de Tim O'Brien.
Fuente: Manhattan Rare Books

Loyd Little, quien se alistó voluntario a los boinas verdes y ejerció como médico en Vietnam, publicó en 1975 *Parthian Shot* que ganó el premio Pen Hemingway el año siguiente. En sus propias palabras, la novela trata "de soldados que se dan cuenta, aislados en plena jungla del delta vietnamita, de que incluso la mayor de las tragedias humanas, matándose unos a otros por razones oscuras, puede fomentar un extraño y profundo sentido de compasión, amor y ganas de sobrevivir" (Catan). Es decir, un relato de camaradería entre soldados y un canto a la solidaridad en situaciones adversas. Otras novelas explotaban el filón de la guerra de Vietnam usando el tópico de las angelicales enfermeras cuidando de los heridos en el hospital de campaña, surgiendo arrebatadoras historias de amor con los soldados convalecientes como *Nurse in Vietnam* (1969) de Nell M. Dean. Varios libros aparecieron con el mismo título estereotipado de *Vietnam Nurse*, firmados por Della Field, Suzanne Roberts y Ellen Elliott (Feld 88). Nada que ver con el libro que escribió la enfermera Lynda Van Devanter, *Home Before Morning* (1983), donde confesaba sufrir los mismos síntomas de estrés postraumático que los soldados malheridos que atendió en el frente.

Muchísimo más interesantes resultaron las obras de otros autores más preocupados por exorcizar sus propios demonios que de vender libros. Crónicas en primera persona de soldados de infantería que vivieron la guerra con toda su crudeza y supieron comunicarla en forma de memorias o novelas autobiográficas, mucho más trascendentes que las mencionadas antes porque su propósito no era entretener al público sino retratar de manera fidedigna los horrores de Vietnam y denunciar sus contradicciones (Vernon 243). Tim O'Brien se convirtió probablemente en el autor más influyente a partir de la publicación en 1973 de *If I Die in a Combat Zone, Box Me Up and Ship Me Home*. El libro presenta las peripecias de la Compañía Alfa, un puñado de *grunts* a las órdenes del Capitán Johansen; describe los estragos causados por las bombas trampa y la investigación posterior a la Masacre de My Lai (Beidler, "The Life of Fiction" 12; Heberle, "A Bad War. O'Brien's Self-Representation" 47; Smith 26). Luego publicará *Going After Cacciato* (1978) por la que recibió el National Book Award. Contaba la historia del soldado Paul Berlin soñando constantemente con desertar para ir a París (Ciocia 78; Heberle, "A Soldier's Dream. The Re-covering of Trauma" 108). Mucho tiempo después, O'Brien escribió el libro de relatos *The Things They Carried* (1990) rescatando sus recuerdos como soldado de la 23ª División de Infantería.

Por su parte, Ronald J. Glasser rememora su época como médico del ejército en su libro *365 Days* (1971). Con un promedio de seis a ocho mil heridos al mes, Glasser presenció el atroz sufrimiento de los soldados y sintió la necesidad de contar sus historias (Zeitlin 278). Pero el testimonio más desgarrador sería la biografía de Ron Kovic, soldado americano que quedó parapléjico y volvió de Vietnam para convertirse en un furioso activista contra la guerra pronunciando discursos en numerosas manifestaciones. *Born on the Fourth of July* apareció en 1976 y hacía alusión a la canción patriótica *Yankee Doodle Dandy* que describe el sentimentalismo afectado con el que la nación agradecía el sacrificio de los héroes de la Segunda Guerra Mundial por contraste con el desprecio que sufrió como veterano de Vietnam (Kinney 26-28; Lembcke 66; Shor 375). El año siguiente Philip Caputo publicó *A Rumor of War* (1977), un libro de memorias que describe sus días como marine: desplegado en marzo del 65 con las primeras tropas de combate, descubrió bien pronto que la realidad de la guerra no se parecía en nada al mito transmitido de padres a hijos una generación tras otra glorificando la guerra como crisol de hombres y lugar de aventuras (C. Cronin 75; Hawkins, "Philip Caputo's Deconstruction of the Warrior-Hero Ideal" 27; Rosso 168). Al contario, la brutalidad de Vietnam le dejó emocionalmente destrozado y rompió en pedazos el idealismo de su juventud.

En 1978, Michael Herr impactó al país con su libro *Dispaches*, una serie de reportajes que retrataba a los soldados de infantería. Inspirado en la corriente del nuevo periodismo inaugurado por Tom Wolfe, Herr intercala las descripciones con su propio monólogo interior a menudo atenazado por el miedo y drogado, canciones de rock'n roll, la jerga de los *grunts* y la delirante rutina del combate. *Dispaches* consigue que los lectores sientan haber estado en la guerra gracias a su profundo conocimiento del tema desde que fuera corresponsal en Saigón de la revista *Esquire* y presenció el asedio de Khe Sanh (Hawkins, "Michael Herr's Dispatches and the Allure of Combat" 63; Slotkin 578). Sus soliloquios impactaron a escritores tan eminentes como Hunter S. Thomson o su colega el autor de *Dog Soldiers* Robert Stone: "jóvenes estadounidenses provenientes de los rincones del servicio temporal, cargados de odio y con miedo arraigado a los vietnamitas; miles de estadounidenses sentados en sus oficinas gritando en un coro monótono: No puedes hacer que esta gente haga una maldita cosa, no puedes hacer que haga una maldita cosa..." (McCrum). *Dispaches* fue considerado por muchos el mejor libro sobre la guerra de Vietnam y quizás el mejor libro sobre cualquier guerra por su invocación de la locura, el humor absurdo y el delirio febril provocado por el estrés y las drogas.

1.4. "Girls give in to men who go in"

Un escalón por debajo, la mal denominada subliteratura o literatura popular también se ocupó de plasmar la guerra de Vietnam a su peculiar estilo alcanzando una repercusión mucho mayor. Herederos de los *pulp magazines*, las revistas de tipo *Men's Adventures* ofrecían narraciones bien reconocibles por su tono épico sobrecargado de adrenalina. Los quioscos o *newsstands* recibían docenas de títulos así, que los clientes compraban ávidamente. Popular Publications tenía *Men's Pictorial* y *True Adventures* donde las historias sobre soldados eran habituales. Martin Goodman y su conglomerado Magazine Management produjo una cantidad ingente de revistas de aquel tipo: *Stag, True Action, War, Men, Action For Men, Action Life, Battlefield, Complete Man, For Men Only, Ken For Men, Male, Man's World* o *Men In Action*, donde el bélico era uno de los temas predilectos. MacFadden publicó las revistas *Saga, Climax, Impact, Prize Sea Stories* y *True War Stories* mientras Fawcett contaba con títulos como *Cavalier* y *True Thrills*. En cualquiera de ellas, los autores solían ofrecer relatos sobre soldados en el campo de batalla, ex militares, mercenarios o asesinos profesionales envueltos de un modo u otro en la guerra. Si la Segunda Guerra Mundial contaba con el cliché del sádico y lujurioso oficial nazi como enemigo, pronto se añaden narraciones más candentes sobre la guerra de Vietnam, por entonces tema de actualidad.

Los protagonistas eran héroes arrogantes inmersos en situaciones peligrosas a vida o muerte, chicas voluptuosas y *femmes fatales*, acción a raudales, un ritmo trepidante donde las peripecias se suceden una tras otra de manera atropellada sin lugar para la reflexión introspectiva. En su época de mayor popularidad, los *Men's Adventures* competían unos con otros ofreciendo 130 títulos sumultáneamente. Los niveles de testosterona eran tan altos que se llamaban coloquialmente *armpit slicks* (manchas en los sobacos), *men's sweat magazines* (revistas de sudor masculino) o directamente *the sweats* (los sudores). Saltaba a la vista que sus personajes terminaban empapados en sudor tras tantas persecuciones, golpes y caídas, peleas a puñetazos y exhibiciones de destreza física. De hecho, aquellas revistas estaban a un paso de ser pornografía con sensacionales portadas donde las mujeres aparecían cosificadas en escenas de *bondage*, *burlesque* o sadomasoquismo, víctimas de un villano maltratador antes de ser rescatadas por el héroe que las tomaba oportunamente como botín o trofeo (Iglesias).

Aunque los *Men's Adventures* eran muy diversos, hubo algunos títulos específicos consagrados al bélico por entero. Solían incluir secciones de correo de los lectores que apelaban directamente a militares que cumplían servicio activo y veteranos del ejército con tablón de anuncios, consultorio, noticias y consejos prácticos que convertían esta clase de publicaciones en un punto de encuentro para los soldados. Ya en los años 50 había dieciséis millones de veteranos en Estados Unidos y otros seis millones fueron a combatir en la guerra de Corea: se trataba de un nicho de mercado listo para ser explotado. Si las revistas lograban su propósito de transmitir autenticidad y camaradería, captarían un público fiel que las compraría regularmente. Como nueve millones de jóvenes fueron a Vietnam entre los años 60 y 70, su público potencial era enorme (Chomko). Para entender el tono, basta citar la carta de presentación con la que el editor Harry Kantor inauguraba la decana *Battle Cry* de Stanley Publications: "Esto te concierne a ti. Una foto de tu viejo uniforme. Una batalla en la que luchaste. Un amigo con el que perdiste el contacto. Estamos tratando de hacer de esta TU REVISTA" (Deis, "Men's Adventure Magazines and the Art of War"). Cuando los *Men's Adventures* desaparezcan del mercado a mediados de los 70 aparecerán revistas como *Soldier of Fortune* con anuncios clasificados para mercenarios y contenidos en esa misma línea.

El experto Robert Deis señala que, comparada con la Segunda Guerra Mundial o la guerra de Corea, Vietnam no estuvo tan representada; era un tema controvertido –incluso en un medio ligero y libre de pretensiones como éste– y solo se abordaba eventualmente. Los soldados que combatían allí probablemente preferían comprar *Hustler* o *Penthouse* y no formaban un público tan numeroso como cabría esperar. Martin Goodman le dijo una vez al redactor jefe Bruce Jay Friedman que evitase tocar el tema porque, en sus propias palabras, "no se podía regalar Vietnam" (Parfrey 24). Sin embargo los lectores habituales de *Man's World* podían encontrar relatos apasionantes como "Colonel Ed Abersold, Fighting C.O. of Viet Nam's All-Ace Mystery Squadron" (Abril, 1964) o "Nave Ace Who Blasted His Way Out Of The Cong's Body Rot Jungle" (Febrero, 1967). *Man's Magazine* usaba las portadas de Mal Crair como reclamo en historias como "We Stumbled Onto The Viet Cong! Terror In Vietnam" (Marzo, 1966), "Routing The Viet Cong From the U-Minh Forest" (Marzo, 1967) o "Han to Hand Combat In Vietnam" (Abril, 1968) (Saunders).

Figura 32. *Man's World* (April 1964) por Syd Shores.
Fuente: HipComic.

Aunque había excepciones. *Man's Epic* (noviembre, 1967) con portada de Basil Gogos incluyó un artículo de investigación, no ficción, titulado "Vietnam Bloodbath: The Glory and The Despair" donde abordaba las estrategias fallidas del alto mando, armamento y equipos obsoletos, la censura impuesta por el ejército y el drama de los survietnamitas. El autor Kurt Vaughn se atrevía a afirmar ya en aquel entonces: "Nuestra estrategia ha fallado. La guerra se está perdiendo en Vietnam" (Deis, "The war you couldn't give away").

Otros contenidos mucho más delirantes apelaban a los entusiastas de Vietnam, aquella mayoría silenciosa que aplaudía el intervencionismo en el sudeste asiático. En *For Men Only* (marzo, 1968) con portada de Mort Künstler, la sección "Last Minute Memo for Men" recoge varias noticias absolutamente alucinantes. En el apartado "Memo: Men At War" afirman que muchos jóvenes que protestaban en las manifestaciones pacifistas no estaban quemando sus tarjetas de reclutamiento sino fotos carnet de 25 centavos. Luego comentan con aparente aprobación que el pasatiempo favorito de los marines en el puerto de Haiphong era apostar dinero en las peleas de perros. Además, decían que los *boots* (los soldados recién reclutados con la cabeza afeitada) compraban al mes unas cuatrocientas pelucas estilo Beatles a los fabricantes de Nueva York, se las metían en el bolsillo y se las ponían cuando salían fuera de la base a los bares de Saigón. Pero más asombroso todavía, el artículo afirma que había un movimiento emergente en Estados Unidos formado por chicas a favor de la guerra, Pro-Viet War Girls, que se oponían a las hippies antibelicistas y su eslogan "Las chicas dicen sí a los hombres que dicen no" (*Girls say yes to men who say no*) con un lema completamente diferente: "Las chicas se rinden ante los hombres que entran" (*Girls give in to men who go in*). Es decir, chicas dispuestas a acostarse y tener sexo con los soldados que se alistaban voluntarios en un gesto de patriotismo conmovedor (Deis, "Girls give in to men who go in"). Se trataba de una reacción contra la iniciativa de la cantante Joan Baez que solía actuar con una pancarta en lo alto del escenario con el rótulo *Girls say yes* sugiriendo que las chicas preferían ir a la cama con los objetores de conciencia, verdadera guerra psicológica contracultural.

Figura 33. *Man's Magazine* (October 1967) por Mel Crair y *Man's Epic* (November 1967) por Basil Gogos, que incluía el desmitificador artículo "Vietnam Bloodbath: The Glory and The Despair" de Kurt Vaughn destacado en portada.
Fuente: Pulp Covers.

El estudioso Gregory Daddis ha analizado estas revistas en la época de la Guerra Fría que vinculaban el militarismo y el sexo para representar un estereotipo masculino que caló en un amplio sector del público, sobre todo entre los más jóvenes e impresionables. Entre los autores habituales encontramos al veterano Robert Leckie o al historiador militar Richard Tregaskis. Su arraigo era tan fuerte que a menudo hasta los boletines oficiales del ejército como *Pacific Stars and Stripes* imitaban intencionadamente este tipo de contenidos para buscar la complicidad de sus lectores. El periódico de la 25ª División de Infantería *Tropic Lighting News* imitaba su tono picante y provocativo incluyendo fotos despampanantes de la *Tropic Lighting Girl* del mes en pose provocativa (South). Según Daddis, oficial formado en West Point donde llegó a dirigir el Departamento de Historia Estadounidense durante años, las fantasías pulp de invencibilidad y dominio sexual impregnaron el imaginario del soldado desplazado en Vietnam con repercusiones trágicas: crearon el trasfondo ideológico y fueron el detonante de los altercados violentos con abuso de autoridad contra la población local en Vietnam del Sur (Burke 544; Ullman 488; Utzig).

En los dispensarios del ejército, trece de las veinte revistas más vendidas entraban en la categoría de *Men's Adventures* en 1967 y continuaron siéndolo al menos hasta 1969. Daddis señala que tales revistas llevaron a muchos jóvenes a soñar con la guerra, a desear alistarse y formar parte de ella. *Stag, Man's Conquest* y *American Manhood* propagaron una visión de la masculinidad vinculada con el patriotismo, la conquista sexual y la beligerancia. El arquetipo de "John Wayne" funcionaba como apoteosis de vitalidad y hombría, contribuyendo a la segregación racial dentro del ejército norteamericano y al desprecio por la población survietnamita y los orientales en general. El mensaje que transmitían era "si ganas la guerra, te quedas con la chica" apelando al sensacionalismo con fantasías eróticas y fotos lascivas, y al militarismo sentimental evocando el heroísmo sin mácula de las generaciones anteriores, relatos de valor extraordinario con hombres forjados en el campo de batalla que causaban estupor en los lectores. Las narraciones sobre heroísmo en combate y virilidad servían como "antídoto para los temores y ansiedades de los hombres" y más concretamente incitaron a muchos soldados norteamericanos a cometer atrocidades tales como la violación de mujeres vietnamitas, entendida como "recompensa merecida" o "daños colaterales" (Daddis 176). De la imaginación al exceso en tan solo un puñado de páginas.

2. LA ESTÉTICA DE VIETNAM

2.1. Cómics, del triunfalismo a la debacle

Pero si un producto cultural certifica la penetración de un fenómeno en el imaginario de Norteamárica, son los cómics. Omnipresentes y asequibles, plasman el interés del gran público por un tema determinado y nos sirven como barómetro de la opinión general en un periodo concreto. Los cómics, más que cualquier otro medio, captaron la evolución de la guerra de Vietnam y la percepción de la ciudadanía en el proceso, cómo el pueblo americano pasó de apoyar incondicionalmente a las fuerzas armadas a comprender su ambivalencia, condenar los motivos ocultos y asumir el fracaso histórico.

Si los relatos de género bélico suelen centrarse en las principales batallas, los cómics –debido al formato serializado y su producción en masa– reflejan de manera única la dinámica cambiante y las distintas actitudes hacia la guerra que se palpaban en la calle, en el frente interno. Remontándonos al principio, en los primeros cómics sobre Vietnam hallamos indicios del patriotismo infantilizado que aún creía en una victoria aplastante sobre el enemigo. *Jungle War Stories* #1 (julio, 1962) fue un título pionero de Dell Publishing donde la temática de Vietnam se introdujo sutilmente por primera vez: la serie trataba de tres veteranos de la guerra de Corea que combatían contra los Vietnamese Rangers y cada número incluía una página sobre la guerra de Vietnam con información y noticias sobre lo que estaba sucediendo allí (Wells 107).

Figura 34. *Tales of the Green Berets* por Joe Kubert.
Fuente: Comic Art Fans.

La serie cambió de título en el núm. 12 para llamarse *Guerrilla War* pero sólo aguantó dos números más antes de cerrar. Entretanto, el novelista Robin Moore –más bien el guionista no acreditado Jerry Capp que firmaba con su nombre– creó la tira diaria *Tales of the Green Berets* junto al mítico dibujante Joe Kubert para el Chicago Tribune Syndicate (Holtz 375). Lanzada el 20 de septiembre de 1965, el *daily-strip* recogía el testigo de las novelas de Moore sobre los boinas verdes que ya cosechaban éxito en edición de bolsillo y perduró hasta verano del 68. Kubert: "Debía ser una tira de aventuras, algo similar a *Terry and the Pirates*, una especie de aventura romántica basada en lo que Robin narraba en su libro... Describía lo fantásticos que eran los muchachos del ejército y lo que estaban tratando de hacer, etcétera, etcétera" (Tauber). Paralelamente, Dell lanzó una colección del mismo título en formato *comic-book* editada por Don Arneson: *Tales of the Green Beret* #1 (enero, 1967) de Sam Glantzman mostraba en portada el gancho *If We Must Fight... We Will Win*! (Si debemos combatir... ¡Ganaremos!) pero no se prolongó más allá del quinto número.

Figura 35. Capt. Hunter debutaba en el relato "No Mercy in Vietnam!" de *Our Fighting Forces* #99 (abril, 1966). Fuente: DC Comics.

Figura 36. Págs. 1 y 5 de *Super Green Beret* #1 (Abril, 1967).
Fuente: Tom Breevort.

DC Comics contaba con una de las colecciones más emblemáticas del género, *Our Fighting Forces*, en funcionamiento desde otoño de 1958 bajo la batuta del editor Robert Kanigher. Obviamente, narraba historias de la Segunda Guerra Mundial y la guerra de Corea pero acabó presentando relatos ambientados en la guerra de Vietnam. Las aventuras del Capitán Phil Hunter creado por Irv Novick y el propio Kanigher empezaron en el núm. 99 (abril, 1966) y se prolongaron cerca de un año, un boina verde que busca a su hermano gemelo Nick mientras combate al Vietcong. "¡Es hora de dormir, Charlie!", "¡Nada como el kárate para arreglar las cosas, Charlie!" y "¿Adónde vas con tanta prisa, Charlie? ¡La diversión acaba de empezar!" eran algunas de sus exclamaciones habituales (Aaron y Cronin). Vietnam se presentaba como una guerra cruel, increíblemente dura, donde los soldados norteamericanos están siempre en peligro. La expresión "pequeña guerra sucia" aparece reiteradas veces: "La pequeña y sucia guerra en Vietnam pone patas arriba todas las reglas", afirma el Capitán Hunter en la primera página. Y dice más adelante: "Esta pequeña y sucia guerra es más dura de lo que muchos hombres pueden soportar". Algunos aspectos de la guerra están bien retratados, por ejemplo la desconfianza en la población civil y la sospecha de que los aldeanos fueran colaboradores del Vietcong; cuando Hunter conoce a una campesina vietnamita dispuesta a ayudarle, Lu Lin, piensa inmediatamente: "¡Nunca sabré si ella es en realidad un miembro del VC conduciéndome al matadero para que me corten el cuello!" En otro momento, unos niños juran desesperados: "¡No queremos ser guerrilleros, señor! ¡Queremos ser agricultores!".

La editorial Lightning Comics publicó *Ted Holton Super Green Beret* #1 (abril, 1967) por Otto Binder y Carl Pfeufer, las peripecias de un adolescente que recibe poderes sobrehumanos y se transforma en un soldado musculoso al ponerse la boina mágica de su tío y seguir los consejos del Jungle Wizard, una mezcla de Shazam! (Captain Marvel) y John Wayne. Los estereotipos son equiparables a los cómics patrióticos editados durante la Segunda Guerra Mundial de tono infantil: un protagonista corpulento, atractivo y seguro de sí mismo frente a los asiáticos malencarados y enclenques (Brevoort; Preissler). Se trataría de un caso anecdótico, una curiosidad histórica poco representativa que destaca por lo pintoresco.

Cuando el país comprenda la debacle de Vietnam, verán la luz otros cómics bien diferentes. El político y activista Julian Bond fue uno de los fundadores del SNCC o Comité Coordinador Estudiantil No Violento y resultó elegido miembro de la Cámara de Representantes de Georgia en 1965 con un 82% de los votos, pero la legislatura del estado se negó a prestarle juramento debido a sus declaraciones contra la guerra comparando la situación del pueblo vietnamita con la lucha de los afroamericanos por los derechos civiles. Poco después creó junto al dibujante T.G. Lewis un cómic titulado simplemente *Vietnam* para concienciar del problema en un formato fácil de comprender mientras defendía su derecho a ocupar el cargo en la Cámara de Georgia (Burroughs). Se trataba de un folleto impreso en blanco y negro, con una estética que bebía del *comix underground* típico de las editoriales *free press* con tono didáctico y servía como propaganda para criticar la política exterior estadounidense, en línea con los discursos pronunciados en esa misma horquilla de tiempo por Martin Luther King que vinculaban la paz con los derechos civiles: "Uno de cada diez jóvenes en América es negro. Pero dos de cada cinco hombres asesinados en Vietnam son negros", dice una viñeta. La obra comienza recordando varios líderes, organizaciones y celebridades como Muhammad Ali que se opusieron a participar en la guerra. Luego citaba a generales condecorados como Douglas MacArthur y Omar Bradley que expresaron su preocupación por desplazar tropas y combatir en el sudeste asiático. Comparaba la resistencia vietnamita contra los ocupantes franceses y japoneses con los colonos americanos que se rebelaron contra el dominio británico, lo que sin duda ofendió a los patriotas más reaccionarios. Sin embargo su distribución fue modesta, a nivel local, y se conoce más hoy en día por su interés histórico pues no tuvo un gran impacto entre los lectores de la época.

Figura 37. Portada del cómic *Vietnam* (1967) por Julian Bond y T.G. Lewis. Ejemplar conservado en The Lowcountry Library, College of Charleston, South Carolina. Fuente: Cleveland L. Sellers, Jr. Papers.

Nguyen Charlie era un *daily-strip* humorístico protagonizado por soldados, heredero de *Beetle Bailey* pero ambientado en plena guerra de Vietnam. El enfoque era claramente chocante, ya que de alguna manera podía parecer que banalizaba la guerra pasando de puntillas por la muerte de tantísimos militares y civiles inocentes. Su autor, el filipino Corky Trinidad, afirmó que no deseaba politizar la guerra o minimizar su importancia sino crear una comedia costumbrista. Publicada primero en el *Saigon Post*, pasó a la revista *Pacific Stars and Stripes* como parte de sus contenidos fijos desde 1966 hasta 1974 y se suponía que debía ayudar a los soldados desplazados a aclimatarse y restarle gravedad a los sucesos trágicos del día a día. Era la versión de *Willy and Joe* de Bill Mauldin tan popular en la Segunda Guerra Mundial, capaz de arrancar una sonrisa a los lectores pese a plasmar una situación insoportable en la vida real, aunque trascurrido el tiempo no ha logrado igualar la relevancia de la otra tira (Shirley).

Uno de los cómics más significativos de la guerra de Vietnam no era sino un manual del ejército, *The M-16A1 Rifle: Operation and Preventative Maintenance* realizado ni más ni menos que por Will Eisner, legendario autor de *The Spirit*. Lo que debía ser una herramienta instructiva para distribuir entre los soldados, se convirtió en manos del maestro en un ejercicio de narrativa formidable. Denominado oficialmente como DA Pam 750-30 (contracción de Department of the Army Pamphlet) pretende ser pedagógico a golpe de humor usando el formato cómic para resultar ameno pero termina convirtiéndose en un ejemplo de adoctrinamiento militar y propagandístico, asombroso a día de hoy, que usaba el recurso del *sex-appeal* para inculcar el apego por el armamento. Más concretamente, equipara el M-16 con una chica sexy a la que mimar.

La introducción del M-16 como rifle de infantería estándar supuso una revolución, sustituyendo al pesado y voluminoso M-14, pero constituyó un peligro para los soldados desde el principio. Los rifles se entregaron en 1965 sin kits de limpieza y mantenimiento, por lo que dejaban de funcionar y se atascaban en medio de los tiroteos; muchos marines fueron hallados muertos junto a sus rifles en medio de la jungla. El nuevo cartucho 5.56 era más propenso a atascarse, por lo que en 1967 se introdujo el M16A1 con una serie de modificaciones para evitar esos problemas, agregando un amortiguador mejorado para reducir el desgaste al disparar en modo automático. En esta ocasión, el M16A1 sí vino con un kit de limpieza, un lubricante y un manual de intrucciones, que encargaron a Will Eisner por haber realizado tiempo atrás los manuales de vehículos de la Segunda Guerra Mundial (Knupp; Stilwell). Nada más comenzar el folleto, el primer apartado se titula *How to Strip Your Baby* (Cómo desnudar a tu nena) y tiene a una *bomb-shell* o belleza rubia típica de las películas de los años 60 al estilo Ann-Margret hablando directamente a los lectores con la jerga típica de las tropas. Explica cómo desmontar el rifle comparándolo con un *strip-tease* en una página doble realmente atractiva a la par que inquietante. Luego vienen otras secciones tituladas *What to Do in a Jam* (Qué hacer si se atasca), *Sweet 16* (Dulce 16) o *All the Way with Négligé* (Todo el camino en camisón, refiriéndose a la funda de plástico para guardar el rifle y mantenerlo seco). Aquel personaje femenino llamado Maggie explicaba cómo afectaban al rifle las condiciones de calor y humedad en plena jungla, cuyo clima podía causar la corrosión de las piezas. Usaba la jerga militar con tono festivo y hablaba imitando el acento de los vietnamitas en los bocadillos de texto: *Here are some Numbah One PM suggestions to keep you Go-Go!* (¡Aquí tenéis algunos consejos estupendos para manteneros en marcha!). Maggie se insinuaba como una *pin-up girl* a punto de desnudarse, sosteniendo el cañón del M-16 de forma sugestiva.

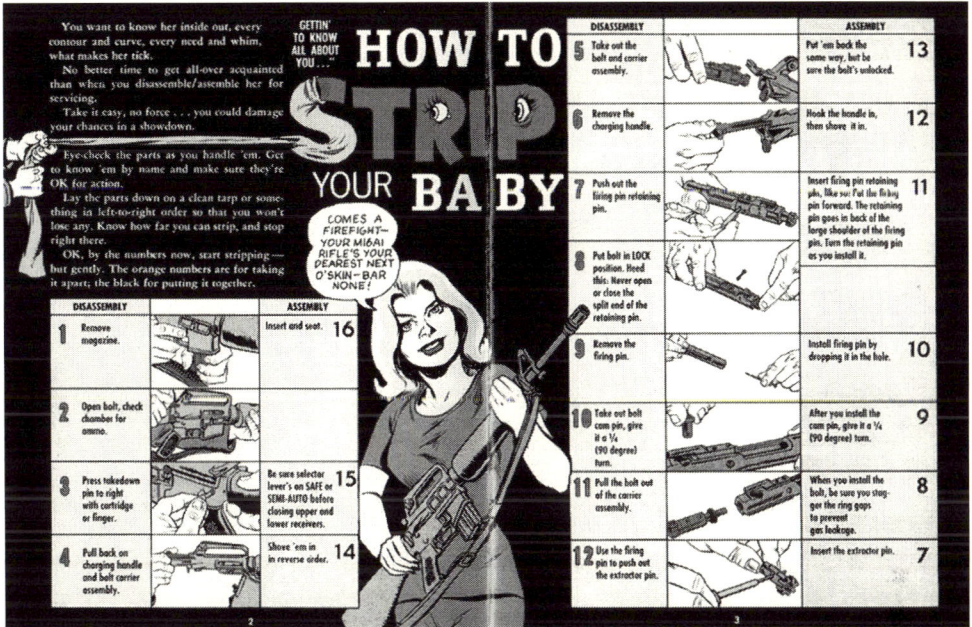

Figura 38. *The M-16A1 Rifle: Operation and Preventative Maintenance* explicaba cómo desmontar una M-16 equiparándolo con un strip-tease.
Fuente: US Army.

Aparecerán muchos otros cómics sobre Vietnam mostrando un aspecto muy diferente con una visión cínica de los Estados Unidos. En 1966 el ejército había sufrido más de seis mil bajas, el triple que el año anterior, y el público empezaba a percibir que no sería posible ganar la guerra. Justo en ese momento, Warren Publications lanzó *Blazing Combat* en formato magazine coordinado por Archie Goodwin, quien además escribió el guión de la práctica totalidad de las veintinueve historias que incluyeron hasta el núm. 4 tomando como referencia a los novelistas desencantados de la Segunda Guerra Mundial como Norman Mailer y James Jones, así como las clásicas colecciones *Frontline Combat* y *Two-Fisted Tales* de E.C. Comics en la década de los 50. Reunió al plantel de dibujantes que trabajaron para Harvey Kurtzman y E.C. como Wally Wood, John Severin, Alex Toth, Reed Crandall, George Evans, Gene Colan y Russ Heath y fichó al extraordinario Frank Frazetta para pintar las portadas. *Blazing Combat* narraba historias ambientadas en cualquier guerra, desde la Revolución Americana a la guerra de Corea, pero siempre incluía un relato sobre Vietnam. "Viet Cong" con arte de Joe Orlando describía las atrocidades cometidas por el ARVN, el ejército de Vietnam del Sur que fue aliado de Norteamérica. "Landscape" contaba con el punto de vista de un viejo campesino vietnamita, también ilustrado por Orlando. "Conflict" con dibujos de Gene Colan denunciaba la discriminación racial contra los asiáticos y los negros. Las historias eran tan incómodas y comprometidas que el ejército prohibió que se vendiera en los dispensarios de las bases militares. El editor James Warren cree que la Legión Americana presionó a los distribuidores para que cancelaran los pedidos en los *newsstands*, lo que hizo inviable la revista y precipitó su cancelación temprana (Dooley; Puaca). Poco a poco, rompiendo un tabú tras otro, el relato dominante sobre la guerra de Vietnam será tan agrio y sombrío como el que proliferaba en la literatura seria.

2.2. ¿La paz a través de la fuerza?

Las editoriales más conocidas también abordaron la guerra de Vietnam, lo que significa que los arquetípicos superhéroes se vieron implicados en ella. Sin ir más lejos, en Marvel el origen del famoso personaje Iron Man está íntimamente ligado a Vietnam. Su célebre *alter ego*, el multimillonario arrogante Tony Stark, era un fabricante de armas contratista del gobierno que abastece al ejército de Estados Unidos. Su debut en *Tales of Suspense* #39 (marzo, 1963) ofrecía una fábula moralizante que resultaba sorprendente en aquel momento temprano. Stark se halla en Vietnam del Sur para probar la nueva tecnología de micro transistor que permite reducir el tamaño de los morteros, cuando es emboscado por el "tirano guerrillero rojo" Wong-Chu, que lo secuestra obligándole a fabricar armas para él. En secreto, Stark aprovecha el cautiverio para desarrollar una armadura de hierro con la que poder escapar venciendo a Wong-Chu y sus hombres por el camino. Cuando reflexione sobre sus acciones y su carrera pretérita, comprenderá que ha dedicado su vida a una causa terrible, la venta de armas, y consagrará su existencia a proteger a los indefensos para evitar más víctimas mortales y redimirse (Sandy).

Una parábola que simbolizaba la crisis de conciencia del pueblo norteamericano y la futilidad del intervencionismo en política exterior. Años después, Iron Man vuelve a tocar el tema en el relato "In the Vastness of Vietnam" publicado en *Tales of Suspense* #92 (mayo, 1967) cuando se enfrente en nombre del ejército a Half Face, un *mad scientist* comunista. Curiosamente, el personaje muestra una actitud mucho más conservadora que contrasta con sus orígenes. En un momento determinado, reflexiona: "Chico, ¿esto les dará algo de qué hablar cuando se reúnan en el próximo mitin por la paz a través de la fuerza?" El lema "Paz a través de la fuerza" (*Peace through Strength*) era el eslogan del candidato presidencial republicano en 1964, Barry Goldwater, senador por Arizona y enemigo furibundo de la nueva izquierda. En *Iron Man* #68 (junio, 1974) el personaje vuelve a Vietnam e inspecciona un pueblo bombardeado: "Solía estar muy orgulloso de apoyar la guerra, pero cosas así realmente le afectan a uno. Bueno, estoy seguro de esto: ya no es la guerra de Tony Stark". Un año más tarde, en

Iron Man #78 (septiembre, 1975) piensa lo siguiente: "Como Iron Man, venciste a los comunistas por la democracia sin cuestionar a qué democracia estabas sirviendo... ¿Qué derecho teníamos a estar allí en primer lugar?"

Figura 39. *The Amazing Spider-Man* #108 (mayo, 1972) por Stan Lee y John Romita ofreció la historia "Vengeance from Vietnam!" donde Flash Thomson rememora sus días en el ejército. Fuente: Marvel, 50 Years Old. Comic Books, The Comics Journal.

El Capitán América, principal superhéroe patriótico de la industria y emblema de la editorial, visitó Vietnam en *Tales of Suspense* #61 (enero, 1965) para rescatar a un piloto norteamericano derribado. Gráficamente la historia representaba el conflicto de manera muy similar la Segunda Guerra Mundial, con los soldados del FLNV llevando una indumentaria semejante a los uniformes alemanes y a su líder, el general Wo, como un enorme luchador de sumo japonés. Años después, Marvel Comics promocionaba la publicación de *Captain America* #125 (mayo, 1970) con el gancho comercial "Nuestro Vengador rojo, blanco y azul finalmente lucha en la guerra de Vietnam, ¡pero no como esperabas!" El Mandarín ha secuestrado al Dr. Roberts y tanto Vietnam del Norte como Vietnam del Sur culpan al otro de su desaparición para boicotear las negociaciones de paz durante la Conferencia de París. Naturalmente, el Capitán América encuentra al Dr. Roberts y resuelve la situación permitiendo que los acuerdos de paz lleguen a término (Gillen 112). Hasta el poderoso Thor combatió el comunismo en *Journey Into Mystery* #117 (junio, 1965) al ser atacado con misiles antiaéreos por el FLNV y ayudar a los campesinos oprimidos por las guerrillas del Vietcong.

Marvel se enorgullecía de abordar sin tapujos cualquier tema de actualidad que preocupase a sus lectores haciendo que sus personajes interaccionaran en el mundo real. Spider-Man nunca combatió en Vietnam pero sí lo hizo uno de sus amigos, un personaje secundario habitual de la serie desde sus comienzos. Flash Thomson fue reclutado por el ejército y en *The Amazing Spider-Man* #43 (diciembre, 1966) la pandilla organiza para él una emotiva fiesta de despedida en el Coffee Bean, el bar que frecuentan. Flash vuelve a Nueva York unos días de permiso en el núm. 83 (abril, 1970) y Spider-Man se lamenta porque su amigo está librando "una guerra que nadie quiere… contra un enemigo que ni siquiera odias". Cuando por fin acaba su servicio militar, Flash se instala en la ciudad con su nueva pareja, la bella survietnamita Sha Shan, abordando los problemas de integración de los veteranos en la vida civil posterior.

Como indica el estudioso Hank Kennedy, las reacciones del público no tardaron en llegar a la redacción de Marvel y mostraban una gran disparidad de opiniones. En el boletín *The New Guard* para jóvenes americanos de extrema derecha, el futuro fundador del Partido Libertario David Nolan escribió una columna editorial elogiando a Marvel porque "los héroes suelen ser capitalistas como el fabricante de armas Tony Stark, mientras que los villanos a menudo son comunistas" (Hodler; Kennedy). En 1970, cuando el movimiento contra la guerra se hizo masivo en todo el país, el correo de los lectores de la serie *Iron Man* recibía numerosas cartas donde lo llamaban "enemigo del pueblo" o "cerdo especulador, capitalista y belicista". Los fans del Capitán América temían que su héroe se pronunciara sobre un tema tan candente. Bradford W. Wright escribió que, en palabras de Stan Lee, "la mayoría de los lectores encuestados por Marvel querían que el héroe se mantuviera fuera de Vietnam" (Wright 240). Entretanto la revista *Esquire* publicaba una lista con los principales iconos de la contracultura según datos recabados entre los estudiantes de veintiocho universidades del país: Hulk y Spider-Man aparecían junto a Joan Baez, el Che Guevara y Malcolm X convertidos en ídolos de la izquierda radical.

Por comparación, la empresa rival DC Comics no se preocupó demasiado por la guerra de Vietnam en el sentido de que sus personajes principales apenas pisaron el sudeste asiático. DC contaba con series emblemáticas de género bélico donde sí se abordaba la guerra frontalmente, así que debieron pensar que tenían el tema bien cubierto y los superhéroes de la casa debían quedar al margen de la refriega. Hasta la revista *Newsweek* afirmó en un artículo que las editoriales de cómics se enfrentaban "al mismo tipo de problemas para mantener el apoyo de los lectores para sus cómics sobre Vietnam que la

Administración está teniendo para reunir apoyo para la guerra real" (Casey 131). El legendario Steve Ditko creó a los personajes Hawk and Dove –la expresión "halcones y palomas" simboliza en Estados Unidos a los partidarios del intervencionismo y la paz internacional respectivamente– tándem superheroico formado por dos hermanos, Hank y Don Hall, que encarnaban los extremos contrapuestos de militarismo y pacifismo en la juventud del periodo. Debutaron en *Showcase* #75 (junio, 1968) justo en el momento álgido de la controversia política tras la Ofensiva del Tet y la demoledora intervención de Walter Cronkite por televisión, cuando las manifestaciones estudiantiles estaban en su máximo apogeo y la mayoría silenciosa veía con estupor la división interna del país.

Muchos soldados que cumplían servicio en el extranjero escribieron cartas a DC preguntando a los editores por qué Superman no participaba en la guerra de Vietnam igual que había hecho en la Segunda Guerra Mundial. Espoleados por el público, lanzaron *Superman* #216 (mayo, 1969) titulado "The Soldier of Steel" en el que luchaba contra un norvietnamita gigante llamado King Cong, un epatante juego de palabras que amalgama el Viet Cong con el gorila King Kong (Gordon 172). En *Batman* #231 (mayo, 1971) el otro emblema de DC se enfrentaba al villano Ten-Eyed Man, un veterano de Vietnam que tiene ojos en la punta de los dedos para compensar la vista que perdió a causa de sus heridas de guerra; el relato abordaba el trastorno por estrés postraumático así como el horror de las bombas trampa y las minas terrestres. Unos meses después, *Justice League of America* #95 (diciembre, 1971) enfrentó al equipo de superhéroes contra Johnny Due, un veterano negro profundamente resentido con la sociedad que lo envió a combatir y no le permitió reincorporarse a la vida civil negándole un empleo. Aparte del ya mencionado Capitán Hunter en la serie *Our Fighting Forces*, el gesto más encomiable de DC fue incluir la frase "Make war no more!" (¡No más guerra!) al final de sus cuadernos acabando la década de los 60 para respaldar el discurso de los jóvenes pacifistas. Muchísimo más intransigente era la línea editorial de Charlton Comics, que aprovechaba cualquier ocasión para denostar a los estudiantes adscritos a la nueva izquierda. Colecciones como *Fightin' Army*, *Fightin' Marines*, *Fightin' Air Force* y *Fightin' Navy* estaban consagradas a combatir el comunismo en el mundo, pero el trasfondo ideológico nunca fue más evidente que en el relato "A Tough War" aparecido en *Fightin' Army* #74 (junio, 1967) donde la historia terminaba con el monólogo interno de un soldado: "Los tontos que queman las tarjetas de reclutamiento o marchan en manifestaciones pacíficas están ayudando al Viet Cong. Son sus enemigos y ahora él lo sabe" (Kennedy).

Una vez terminada la guerra de Vietnam, cuando el país entero comprenda finalmente la verdadera dimensión de la debacle, los cómics que habrán de venir tendrán el poso de la decepción y la vergüenza. El personaje que mejor representa esta nueva situación, heredero de la novelística de Gustav Hasford, Tim O'Brien y Philip Caputo, es The Punisher (El Castigador) de Marvel. Justiciero embarcado en una misión de venganza tras el trágico asesinato de su familia a manos de la Mafia, Frank Castle es un veterano de Vietnam traumatizado y condicionado por su instrucción militar, armado hasta los dientes y convertido en una máquina de matar sin dudas ni remordimientos. Punisher debutó en las páginas de The Amazing Spider-Man #129 (febrero, 1974) como un villano ambivalente, un antihéroe que se presenta como un soldado de infantería de los marines: "Solo soy un guerrero luchando en una guerra solitaria". No fue hasta su quinta aparición en el relato "Death Sentence" de *Marvel Preview* #2 (junio, 1975) por Gerry Conway y Tony DeZuniga que descubrimos que Castle combatió en Vietnam al reencontrarse con un viejo compañero de armas y más adelante vemos su expediente militar, donde se documenta que fue dos veces ascendido en reconocimiento a sus habilidades de combate. "Accounts Settled... Accounts Due!" por Archie Goodwin y Tony DeZuniga en *Marvel Super Action* #1 (enero, 1976) continúa explorando el pasado turbio al recordar su instrucción. Tiempo después, cuando protagoniza su propia colección regular a partir de *The Punisher* #1 (julio, 1987) el trasfondo de Vietnam se convertirá en el leitmotiv del personaje, un trauma profundo que explica la violencia que define su vida (B. Cronin). Este recurso insiste en el tópico del veterano que regresó del frente insensibilizado, dañado, lleno de rabia y resentimiento, obsesionado con la guerra.

Con el paso de los años, un guionista especializado en el bélico, Garth Ennis, exploró el potencial del Castigador para revisitar la guerra de Vietnam con toda crudeza. La serie *Punisher: Born* (agosto-noviembre, 2003) nos muestra un retorno al pasado en forma de flashback que se remonta a sus días de servicio estacionado en la base Valley Forge, un puesto estratégico remoto en la frontera de Vietnam del Sur con Camboya. Luego, en el relato "Valley Forge, Valley Forge" en *Punisher MAX* #55-60 (marzo-agosto, 2008) el hilo conductor es un libro de no ficción escrito por el hermano de un soldado que sirvió en Vietnam con Frank Castle y reflexiona sobre la violencia institucionalizada que impera en el país y está tan arraigada en él. En *Fury: My War Gone By* #7-9 (febrero-abril, 2013) Nick Furia recluta a Castle para asesinar a un antiguo general del Vietcong. Ennis vuelve al delta del Mekong en *Punisher: The Platoon* (diciembre, 2017-febrero, 2018) para seguir profundizando en su época de soldado, cuando lideraba un pelotón de reclutas inexpertos y estaba camino de convertirse en un asesino despiadado. Como apunta Tom Shapira, analizar la figura del Castigador nos lleva por derroteros inesperados: en su libro *Bring The War Home*, Kathleen Bellow subraya la importancia crucial de la guerra de Vietnam en el surgimiento de las organizaciones paramilitares extremistas: el odio enquistado, el entrenamiento del ejército, el sentirse traicionados por el gobierno y la sociedad que no apreció su sacrificio (Shapira). Si la Segunda Guerra Mundial tenía un propósito noble, los militares se hundieron en el lodo de Vietnam. Al final, hablar de Vietnam es poner encima de la mesa el debate sobre la tenencia de armas automáticas en Estados Unidos y la glorificación de la guerra para un sector importante del país.

Figura 40. Interiores de *Punisher* #1 (julio, 1987) por Klaus Janson. La viñeta inferior
muestra el Monumento a los Veteranos de Vietnam.
Fuente: Marvel, Comic Art Fans.

2.3. Marvel da en la diana

Marvel publicó a mediados de los 80 el cómic más duradero sobre la guerra de
Vietnam. *The 'Nam* #1 (diciembre, 1986) contaba con guiones de Doug Murray y dibujos de Michael Golden y se enmarcaba dentro de otro contexto completamente
distinto. El estreno comercial de los films *El regreso* (*Coming Home*, Hal Ashby, 1978),
El cazador (*The Deer Hunter*, Michael Cimino, 1978) y *Apocalypse Now* (Francis Ford
Coppola, 1979) contribuyó a consolidar las nuevas representaciones de Vietnam po-
niendo todo el énfasis en el drama humano. Además, el gran público esperaba expec-
tante justo en ese momento –los *comic-books* se distribuían dos meses antes de la fecha
de portada para permanecer más tiempo en los quioscos– la llegada de *Platoon* (Oliver
Stone, 1986) a las salas de cine. La editorial vio un nicho de mercado y una ventana
de oportunidad, así que lanzaron una serie que se alejaba de lo visto en los cómics
anteriormente acercándose a este tipo de narrativa, un relato constumbrista y al mismo tiempo una crónica histórica.

El éxito fue instantáneo superando las cifras de ventas de *Uncanny X-Men*, la
serie puntera de la casa en aquel entonces. Robert J. Kodosky señala ciertos problemas
al abordar la cultura pop como historiadores; podemos rastrear las ideas y su progre-

sión a través de la cultura popular, pero es muy difícil medir la influencia de los cómics en sus lectores (Kodosky; Preissler). Sin embargo, como no podía ser de otro modo, los veteranos que vivieron la guerra convirtieron aquel cómic en objeto de escrutinio. Jan Scruggs, el presidente del Vietnam Veterans Memorial Fund expresó su escepticismo preguntándose si la guerra de Vietnam debería ser el tema de un cómic mientras el editor de *Newsweek* William Broyles elogió la serie, tal y como recogía *The Washington Post* en una crónica de Paula Span. La Organización Bravo, un grupo de veteranos de Vietnam, citó el cómic como la mejor representación del conflicto jamás aparecida en los medios hasta la fecha (Schlund-Vials).

La trama de la serie avanzaba en tiempo real, de manera que los personajes evolucionaban en paralelo a la periodicidad mensual del título. Si la colección se mantuvo de 1986 a 1993, lo narrado abarcaba cronológicamente de 1966 a 1972. Doug Murray diría:

> Quería contar historias que fueran lo más realistas posibles… Una historia que siguiera esencialmente el concepto del tipo *slice of life*. Así es como se suponía que debía ser. Cuando Larry Hama me pidió que hiciera *The 'Nam* y discutimos lo que queríamos, ambos estuvimos de acuerdo en que transcurriera en tiempo real. Queríamos tener un intervalo de un mes entre cada número y que los personajes principales evolucionaran de la misma manera que lo harían en el mundo real, donde un tipo terminaría su tiempo de servicio de 13 meses y entraría alguien más para reemplazarle. Así podrían seguir sumándose más personajes (Khoury).

En lo argumental, mantuvieron a los superhéroes habituales de la casa bien lejos de las tramas centrándose en la rutina diaria de los soldados. *The 'Nam* ofecía una visión realista de la guerra, aproximándose al tono documental –o al menos al docudrama– en algunos momentos; permanecía siempre a ras de suelo aportando una perspectiva humana de la guerra. Aún tenía que cumplir los requisitos del Comics Code Authority, el decálogo censor que constreñía los contenidos del cómic americano en esa época, por lo que debían evitar la violencia explícita y el lenguaje soez que asociamos a Vietnam, aunque a pesar de ello resultaba extraordinariamente real en todos los demás aspectos. La historia se narraba desde el punto de vista del soldado Ed Marks y reflejaba eventos como la Ofensiva del Tet junto a fieles recreaciones de las misiones de búsqueda y destrucción. Además, el propio Murray era un ex combatiente y el proceso de escritura con valor terapéutico le ayudó a cerrar viejas heridas y reconciliarse con el pasado. Aprovechó su conocimiento y experiencia en el sudeste asiático para respetar el recuerdo de sus compañeros de forma parecida a las novelas de Philip Caputo como *A Rumor of War* (1977). Murray se propuso no tomar partido para no convertir la colección en un panfleto antibelicista al estilo *Blazing Combat*. Su objetivo era humanizar a los soldados apelando a la memoria nacional de Vietnam: "No es una historia sobre el bien o el mal, no era una fábula a favor o en contra de la guerra sino una historia envolvente sobre el carácter humano y los obstáculos que superaron aquellos hombres durante la guerra" (Id). El guionista sentía que el país había tenido tiempo más que suficiente para digerir la experiencia, por lo que *The 'Nam* no pretendía escandalizar o acusar a nadie en concreto.

Figura 41. *The 'Nam Trade Paperback Vol. 1* (1987) recopilatorio que incluye los primeros cuatro números de la serie.
Fuente: Marvel, Heritage Auctions.

Unos años antes, en 1982, otro veterano del ejército que participó en la guerra de Vietnam, Larry Hama, se habría ofrecido voluntario para escribir los guiones de *GI Joe A Real American Hero*, cómic sobre la franquicia de juguetes Hasbro donde supo crear un trasfondo para todos los personajes con estética paramilitar. Hama colaboró después con Doug Murray en el relato "Fifth to the First" aparecido en *Savage Tales* #5 (octubre, 1985) ambientado en Vietnam con resultados tan positivos que se plantearon desarrollar una serie larga con características similares. Jim Shooter, *Editor-In-Chief* de Marvel, les dio su beneplácito en seguida. La trama empieza en una base de las fuerzas aéreas en Washington cuando el protagonista, Ed Marks, es asignado al 4º Batallón Mecanizado, 23º Regimiento de Infantería, 25ª División "Tropic Lightining". Marks se presenta en el campamento base de Cu Chi a veinticinco millas al noroeste de Saigón y conoce al sargento primero, un tipo corrupto que está esperando recibir un soborno –primer síntoma de que la serie no quería ser maníquea y ofrecer una visión infantilizada del ejército– antes de encontrarse con sus compañeros de escuadrón. En los números siguientes, Marks sobrevive a un ataque terrorista en un hotel de Saigón, acompaña a una *tunnel rat* adentrándose en los búnkeres del Vietcong, su patrulla es rociada de Agente Naranja... Hama: "Debíamos hablar sobre los soldados que pillaban infecciones de piel, la malaria y la disentería. Debía tratar sobre la gente, no sobre las ideas. Y los soldados tenían que ser reales. No habría heroicidades a lo John Wayne. Había tíos en Vietnam que volvían a firmar para quedarse allí y evitar que sus hermanos pequeños, que fueron llamados a filas, tuvieran que ir" (Jiménez).

El joven Marks termina indignado al constatar que los medios estadounidenses ofrecen una visión sesgada de la guerra, así que decide estudiar la carrera de periodismo y volver a Vietnam convertido en corresponsal de guerra; esto sucederá a la altura del núm. 70 (julio, 1992) en el tramo final de la serie con guiones de Don Lomax donde acompañará a un equipo de las fuerzas especiales. A lo largo de los años, *The 'Nam* mostró un gran abanico de temas: el *fragging*, los prisioneros de guerra, pilotos derribados en territorio enemigo, lanchas patrulleras, la segregación racial, las manifestaciones por la paz, los espectáculos navideños de Bob Hope, la batalla de Hué, las conversaciones de París, los noticieros de Walter Cronkite... El núm. 24 (noviembre, 1988) muestra al reportero gráfico Eddie Adams tomando la famosa fotografía del general Nguyen Ngoc Loan ejecutando a un prisionero comunista que apareció en periódicos de todo el mundo. El núm. 29 (abril, 1989) hace un repaso a los distintos acontecimientos en verano del 68 que sacudieron al pueblo americano: Sirhan Sirhan atenta contra el candidato presidencial Robert F. Kennedy en el Hotel Ambassador en Los Ángeles; el general Creighton Abrams reemplaza al general Westmoreland como Comandante en jefe al cargo de las fuerzas estadounidenses en Vietnam del Sur... El núm. 75 (diciembre, 1992) era un número doble que recrea la terrible Masacre de My Lai ordenada por el teniente William Calley. *The 'Nam* tenía una excelente reputación por su rigor histórico y los soberbios guiones, bien ilustrados por Michael Golden y su trazo detallista en la primera etapa; más adelante Wayne Vansant dibujará cerca de sesenta episodios cubriendo la mayor parte de la serie. Los veteranos apreciaban sobremanera detalles del atrezo mimados por sus autores: Vansant dibujaba el helicóptero Huey con tal precisión que varias viñetas mostraban los pedales y los pies del piloto a través del morro de plexiglás.

Figura 42. Portadas de *The 'Nam* por Michael Golden.
Fuente: Marvel, Imagine That! Comics.

La sección de correo "Incoming" recibía cartas de veteranos del ejército que tenían dificultades para desenvolverse en la vida civil y expresaban cómo la guerra les había afectado profundamente. Las respuestas mencionaban organizaciones de veteranos y sus reuniones semanales para ofrecer ayuda profesional. En una ocasión, un lector ofendido comparó a los soldados americanos en Vietnam con los guardias de los campos de exterminio nazis; el guionista Doug Murray dijo que le parecía un comentario despreciable y respondió que no había ninguna excusa para el modo en que la sociedad recibió a los veteranos de guerra (Hodges). Algunas cartas eran verdaderamente alucinantes. En su libro *The Reagan Rhetoric* (2011), el escritor Toby Glenn Bates dedicó un capítulo entero a la sección de correo de la colección donde se podían leer cosas como "¡Hasta que Reagan retroceda en el tiempo y cambie *The 'Nam* para que ganemos, Mike Mine Marvel!" o "Chicos, solo faltaba que se os ocurriera publicar *La Invasión de los Conservadores* protagonizada por el Capitán Ronnie" (Bates 108).

Otra sección fija titulada "Nam Notes" ofrecía un glosario de términos en la jerga militar y explicaba la estructura organizativa desde el nivel de escuadrón hasta el de brigada. Mirando atentamente aquellos cómics observamos mensajes sutiles claramente a favor del bando norteamericano en la guerra. En el núm. 2 definen al FLNV como "los malos", mientras en el núm. 9 el correo de los lectores comenta que la autoinmolación del monje Thich Quang Duc era un acto de protesta por el trato que Vietnam del Sur dispensaba a los comunistas, cuando en realidad protestaba en nombre de los budistas. En la portada de *The 'Nam* #15 (febrero, 1988) aparece una hippie obesa con sandalias y un colgante con el símbolo de la paz que funciona como caricatura del movimiento contra la guerra; en las páginas interiores, Ed Marks defiende el uso del napalm como arma después de presenciar protestas en la calle contra el fabricante Dow Chemical, luego se enorgullece de que un soldado incapacitado por sus heridas todavía quiera volver a luchar mientras otros jóvenes están quemando sus tarjetas de reclutamiento. En el núm. 26 (enero, 1989) el joven Marks está estudiando periodismo en la Universidad de Columbia y discute acaloradamente con un profesor que aparece caricaturizado como un intelectual liberal de la nueva izquierda, pomposo y recalcitrante.

Figura 43. Portada de John Beatty para *The 'Nam* #15 (febrero, 1988) que caricatura el movimiento hippie y *The 'Nam* #24 (noviembre, 1988) por Bob Camp que homenajea la célebre fotografía de Eddie Adams donde un general survietnamita ejecutaba un prisionero a quemarropa.
Fuente: Marvel, Rare Comic Books.

The 'Nam #41 (febrero, 1990) fue una rareza: con portada de John Romita, "Back in the Real World" mostró a los principales superhéroes Marvel –Thor, Iron Man, Capitán América– que cobraban sustancia en la imaginación de los *grunts* al preguntarse qué sucedería si fueran a Vietnam. Cuando Don Daley sustituyó a Larry Hama como editor de la serie –Tom DeFalco ocupaba el sillón de Jim Shooter decidido a ordenar cambios como abandonar la narración cronológica establecida desde el número uno– hicieron que el mismísimo Frank Castle, el Castigador, protagonizara un arco argumental de dos episodios explorando sus días como sargento desplegado en Quang Ngai: *The 'Nam* #52-53 (enero-febrero, 1991) tenía en portada el gancho "The Punisher Invades The 'Nam" aprovechando la fama del personaje. Doug Murray dejó los guiones y Chuck Dixon escribió cerca de una veintena de números incluyendo un segundo arco protagonizado por Castle en *The 'Nam* #67-69 (abril-junio, 1992). Don Lomax fichó como nuevo guionista en 1992 tras escribir y dibujar la serie *Vietnam Journal* de Apple Comics. A pesar de todo *The 'Nam* nunca alcanzó el núm. 96 tal y como estaba planificado desde su arranque debido al descenso de ventas y el desinterés de los nuevos editores. El núm. 84 (septiembre, 1993) sería el último en aparecer, mostrando un relato desde el punto de vista de una niña norvietnamita que escribe una carta a su padre, soldado de FLNV que ha ido a Vietnam del Sur a combatir contra los americanos; tras varios incidentes la carta termina en las manos del corresponsal de guerra Ed Marks, protagonista de los primeros episodios, mirando consternado un dibujo infantil de la niña con su familia junto a su casa en su aldea natal. El emotivo número de cierre sustituyó a los que había planificados: *The 'Nam* #84-86 iban a ofrecer una nueva misión suicida de Frank Castle para rescatar a un grupo de aviadores norteamericanos prisioneros del Vietcong con guión de Don Lomax y dibujos de Alberto Saichann, que Marvel publicará en 1994 en el volumen *The Punisher Invades The 'Nam: Final Invasion* con portada de Joe Kubert. A pesar del final abrupto que tuvo la colección, el impacto alcanzado en su primera época fue considerable. Marvel Comics publicó una segunda serie, *Semper Fi*, con dibujos de John Severin y guiones de Michael Palladino, con el lema "Tales Of The Marine Corps" que naturalmente abordó la guerra de Vietnam con Larry Hama como editor y Doug Murray como asesor.

En el mercado independiente, Don Lomax realizó la serie *Vietnam Journal* antes de pasar a Marvel para escribir *The 'Nam*. Al ser publicada por una editorial modesta no regida por el *Comics Code*, no tuvieron obstáculos para plasmar la violencia extrema o el vocabulario ofensivo propio de los soldados, incluso el consumo de marihuana. Ya en la primera historia "The Field Jacket" en *Vietnam Journal* #1 (noviembre, 1987) un veterano es asesinado por un manifestante contra la guerra que le arroja un ladrillo en un acto de protesta. En el mismo cuaderno, un grupo de hippies ataca a otro veterano en silla de ruedas. Estaba claro que Lomax se posicionaba del lado de los ex combatientes: en una entrevista posterior con Bob Foster dijo que simpatizaba con el movimiento por la paz pero sentía que fueron terriblemente injustos con los soldados que volvían a casa (Foster y Lomax 86). Contaba la historia de Scott Neithammer, al que llaman "Journal" coloquialmente, un periodista *freelance* que trabaja como corresponsal de guerra empeñado en recoger el punto de vista de los soldados a cualquier costa. Como la serie debutó justo un año después que *The 'Nam*, es probable que Lomax quisiera responder a la colección de Marvel Comics ofreciendo un relato más amargo de la guerra y algo menos complaciente, sin saber que poco después estaría escribiendo él mismo su serie de referencia.

Eclipse Comics lanzó dos especiales titulados *Real War Stories* en 1987 y 1991 con el apoyo del Comité Central de Objetores de Conciencia reuniendo un nutrido plantel de profesionales como Brian Bolland, Bill Sienkiewicz o el bregado Wayne Vansant. El relato "Tapestries" con guión de Alan Moore narraba las experiencias del ex combatiente W.D. Erhardt, miembro de la organización Vietnam Veterans Against the War. El Departamento de Defensa de los Estados Unidos demandó a la editorial y pidió que retiraran el título porque, según alegaba el Pentágono, habían difamado a las fuerzas armadas, pero acabaron retirando la demanda.

Después de *The 'Nam* pocas obras relevantes aparecerán sobre la guerra de Vietnam, quizás porque Estados Unidos volvió a involucrarse en otro conflicto internacional –la primera Guerra del Golfo y la posterior guerra de Irak– por lo que criticar al ejército norteamericano y la política exterior intervencionista se tornó comprometido a partir de los años 90. Will Eisner realizó la novela gráfica *Last Day in Vietnam* (julio, 2000) rememorando tiempos pasados y su relación con el ejército. Arranca con la Segunda Guerra Mundial y la guerra de Corea; más adelante recuerda la época en que trabajó como empleado civil del Pentágono produciendo material didáctico como aquel *The M-16A1 Rifle: Operation and Preventative Maintenance*. En un momento dado recoge el relato en primera persona de un comandante que describe el que debía ser su último día de servicio en Vietnam antes de volver a casa justo cuando el FLNV atacó su base (Brown; Kennedy).

En los últimos tiempos el mejor ejemplo de cómic ambientado en Vietnam sería la serie *The Other Side* #1-5 (diciembre, 2006-abril, 2007) de DC con guiones de Jason Aaron, que fue nominada al premio Eisner. El dibujante Cameron Stewart viajó a Vietnam para documentar los escenarios y localizaciones y plasmarlos adecuadamente en sus viñetas. La obra presenta dos relatos que transcurren simultáneamente, la historia del marine Bill Everette y el soldado norvietnamita Vo Binh Dai desde que se alistan en sus respectivos ejércitos hasta que inevitablemente se hallan luchando en bandos enfrentados. Aaron es ni más ni menos que el primo del escritor Gustav Halford, autor de *The Short-Timers*, la novela que inspiró *La chaqueta metálica* (*Full Metal Jacket*, Stanley Kubrick, 1987) por lo que pasó su juventud escuchando atentamente las historias que contaban viejos corresponsales de guerra que habían estado en Vietnam, animándole a ir él mismo a conocer de primera mano las vivencias de los soldados vietnamitas. El cómic muestra secuencias oníricas o delirantes cuando el soldado Everette es perseguido por el espíritu de marines muertos y su rifle M-16 susurra mensajes obscenos a través del cañón, mientras su homólogo vietnamita es perseguido por fantasmas de monjes budistas debido a la fiebre que le provoca la malaria (Doctorow).

Figura 44. Arte abocetado del maestro Joe Kubert para la novela gráfica *Dong Xoai, Vietnam 1965* publicada en 2010.
Fuente: DC Comics, Comics And... Other Imaginary Tales.

El maestro Joe Kubert, que ya realizara la tira *Tales of the Green Berets* (1965) y era una institución del bélico gracias a los clásicos *Sgt. Rock* (1959) y *Enemy Ace* (1965) produjo una novela gráfica para DC Comics titulada *Dong Xoai, Vietnam 1965* (Mayo,

2010) donde fue responsable del guión y ejecutó los dibujos con un trazo suelto y abocetado como un cuaderno de apuntes, sin entintar ni colorear, por lo que ofrecía un resultado final crudo y auténtico a nivel artístico. El argumento toma como base una batalla real que involucró a las Fuerzas Especiales y se apoya en un intenso trabajo de documentación entrevistando a los supervivientes de aquella unidad de élite. Las páginas omiten los típicos bocadillos de diálogo (*balloons* en inglés) optando por un formato que parece un relato literario acompañado de ilustraciones, sin bordes o márgenes separando las viñetas para mostrar una narración fluida y continua.

Figura 45. Carteles de *A Yank in Viet-Nam* (Marshall Thompson, 1964) y *To the Shores of Hell* (Will Zens, 1966), las dos primeras películas sobre Vietnam. Heritage Auctions. Fuente: Heritage Auctions.

Por último, no podemos dejar de mencionar algunas novelas gráficas que abordan la diáspora vietnamita, la trayectoria vital de aquellos que migraron fuera de su país empezando una nueva vida en Occidente: testimonios autobiográficos que ahondan en la historia y la identidad ofreciendo un contradiscurso necesario que se opone al relato hegemónico de los autores estadounidenses. *Vietnamerica. A Family's Journey* (2010) y *The Best We Could Do* (2017) son dos obras producidas por estadounidenses vietnamitas, G.B. Tran y Thi Bui respectivamente. *Ma* (2013) es un cómic realizado por un australiano vietnamita, Matt Huynh, hoy afincado en Norteamérica. Clément Baloup es un autor francés de padre vietnamita que aborda la diáspora en Estados Unidos en su álbum *Little Saigon, mémoires de Viet Kieu* (2016) ambientada en las ciudades de San Francisco y San José, California (Pham).

Los relatos se ensamblan a partir de conversaciones, fotos familiares, testimonios orales de primera mano o transmitidos de padres a hijos. Los artistas usan la obra como terapia o catarsis expresando recuerdos incómodos de un trauma intergeneracional que ha marcado a sus familias durante décadas. Se trata de crónicas personales de los denominados "Viet Kieu" ("vietnamitas de ultramar" o la comunidad de vietnamitas que viven en el extranjero). Para estas personas la guerra de Vietnam no fue una guerra civil, sino que se refieren a ella como "La Guerra Americana" y algunas veces insertan eventos basados en la investigación que desmienten el relato interesado de los estadounidenses. Un punto de vista calmado y necesario para comparar con la perspectiva mostrada en la mayoría de *comic-books* americanos.

2.4. John Wayne y *Apocalypse Now*

Antes de la guerra de Vietnam el cine bélico era un género rentable y tenía el respaldo unánime del público. La Segunda Guerra Mundial proporcionaba un trasfondo ideológico claro donde no había duda de quiénes eran los antagonistas y por qué se debía combatir contra ellos. La guerra de Vietnam rompió esa convención: el país fue derrotado, los veteranos culpaban a los manifestantes y a los medios de comunicación, los manifestantes culpaban al sistema y todos culpaban al gobierno por el fracaso histórico. Hasta entonces, Hollywood sabía cómo hacer películas de guerra y conseguir éxitos de taquilla: un cartel encabezado por grandes estrellas, un guión que transmitiera los valores tradicionales, que condujese a la victoria final, siempre lograba cautivar a los espectadores. Pero no tenían nada claro cómo hacer una película sobre una guerra que dividió al país y donde el tema central es la derrota, el resentimiento y el dolor (Westwell 57).

El gobierno encargó documentales para influir en la opinión pública en un esfuerzo estéril por convencer al pueblo americano de que la guerra de Vietnam tenía nobles propósitos, la victoria sobre los guerrilleros desorganizados estaba garantizada, los altos mandos tenían la situación bajo control y la nación podía sentirse orgullosa de sus chicos. Se trataba de propaganda institucional: *Vietnam! Vietnam!* (Sherman Beck, 1971) que tenía a Charlton Heston como narrador y produjo John Ford, debía servir para desmontar el discurso de los pacifistas antisistema. En el otro extremo ideológico, documentales como el polémico *In the Year of the Pig* (Emile de Antonio, 1968) que causó una gran controversia, el ganador de un Óscar *Hearts and Minds*

(Peter Davis, 1974) y *The War at Home* (Glen Silber, 1979) sobre las protestas estudiantiles en Madison, Wisconsin, reflejaban la indignación y la repulsa generalizada de la ciudadanía.

Mientras duró el conflicto se rodaron pocas películas sobre Vietnam. El actor de perfil bajo Marshall Thompson protagonizó las dos primeras: *La jungla en llamas* (*A Yank in Viet-Nam*, Marshall Thompson, 1964) que dirigió él mismo y se filmó en localizaciones de Vietnam del Sur y *Desembarco en el Infierno* (*To the Shores of Hell*, Will Zens, 1966). Épicas aventuras de Serie-B sin grandes disquisiciones. La primera gran superproducción de Hollywood sobre la guerra de Vietnam fue la adaptación de la novela *The Green Berets* (1965) de Robin Moore. El Pentágono invirtió un millón de dólares en apoyar este proyecto que arrojaba una visión positiva de las fuerzas especiales desplegadas en el sudeste asiático. John Wayne compró los derechos y escribió una carta personal al presidente Lyndon Johnson en diciembre del 65 explicando que era "extremadamente importante que no solo el pueblo de los Estados Unidos sino gente de todo el mundo sepa por qué es necesario que luchemos allí... La forma más efectiva de lograrlo es a través del medio cinematográfico". Según Wayne, el film "contaría la historia de nuestros combatientes en Vietnam con razón, emoción, caracterización y acción. Queremos hacerlo de manera que inspire una actitud patriótica en los ciudadanos estadounidenses, un sentimiento que siempre hemos mostrado en tiempos difíciles" (Devine, "Head-On Conflict and Refracted Images" 39). Jack Valenti, asesor del presidente Johnson, le aconsejó que respaldara el proyecto. El propio John Wayne admitirá sin tapujos que se trataba de propaganda; ningún otro cineasta de la industria estaba dispuesto a comprometer su buen nombre y hacer un film sobre una guerra cada vez más impopular. Su intuición era correcta: *Boinas verdes* (*The Green Berets*, Ray Kellogg y John Wayne, 1968) fue un fiasco rotundo y los críticos se despacharon con ella. El héroe arrogante, varonil e imperturbable que encarnaba John Wayne no era en absoluto como los muchachos que el ejército norteamericano envió a Vietnam como carne de cañón. Al contrario: los soldados hablaban de "hacer un John Wayne" para referirse a las acciones imprudentes que ponían en peligro la vida de uno y de los que estaban alrededor, temeridades sin sentido en el campo de batalla.

Una de las consecuencias más inmediatas y evidentes de la guerra fueron las secuelas en los soldados: ex combatientes que volvían a casa resentidos, marcados para siempre, traumatizados. La sociedad los veía como perturbados potencialmente peligrosos creando un estereotipo que se vio por primera vez en *Los visitantes* (*The Visitors*, Elia Kazan, 1972) y *Welcome Home Soldier Boys* (Elia Kazan, 1972) así como *Harry el fuerte* (*Magnum Force*, Ted Post, 1973) donde el duro policía de San Francisco interpretado por Clint Eastwood, Harry Callahan, se enfrentaba a un equipo de justicieros que se dedican a ejecutar delincuentes y que se conocieron siendo compañeros de pelotón en Vietnam.

Figura 46. Afiche cinematográfico del film *The Green Berets* (Ray Kellogg y John Wayne, 1968). El actor inspiró una expresión característica: "John Wayne" (o "hacer un John Wayne") se usaba como verbo para referirse a realizar acciones temerarias o estúpidas que ponían la vida en peligro de manera innecesaria.
Fuente: John Wayne Message Board.

Alerta: Misiles (*Twilight's Last Gleaming*, Robert Aldrich, 1977) fue tal vez la única cinta que trataba las fallidas políticas gubernamentales llevadas a cabo durante la Guerra Fría que condujeron al desastre, pero fue otro fracaso en taquilla. *Los valientes visten de negro* (*Good Guys Wear Black*, Ted Post, 1977) así como *Infierno sin salida* (*Go Tell the Spartans*, Ted Post, 1978) condenaban el engaño burocrático y las políticas del gobierno pero no hacían una enmienda a la totalidad y no se atrevían a insinuar todavía que hubiera un sistema corrupto. *Los chicos de la compañía C* (*The Boys in Company C*, Sidney J. Furie, 1978) mostraba el entrenamiento de los reclutas del cuerpo de marines antes de embarcar a Vietnam, con énfasis especial en la estupidez de los altos mandos y la desmoralización de las tropas. El mismo director filmó *Medalla al valor* (*Purple Hearts*, Sidney J. Furie, 1984), historia de amor entre un cirujano de la marina y una enfermera en Vietnam. En los años 80 las películas sobre Vietnam dieron un vuelco absoluto con el auge meteórico del cine de acción, heredero de las revistas

"Men's Adventures" que cautivaron a tantos lectores pocos años antes: *Más allá del valor* (*Uncommon Valor*, Ted Kotcheff, 1981), la célebre *Acorralado* (*First Blood*, Ted Kotcheff, 1982) y *Rambo: Acorralado Parte 2* (*Rambo: First Blood Part II*, George P. Cosmatos, 1985) con Sylvester Stallone, *Desaparecido en combate* (*Missing in Action*, Joseph Zito, 1984) y su secuela *Desaparecido en combate 2* (*Missing in Action: The Beginning*, Lance Hool, 1985) o *Más allá de las líneas enemigas* (*Behind Enemy Lines*, Gideon Amir, 1986) con David Carradine representan bien este subgénero donde la selva de Vietnam era una excusa para mostrar exhibiciones de virilidad, explosiones y escenas de riesgo una tras otra. En vez de reflexionar acerca de la guerra y sus estragos, aprovechaban el estereotipo del combatiente vengativo (Draper 103).

Es enormemente significativo que no se produjeran más films mientras la guerra estaba en marcha; la mayoría de los ejemplos son posteriores a su finalización y no van más allá del tópico. A diferencia de conflictos anteriores, no disponemos de una gran despensa de títulos que nos sirvan para analizar la percepción de la guerra que tenía el público del momento: Vietnam era un tema incómodo, la gente ya tenía suficiente con ver las noticias por televisión cada noche y cuando buscaban ocio para evadirse lo último que deseaban era pensar en ello otra vez. Las contadas excepciones como *Boinas verdes* fracasaron en convertir aquel tema candente en algo que festejar o aplaudir; aquel intento fallido ya daba una pista de lo que los espectadores pensaban al respecto. La audiencia a la que Hollywood apelaba era predominantemente joven y contraria a la guerra. Por otra parte, el ala conservadora del país se mostraba reacia a financiar proyectos que cuestionaran abiertamente al gobierno. Ambos factores retrasaron los esfuerzos de los cineastas comprometidos por dar un sentido trágico al drama de la guerra. Las películas más interesantes habrán de venir después, al final de la década de los 70 y sobre todo durante los 80, en paralelo a esas otras cintas que abastecían los videoclubs de la época.

El regreso (*Coming Home*, Hal Ashby, 1978) abordó el problema de los veteranos con sensibilidad y valentía. Recibió tres premios de la Academia: Robert C. Jones y Waldo Salt ganaron el premio al Mejor Guión; John Voight ganó el Óscar al Mejor Actor y su compañera Jane Fonda ganó el de Mejor Actriz. El proyecto surge del empeño de Jane Fonda por expresar su repulsa por la guerra de Vietnam, igual que hizo al participar en tantísimas manifestaciones en su momento. Fonda se hizo célebre por su activismo político la década anterior (Anderegg 17) influida por su amistad con Ron Kovic, quien acababa de escribir su libro autobiográfico *Born on the Fourth of July*. En la película está casada con un soldado que es enviado a luchar en la guerra. Empieza a trabajar en un hospital para veteranos donde se enamora de un ex combatiente postrado en silla de ruedas –clara evocación de Ron Kovic– que interpreta John Voight. Cuando un paciente afectado psicológicamente por el trauma se suicida, prometen hacer todo lo que esté en sus manos por evitar que más jóvenes sean enviados a morir en Vietnam. La estupenda banda sonora recupera los grandes éxitos de la época: Janis Joplin, Bob Dylan, Buffalo Springfield, Jimi Hendrix, Jefferson Airplane, The Rolling Stones, entretejiendo con acierto la experiencia de Vietnam con la música rock por primera vez en pantalla. Gracias al film, la figura del veterano herido en combate deja de ser un cliché –el ex militar psicópata que amenaza la sociedad– y se sitúa en el centro de un drama humano con el que poderse identificar. Antes de abordar la guerra propiamente dicha, el país debía examinar el problema de los veteranos y su reinserción en la vida civil. *El regreso* allanó el terreno para la película que llegó justo a continuación y marcó a toda una generación.

Figura 47. Robert DeNiro y Meryl Streep atendiendo las indicaciones del director Michael Cimino en el rodaje de *El cazador* (*The Deer Hunter*, 1978).
Fuente: The Hollywood Reporter.

El cazador (*The Deer Hunter*, Michael Cimino, 1978) narra la historia de un grupo de amigos, trabajadores de la industria siderúrgica en un pequeño pueblo de Pensilvania. Tras asistir a la boda de uno de ellos, embarcan al día siguiente para combatir en Vietnam henchidos de patriotismo. Una vez allí son hechos prisioneros por el FLNV y obligados a jugar a la ruleta rusa para entretener a sus captores antes de lograr escapar. Michael, interpretado por Robert DeNiro, regresa a Estados Unidos y empieza un noviazgo con Linda, encarnada por Meryl Streep, pero decide volver a Vietnam para buscar al amigo ausente, Christopher Walken, atrapado en el submundo de las apuestas clandestinas y obsesionado con seguir jugando a la ruleta rusa (Hellmann, "Vietnam and the Hollywood Genre Film" 59). *El cazador* ganó cinco premios Óscar incluyendo los de Mejor Película y Mejor Director, arrasando en la ceremonia de aquel año que consagró a la película como un clásico indiscutible del cine. Clint Eastwood había contratado a Michael Cimino para reescribir el guión de John Milius en *Harry el fuerte* (*Magnum Force*) que abordaba – aunque de manera más superficial– el problema de los veteranos obsesionados. El montador Peter Zinner dijo de *El cazador*: "Estaba muy bien escrito y me conmovió hasta las lágrimas. Casi no se hicieron revisiones del guión durante el rodaje. Lo que estaba en el guión es lo que ves en la pantalla" (Gilbey). La fotografía de Vilmos Zsigmond logra capturar el alma de una pequeña localidad rural, una comunidad de inmigrantes ucranianos de clase obrera empleados en la industria pesada: vidas anónimas, melancolía y arraigo, amistad y entrega, un horrendo contraste entre la calidez del hogar y el infierno de Vietnam, la brutalidad de la guerra y la sordidez de los bajos fondos en Saigón.

Francis Ford Coppola estaba en la cima de la industria tras el éxito de crítica y público de las dos primeras entregas de *El Padrino* y todos en Hollywood se preguntaban cuál sería su próximo proyecto. Optó por rodar el guión escrito por John Milius a finales de los 60 adaptando la novela de Joseph Conrad *Heart of Darkness* que trasladaba la trama nada menos que a Vietnam (Phillips, "The Unknown Soldiers" 146 y "Heart of Darkness" 133). Financiada por el propio Coppola, la película llegó a los cines en 1979 después de tres largos años de rodaje y postproducción. *Apocalypse Now* será el largometraje más ambicioso jamás filmado sobre la guerra de Vietnam, una pieza visualmente impactante diseñada para remover las entrañas. Contaba con la participación inestimable del escritor Michael Herr, el autor de *Dispatches*, para pulir el guión y adecuarlo a la realidad del conflicto (Rosenbaum 137). Como sucedía en su libro, la potente narración funde la paranoia de los soldados, los estados alterados de conciencia, el delirio febril provocado por las drogas, la música rock'n roll, el desencanto, la jerga militar y la mística de la selva.

El rodaje sobrepasó el presupuesto inicial y resultó muchísimo más caro de lo previsto, provocando tensiones entre los actores y el equipo técnico. Coppola tuvo que hipotecar su casa para reunir el dinero necesario y concluir el film: "Estábamos en la jungla, éramos demasiados, teníamos acceso a demasiado dinero, demasiado equipo, y poco a poco nos volvimos locos", explicó en el Festival de Cannes (Travers 164). Su protagonista Martin Sheen dijo que aquello era un caos. Coppola le contrató tras despedir a su predecesor, Harvey Keitel, después de ver el metraje de la primera semana. La perspectiva poco halagüeña de pasar tanto tiempo en localizaciones remotas de las islas Filipinas hizo que Robert Redford, Jack Nicholson y Steve McQueen rechazaran antes el guión. Sheen, con un perfil profesional mucho más discreto por aquel entonces, terminó interpretando al Capitán Willard en misión secreta para encontrar y ejecutar a un militar renegado que se hallaba en algún lugar de Camboya, el Coronel Kurtz (Whaley 6). Pero Martin Sheen bebía compulsivamente y su alcoholismo desembocó en un ataque cardíaco que casi le costó la vida, tal y como refleja el film en la secuencia de apertura: un sacerdote local le dió la extremaunción en un idioma que no podía entender. El rodaje fue tan complejo que su director temía que naufragara y contempló incluso la idea de suicidarse (Goldberg; Hammer; Perry). Las lluvias torrenciales trastocaban sus planes obligándoles a trabajar en días alternos. Un tifón destruyó el set construido por los decoradores y retrasó la filmación otros dos meses. Además, los actores Dennis Hopper y Marlon Brando se detestaban y tuvieron que filmar las escenas compartidas en tomas separadas para evitar que chocaran. Brando llegó a las Filipinas con semanas de retraso, sin haber leído la novela de Conrad y con sobrepeso evidente, lo que obligó a Coppola a reescribir el guión para ajustarlo al actor. Kurtz es un líder carismático que gobierna una comunidad formada por nativos y soldados desertores, desprecia lo que ha llegado a representar el ejército norteamericano, desprende un aura de misticismo, es un orador consumado, casi un filósofo: un "poeta-guerrero", como le describen en un momento dado de la película. Brando cobró tres millones de dólares por cuatro semanas de filmación pero estaba tan gordo que Tennessee Williams bromeaba diciendo que le pagaban por kilo. Coppola le vistió de negro y pidió al director de fotografía Vittorio Storaro que lo captara en penumbra para que las sombras ocultaran su silueta.

Figura 48. Marlon Brando inmerso en el personaje y caracterizado como el Coronel Kurtz en el rodaje de *Apocalypse Now* (Francis Ford Coppola, 1979) en las islas Filipinas. Fotografía de Mary Ellen Mark, 1976.
Fuente: Jordan y Devinah Finn. The Museum of Fine Arts, Houston.

Coppola llevaba consigo un ejemplar de *Heart of Darkness* en su edición de bolsillo con subrayados y anotaciones en los márgenes que usaba como cuaderno de rodaje. Probablemente todo el caos vivido en las islas Filipinas, las fricciones y los contratiempos se conjugaron dándole a las escenas un aire cáustico, anárquico, de tensión constante, que beneficiaron el resultado final; un montaje soberbio hizo encajar el material fluyendo magníficamente hasta generar un magnetismo especial. El coronel Kilgore encarnado por Robert Duvall y los helicópteros atacando una aldea del Vietcong al son de la Cabalgata de las Valquirias aportan una iconografía inolvidable, uno de los emblemas más poderosos asociados con la guerra de Vietnam. Mientras Willard y sus hombres viajan río arriba en una lancha patrullera, atraviesan una realidad que va volviéndose más y más extraña, peligrosa y depravada, sumergiéndose en los recovecos más oscuros de sus mentes exactamente como en la novela de Joseph Conrad. "Una mezcla virtuosa de imágenes con la intensidad de una pesadilla", afirmó una reseña en *The Hollywood Reporter* el día de su estreno (Knight). Los *grunts*, los herbicidas químicos, el LSD, los informes desclasificados, Kurtz leyendo ensimismado versos escogidos de T.S. Elliot, los comentarios sarcásticos en la onda de Michael Herr con un humor negro afiladísimo: "Acusar a alguien de asesinato en este lugar, es como poner multas por exceso de velocidad en la carrera de Indianapolis". 238 días de rodaje y dos años en la sala de montaje dieron como resultado una auténtica epopeya, Palma de Oro en Cannes y nominada para ocho Premios de la Academia incluyendo Mejor Película, Mejor Director y Mejor Guión Adaptado. El horror de la guerra cobró el rostro de Marlon Brando.

2.5. *Platoon* y el cine sobre Vietnam

Un joven Oliver Stone se alistó en el ejército en abril de 1967. Llegó a Vietnam el 16 de septiembre asignado al 2º Pelotón, Compañía Bravo, 3er Batallón, 25º de Infantería estacionado cerca de la frontera con Camboya, una zona caliente donde no había lugar para el aburrimiento. Le hirieron en dos ocasiones y le concedieron la Estrella de Bronce por su valor en el campo de batalla. El propio Stone narraba en sus memorias:

> Nos topamos con una pequeña emboscada que les costó la vida a un teniente y un sargento, así como a nuestro perro explorador, un pastor alemán que me gustaba. Fue uno de esos extraños tiroteos que pasaron de unos pocos disparos al azar a una tormenta desorganizada de balas. Tal vez solo tenía frío y estaba enfadado por la muerte del perro o la futilidad de todo. O tal vez solo tenía dolor de cabeza y el sol me ardía demasiado en los ojos… Lo único que sabía es que ése era mi momento para actuar (Stone 91).

Figura 49. El propio Oliver Stone compartió en Twitter esta imagen con el comentario "Cleaned up, after a shower" (Limpio, tras una ducha) mientras preparaba los materiales de su libro *Chasing the Light* (HarperCollins, 2021). La foto se tomó a finales de 1968 a punto de completar su servicio en la provincia de Quang Tri con la 1st Cavalry Division (denominada coloquialmente "First Team") estacionado en el cuartel general Camp Radcliff cerca de An Khe. Fuente: The Oliver Stone Experience, We Are The Mighty.

Tras recuperarse de sus heridas fue transferido a la 1ª División de Caballería, donde le asignaron a un pelotón de reconocimiento que hacía patrullas de largo alcance a través de la jungla. En noviembre de 1968 se licenció con honores y regresó a Estados Unidos; tenía el Corazón Púrpura con Racimo de Hojas de Roble y la Cruz de Galantería de la República de Vietnam con Citación de Unidad con Palma, condecoración que concedía el gobierno de Vietnam del Sur. Gracias a las becas para soldados del G.I. Bill pudo matricularse en la Universidad de Nueva York donde cursó estudios de cine con Martin Scorsese. En esa época rodo el cortometraje *Last Year in Viet Nam*, sobre un veterano –que interpretó el mismo Oliver Stone– que trata de superar los recuerdos traumáticos al regresar a casa. Debutó en la industria como un estupendo guionista, autor de varios libretos memorables: *El expreso de medianoche* (*Midnight Express*, Alan Parker, 1978) por el que ganó un Óscar, *Conan el Bárbaro* (*Conan the Barbarian*, John Milius, 1982), *El precio del poder* (*Scarface*, Brian De Palma, 1983) o la policíaca *Manhattan Sur* (*Year of the Dragon*, Michael Cimino, 1985) le prepararon para asumir el puesto de director y trasladar a la gran pantalla sus propias vivencias como ex combatiente.

Platoon era exactamente la historia que Oliver Stone quería contar desde que volvió de Vietnam. Le llevó diez largos años ponerla en marcha. El capitán retirado de los marines Dale Dye fue asesor técnico de la película y el único veterano de guerra en el set de rodaje siempre al lado del director y contó en una entrevista:

> Oliver y yo a menudo teníamos momentos íntimos provocados por algo que estábamos montando o filmando. Recuerdo que ambos teníamos que alejarnos unos minutos mientras rodábamos la escena del interrogatorio con aldeanos. Contratamos a refugiados vietnamitas reales que habíamos encontrado en Filipinas y estar rodeados de extras que gritaban en vietnamita nos llevó a los dos de regreso a Nam (Vergun).

La película sigue al soldado Chris Taylor, encarnado por Charlie Sheen –hijo de Martin Sheen, lo que conecta el film espiritualmente con *Apocalypse Now* de Coppola– adaptándose a la rutina despiadada de Vietnam, cuando surgen las fricciones entre dos de sus superiores, el Sargento Elias y el Sargento Barnes, William Dafoe y Tom Berenger respectivamente. Ambos encarnan perfiles diferentes, diametralmente opuestos en realidad: uno liberal y empático, el otro reaccionario y despiadado. Durante un incidente con la población local, el pelotón arrasa una aldea de campesinos inocentes haciendo que los soldados se dividan en dos facciones, los que sienten cargo de conciencia y dudan de la guerra, afines a Elias, y los que no tienen remordimientos y están dispuestos a cometer cualquier atrocidad sin pensarlo, fieles a Barnes (Devine, "The Grunts, 1986-1987" 247; Gruner 369).

El relato plantea un fuerte dilema ético que afectó a los jóvenes que sirvieron en aquella guerra sanguinaria, proteger a la población local o acabar con ella sospechando que colaboraban con el Vietcong. Desde el día de su estreno, los veteranos se han identificado con los personajes y el sentimiento de culpa con el que cargan desde que cumplieron servicio. *Platoon* recibió los elogios de la crítica y ganó cuatro Premios de la Academia incluyendo Mejor Película y Mejor Director, que consagraron a Oliver Stone y sirvieron para impulsar su carrera. *Platoon* se convirtió en la primera de sus películas sobre Vietnam, asunto sobre el que volvería en dos de sus posteriores cintas hasta formar una trilogía temática.

Nacido el 4 de julio (*Born on the Fourth of July*) llegó al cine tres años después adaptando el famoso libro autobiográfico de Ron Kovic, el mismo que inspiró *El regreso* por su amistad con Jane Fonda y se hizo una figura relevante en la década de los 60 al encabezar actos de protesta en nombre de los veteranos de Vietnam. Kovic se alistó voluntario en el cuerpo de marines y resultó herido de gravedad en acto de servicio. El film sigue la odisea de Kovic, encarnado por Tom Cruise en la que fuera probablemente su mejor interpretación de su carrera, desde su juventud como un estudiante ingenuo lleno de idealismo y falsas expectativas deslumbrado por el ejemplo de los combatientes de la generación anterior que combatió en Europa, hasta que regresa paralítico a su hogar y se convierte en un furibundo activista contra la guerra mientras lucha con sus demonios: la depresión, la ira, la falta de expectativas y el abandono del gobierno (Davis 142; Prasch 25). Para muchos, el papel de Cruise superaba en fuerza y autenticidad al trabajo anterior de John Voight en *El regreso* y John Savage —otro ex combatiente lisiado trágicamente para ser ingresado en un hospital de veteranos— en *El cazador*. La música de John Williams, por momentos extremecedora, contribuye a resaltar el fondo de melancolía y amargura del argumento. Oliver Stone ganó una vez más el Óscar al Mejor Director y se posicionó como el cineasta que mejor sabía plasmar la guerra con todos sus matices, incluyendo sus repercusiones inmediatas y duraderas en la sociedad norteamericana, un auténtico cronista de Vietnam.

Figura 50. La debutante Hiep Thi Le con Tommy Lee Jones en un fotograma del film *El cielo y la tierra* (*Heaven and Earth*, Oliver Stone, 1993).
Fuente: Deadline.

Su tercera película sobre la guerra vino varios años después y trajo consigo un cambio de enfoque al retratar al otro bando del conflicto. *El cielo y la tierra* (*Heaven and Earth*) es la menos conocida de las tres y tuvo un recibimiento mucho más tibio por parte de crítica y público, hasta el punto de fracasar en taquilla y no recuperar el dinero invertido en el presupuesto (Fitzgerald). Poco importa, el film es igualmente soberbio y cierra perfectamente el recorrido histórico y sentimental de Oliver Stone por aquella guerra injustificable. El guión narra la biografía de Le Ly Hayship, que ella misma plasmó en sus libros *When Heaven and Earth Changed Places: A Vietnamese Woman's Journey from War to Peace* (1989) y *Child of War, Woman of Peace* (1993) (Kilday 117). Interpretada por la debutante Hiep Thi Le, es la historia de una mujer vietnamita criada en una aldea de campesinos que trabaja en los arrozales, colabora con la guerrilla del Vietcong, es salvajemente violada y trata de sobrevivir en las calles de Saigón hasta que se enamora del sargento de artillería de los marines Steve Butler, a quien encarna Tommy Lee Jones. Después de casarse, ambos se trasladan a Norteamérica y se esfuerzan por integrarse en la vida civil sin éxito. Su marido vaga a la deriva y acaba sufriendo los síntomas clásicos del trastorno por estrés postraumático: estallidos de cólera, resentimiento, pesadillas, complejo de culpa, rabia y autodesprecio, llevándole a maltratar a su esposa hasta que se suicida (Welsh 99). Como era fácil de prever, el público estadounidense no fue tan receptivo con el mensaje que Oliver Stone quería transmitir; el protagonismo recae en una mujer vietnamita cuyo mayor virtud es la resiliencia y la capacidad de sobreponerse a los golpes de la vida, mientras que los Estados Unidos aparecen como un lugar inhóspito que ofrece poco cobijo a una superviviente víctima de sus malas decisiones en política exterior y sus impulsos homicidas.

Pero la industria del cine presenta también estas incongruencias, es capaz de ofrecer obras honestas y comprometidas junto a otros films puramente comerciales capaces de convertir un drama real en un puro espectáculo de pirotecnia. *Platoon* arrasó en taquilla escasos meses después de que lo hiciera *Rambo: Acorralado Parte 2* (*Rambo: First Blood Part II*). Si la primera entrega, basada en la novela de David Morrell, aún podía suscitar el debate sobre la reasimilación fallida de los veteranos y su adoctrinamiento militar, su secuela era símplemente una película de acción para lucimiento de su estrella Sylverster Stallone. El taquillazo de *Rambo* significó un alejamiento del escepticismo de *El cazador* y la crítica del gobierno y los altos mandos que se palpaba en *Apocalypse Now*. En plenos 80, con el país inmerso en la Era Reagan, volvía el anticomunismo y el conservadurismo rancio (Kern 46; Studlar y Desser 105). Los espectadores aplaudían la fantasía varonil y la glorificación de la guerra en *Rambo*, mientras otro sector del público más exigente pedía un enfoque distinto, veraz y arriesgado. En *Platoon*, Oliver Stone retrató a los soldados aterrorizados, angustiados, ahogados en dudas y remordimientos, un batallón dividido por las rencillas internas capaz de perder la cordura y desmoronarse en cualquier momento. En cambio, John Rambo es un guerrero indestructible, un héroe propio del western armado con armas rudimentarias como un machete y un arco que dispara explosivos en vez de flechas. *El regreso* y *Nacido el 4 de julio* trataban de los veteranos heridos de guerra, *El cazador* prestaba atención al drama doméstico sobrevenido, *Apocalypse Now* se adentró en la psique distorsionada de los combatientes y mostraba una visión nihilista del conflicto, *Rambo* en cambio triunfó allí donde John Wayne fracasó estrepitosamente: muchos estadounidenses rechazaban los análisis inquisitivos de la guerra de Vietnam y preferían un relato simplista de buenos y malos sin matices que insistiera en la lucha contra el comunismo (Waller 113).

Ambas vertientes van a coexistir en las salas de cine, si bien el éxito arrollador de *Platoon* consolidó un subgénero dentro del bélico con sus propias claves y códigos. Antes, *Los gritos del silencio* (*The Killing Fields*, Roland Joffe, 1984) contó la historia real de tres periodistas que trabajan como corresponsales en Camboya durante el régimen de los Jemeres Rojos; se basaba en un reportaje publicado por *The New York Times* y recibió siete nominaciones a los Óscar ganando tres estatuillas. Luego, *La colina de la hamburguesa* (*Hamburger Hill*, John Irving, 1987) narraba el asedio a la colina 937 en el valle de A Shau donde los soldados de la 101 División Aerotransportada se enfrentaron al Vietcong sufriendo un número espectacular de bajas. *La chaqueta metálica* (*Full Metal Jacket*, Stanley Kubrick, 1987) es para muchos uno de los grandes clásicos del bélico; basada en la durísima novela *The Short-Timers* (1979) de Gustav Hasford, dejó para la posteridad el primer tramo de metraje sobre la brutal instrucción militar del cuerpo de marines en Parris Island. *Hanoi Hilton* (Lionel Chetwynd, 1987) mostraba un campo de prisioneros donde los funcionarios torturaban a los estadounidenses retenidos. En *Jardines de piedra* (*Gardens of Stone*, Francis Ford Coppola, 1987) el director de *Apocaypse Now* narra una historia más sosegada sobre los militares que sirven en el Cementerio Nacional de Arlington, Virginia, oficiando los honrosos funerales de los soldados que morían en Vietnam.

Cabeza de pelotón (*Platoon Leader*, Aaron Norris, 1987) era otra película de acción sin mayores pretensiones intelectuales. En cambio, la divertida *Good Morning, Vietnam* (Barry Levinson, 1987) cuenta la historia del locutor de radio Adrian Cronauer, encarnado por el inolvidable Robin Williams, y su empeño por entretener a las tropas desplegadas con la mejor música y comentarios humorísticos políticamente incorrectos para aliviar la tensión. *Ecos de guerra* (*Distant Thunder*, Rick Rosenthal, 1988) trata de un veterano traumatizado que vive en la más completa soledad hasta que su hijo acude a buscarlo para reconciliarse con él. *Bat 21* (Peter Markle, 1988) es la historia de un piloto derribado mientras intenta salir de la selva antes de que le localicen los guerrilleros del Vietcong. *Recuerdos de guerra* (*In Country*, Norman Jewison, 1989) era otro emotivo retrato de un soldado con estrés postraumático. *84 Charlie Mopic* (Patrick Duncan, 1989) era un film de bajo presupuesto en forma de falso documental que mostraba el estrés psicológico al que estaban expuestos los soldados de infantería. *Asalto final a Firebase Gloria* (*The Siege of Firebase Gloria*, Brian Trenchard-Smith, 1989) es una discreta cinta de Serie B. Mucho más interesante y dura, *Corazones de hierro* (*Casualties of War*, Brian De Palma, 1989) plasma de manera escalofriante cómo un pelotón de soldados violan en grupo a una joven survietnamita y tratan de silenciar al único de sus compañeros que muestra clemencia, hasta que los denuncia y son sometidos a un consejo de guerra; el argumento tiene ecos de la masacre de My Lai y denuncia las barbaridades cometidas por el ejército norteamericano mientas se suponía que debían ayudar al país.

En aquellos años, Vietnam llegó a la parrilla de televisión en forma de documentales que reconstruían la historia reciente. *Vietnam: The Ten Thousand Days War* (Michael Maclear, 1980) fue una serie canadiense de 26 episodios que acabó emitiendo en Estados Unidos el canal NBC, escrita por Peter Arnett, corresponsal de guerra de Associated Press. Ese mismo año, CBS emitió la miniserie *A Rumor of War* (Richard T. Heffron, 1980) adaptando el libro del mismo título de Philip Caputo. *Vietnam: A Television History* (Judith Vecchione *et al*, 1983) era otra serie documental de trece episodios producida por Dick Ellis que emitió PBS (Public Broadcasting System, la televisión pública estadounidense). *Vietnam: The Secret Agent* (Jacki Ochs, 1983) analiza la dioxina, el contaminante mortal del defoliante químico producido por la empresa Dow Chemical conocido como Agente Naranja que se roció durante la guerra causando efectos devastadores en la población y algunos veteranos estadounidenses. *The Vietnam War with Walter Cronkite* subió el listón recuperando en 1985 los memorables reportajes de los corresponsales de *CBS Evening News* Ed Bradley, Charles Kuralt, Dan Rather, Morley Safer y Bob Simon incluyendo jugosas entrevistas con soldados que combatieron y contaban sus vivencias. Más sentimental, el documental *Dear America: Letters Home from Vietnam* (Bill Couturié, 1987) usaba cartas reales escritas por jóvenes soldados a sus familiares, imágenes de noticieros y música de los años 60 para recordar a los hombres que murieron allí (Dornfeld 283). *Return With Honor* (Jacqueline Shearer, 1987) es otro documental emitido por la cadena PBS dentro de la serie *American Experience* que recogía la experiencia de los prisioneros de guerra en Vietnam del Norte. *Four Hours in My Lai* (Kevin Sim, 1989) era un documental británico sobre la masacre de aldeanos inocentes que conmocionó al mundo, emitido por PBS dentro de la serie *Frontline* con el título *Remember My Lai*. La serie dramática *China Beach*, emitida por ABC de 1988 a 1991 con un éxito notable, presentaba las vicisitudes de un hospital de evacuación en Da Nang junto a la playa My Khe, con médicos y enfermeras del ejército, voluntarios de la Cruz Roja y personal civil. El drama se basaba en el libro de memorias *Home Before Morning* (1983) de la enfermera Lynda Van Devanter y presentaba la perspectiva de las mujeres, así como las consecuencias del estrés postraumático en los soldados convalecientes. Más documentales llegarán a partir de los años 90, como *A World Beneath the War* (Janet P. Gardner, 1996) explorando los túneles excavados por los vietnamitas para que los guerrilleros se desplazaran bajo tierra; *Vietnam's Unseen War: Pictures from the Other Side* de National Geographic o *Wings Over Vietnam* en Discovery Channel solo son dos ejemplos de series producidas por canales temáticos usando imágenes de archivo, a los que seguirán muchísimos más hasta llegar a nuestros días.

En cuanto a la industria del cine, películas taquilleras como *Air America* (Roger Spottiswoode, 1990) y *Forrest Gump* (Robert Zemeckis, 1994) siguen mostrándonos las guerra de Vietnam de manera más ligera o melodramática. *Cuando éramos soldados* (*We Were Soldiers*, Randall Wallace, 2002) adapta la novela del teniente retirado Hal Moore y el reportero Joseph Galloway describiendo la batalla de Ia Drang que sirvió al general Westmoreland para diseñar la estrategia del "body-count" en vez de medir el terreno conquistado. *Rescate al amanecer* (*Rescue Dawn*, Werner Herzog, 2007) trata de un piloto derribado que acaba en un campo de prisioneros del Vietcong.

Figura 51. Robin Williams como el mítico disc-jockey Adrian Cronauer en la película *Good Morning, Vietnam* (Barry Levinson, 1987).
Fuente: Everett Collection, *The Hollywood Reporter*.

Si hacemos balance, muy pocas igualan el nivel de excelencia alcanzado por Michael Cimino, Francis Ford Coppola y Oliver Stone. Realmente, el cine sobre Vietnam podría resumirse en un pequeño ramillete de películas incontestables, obras maestras que otros realizadores han tratado de emular o rendir homenaje pero sin aportaciones significativas. La lista puede ampliarse con los films de Stanley Kubrick y Bran De Palma *La chaqueta metálica* y *Corazones de hierro*, y admite cómodamente la divertida Good Morning, Vietnam ofreciendo una crítica mordaz del ejército y los oficiales al cargo del entretenimiento de los soldados, una reflexión sobre la libertad de expresión y la censura en los medios de comunicación que complementa las narraciones más cruentas sobre los soldados de infantería en puestos de combate.

Cuando Coppola presentó el guión de *Apocalypse Now* en la oficina de asuntos públicos del Pentágono para que lo examinaran en mayo de 1975, los funcionarios lo remitieron al ejército recomendando que trabajaran con el director para asesorarle. El ejército respondió que el guión era "simplemente una sucesión de algunas de las peores cosas, reales o imaginarias, que sucedieron o pudieron haber sucedido durante la guerra de Vietnam" y no tenían motivos para extender la cooperación "en vista del humor enfermizo o la filosofía satírica de la película". Antes, el departamento de veteranos reprochó al productor de *El regreso*, Jerome Hellman, que la película mostrara soldados paralíticos; su director médico, el doctor John Chase, afirmó que la película:

> retrata incorrecta e injustamente a los veteranos como personas débiles y sin propósito, sin cualidades admirables, resentidas contra su país, adictos al alcohol y la marihuana, y como increíblemente malhablados y desprovistos de moralidad convencional en asuntos sexuales (Id).

No cabe duda de que la relación entre el arte cinematográfico y la historia es compleja cuanto mínimo. El propósito de la ficción no es exactamente contar la verdad sino narrar historias verosímiles con un fondo de veracidad. Esperamos que las películas históricas sean precisas con los hechos descritos mientras admitimos una cierta licencia artística para diseñar y dar forma al relato con fines dramáticos. El cine sobre Vietnam se divide entre lo espectacular y exaltado, películas de acción estilo *Rambo*, o la crónica testimonial heredera de la novelística de Philip Caputo, Tim O'Brien y Gustav Hasford, es decir, las experiencias de primera mano de los soldados desplegados. Incluso las mayores obras maestras –*El cazador*, *Apocalypse Now*, *Platoon*– concluyen con la supervivencia de los protagonistas convertida en triunfo: lo que han aprendido sobre sí mismos y la naturaleza humana, el eterno conflicto entre el bien y el mal en el corazón de las personas. "Hay un conflicto en cada corazón humano entre lo racional y lo irracional, entre el bien y el mal, y no siempre se impone el bien", decía el general Corman en el film de Coppola y ésa podría ser la lección que aprendiéramos al ver estas cintas.

Las películas documentan la confusión de la guerra y la refuerzan insistiendo en una épica confusa. Al público estadounidense se le ofrece un falso consuelo: Vietnam fue una tragedia inevitable y los caídos, víctimas del destino caprichoso y fatídico. Nada de éso: los auténticos responsables –el presidente Johnson, el secretario Robert McNamara, el comandante en jefe William Westmoreland, el sombrío Richard Nixon, la mayoría silenciosa que apoyó incondicionalmente la guerra enviando tantos jóvenes al matadero– no aparecen retratados en los films, como tampoco el complejo militar-industrial que se benefició con la guerra enriqueciendo a compañías como Dow Chemical y Monsanto.

Figura 52. El corresponsal de guerra Joseph L. Galloway fue condecorado con la Estrella de Bronce por socorrer a un soldado malherido en 1965. Estuvo presente en la batalla de Ia Drang y fue consultor de la serie documental *The Vietnam War* (Ken Burns, 2017). Fotografía de Christopher Michel, 2017.
Fuente: Wikimedia Commons.

Los films sobre Vietnam han resultado éxitos financieros dominando la taquilla, han triunfado en términos de crítica y público pero desde un punto de vista historicista no cambian sustancialmente nuestra visión de Vietnam; a menudo se limitan a transmitir el mensaje de que la guerra en sí es un infierno y lo que sucedió en Vietnam fue una locura sin paliativos. Pero hay mucho más que decir al respecto y precisamente los films como *El cielo y la tierra*, que aportan una visión disonante al abordar otras perspectivas del conflicto –el testimonio de una mujer y el drama de los "Viet Kie" o los vietnamitas emigrados a Occidente– son minoría frente a la multitud de películas que retratan el punto de vista de los *grunts* o soldados de infantería, contribuyendo de algún modo al proceso de mitificación del soldado norteamericano convertido en héroe y martir a la vez, aunque fuera en una guerra impopular que terminó de manera humillante.

CONCLUSIONES

CONCLUSIONES

Después de la guerra se extendió una sensación de profundo malestar por todo el país. Gran parte de la ciudadanía pensaba, no sin razón, que Estados Unidos había entrado en declive. El prestigio del que gozaban entre la comunidad internacional desde la Segunda Guerra Mundial se puso en entredicho; peor aún, se perdió casi por completo. América, tierra de libertad y hogar de los valientes (*The land of the free and the home of the brave*), el garante defensor de la democracia, mostró su lado más perverso: terco, manipulador, abusivo, sangriento. El país parecía carecer de un centro moral y perdió la confianza del pueblo así como de sus aliados de Occidente. El presidente Jimmy Carter expresó aquel estado de ánimo en un discurso televisado: "Es una crisis que golpea el corazón y el alma de nuestra voluntad nacional. Podemos ver esta crisis en la creciente duda sobre el sentido de nuestras propias vidas y en la pérdida de la unidad y el propósito como nación. La desconfianza en el futuro amenaza con destruir el tejido social y político del país"[25]. Se enfrentaban a grandes obstáculos: reparar la división interna en la sociedad, restaurar su imagen en el extranjero, recuperar la confianza del electorado... Tras el Watergate, unido a la erosión progresiva en la credibilidad del gobierno mientras duró el conflicto con los gabinetes de Johnson y Nixon, los estadounidenses habían dejado de creer en sus representantes políticos y las instituciones públicas.

Cerca de seiscientos prisioneros de guerra norteamericanos fueron liberados de las cárceles en Vietnam del Norte pero se ignoraba el paradero de muchísimos más y casi dos mil continúan en paradero desconocido a día de hoy. Para una parte importante del país, Vietnam era una tragedia colosal. Otros en cambio lo consideraban una lección sobre lo que sucede cuando los estadounidenses pierden la voluntad de luchar; el triunfo en las elecciones de Ronald Reagan fue consecuencia de aquel espíritu de revanchismo que les llevó a endurecer nuevamente su política exterior y reavivar los fantasmas de la Guerra Fría. Del mismo modo la contracultura se apagó silenciosamente, los jóvenes cambiaron los pantalones de campana y los medallones de la paz por traje y corbata, aunque marcó el rumbo que seguiría la cultura popular a partir de entonces: la cultura de masas sería fundamentalmente una cultura juvenil pero con eslóganes en vez de pancartas. Vietnam provocó indirectamente la pérdida de valores tradicionales antes irrenunciables: muchos perdieron para siempre la fe en Dios y abandonaron sus iglesias optando por religiones alternativas o simplemente entregándose al nihilismo y abrazando cualquier otra fórmula de sustitución: el consumismo sobre todo. El modelo de familia feliz en comunidades idílicas que imperaba en la década de los 50 se fue por el desagüe con la ruptura ideológica y generacional entre padres e hijos, entre vecinos con puntos de vista enfrentados sobre la guerra. Por no mencionar la presencia incómoda de tantos miles de veteranos de guerra expresando con sus propias palabras la experiencia tan horrible que debieron soportar, justo lo contrario de lo que sucesivos gabinetes presidenciales contaron al pueblo en discursos almibarados y complacientes. La gloria heredada de la "Greatest Generation" se apagó y fue sustituida por los testimonios de soldados desilusionados, desquiciados y con el alma herida.

Exceptuando la Segunda Guerra Mundial y el empuje de la propaganda bélica en la retaguardia, ningún otro conflicto ha inspirado tantas canciones, libros y películas, aunque sus características y motivos son bien diferentes: en vez de resultar enaltecedoras, ilustran las atrocidades, el sinsentido, la ruina moral y el drama humano que provoca la guerra y sus efectos devastadores en la sociedad. El saludo de Robin Williams "Goooood morning, Vietnam!" al micrófono de su programa de radio *Dawn Buster* resulta irónico visto en pantalla: ver el lado optimista de la guerra es imposible porque todo en ella fue deplorable. En 1973, el Congreso acabó con el reclutamiento militar obligatorio haciendo que las fuerzas armadas se nutrieran de voluntarios; el ejército norteamericano nunca más reclutó soldados en contra de sus deseos, el riesgo a una reacción encendida de los opositores era demasiado alto. Antes, en 1971 la edad para votar se redujo a los dieciocho años: el gobierno quiso aumentar el número de votantes jóvenes, aquellos más optimistas o manipulables que podían creer en mensajes simples. A partir de entonces cualquier guerra librada en el exterior tendría combatientes fieles y bien adoctrinados, orgullosos de pertenecer al ejército.

La narrativa sobre Vietnam sacudió la conciencia del público en los años que siguieron haciendo que los estadounidenses recordaran las muertes innecesarias, las familias destruidas, la pérdida del consenso y la fractura social. Pero las secuelas del conflicto siguen siendo evidentes en la cultura popular estadounidense: un alto porcentaje de la población seguirá desconfiando del gobierno y las autoridades de forma sistemática. No creen que el gobierno cuide a la población y vele por su bienestar sino que sospechan de sus verdaderas intenciones creyendo en motivos oscuros, intereses económicos, agendas ocultas y egos inflados. Las imágenes captadas durante la guerra –las duras fotografías que publicaron las revistas, los reportajes en vídeo que ofrecieron las corresponsalías en los noticieros nocturnos– se recuerdan al cabo del tiempo como una pesadilla recurrente: estudiantes abatidos a tiros en los campus universitarios, niños vietnamitas llorando desconsolados junto al cadáver de su madre, marines imberbes con el gesto endurecido y la mirada vidriosa... Comprender la guerra de Vietnam significa comprender la sociedad norteamericana, o dicho de otro modo, no podemos entender Estados Unidos sin entender Vietnam. La pérdida de la inocencia, el despertar, la conciencia manchada: el final de un mito y el comienzo de otro.

BIBLIOGRAFÍA

BIBLIOGRAFIA

Una temporada en Vietnam

16th Infantry Regiment Association. "Battle of Courtenay Plantation 11-12 April 196", *16thInfAssn*, 2021, https://16thinfassn.org/history/regimental-maps/vietnam-cold-war-ii-1965-1990/battle-of-courtenay-plantation-11-12-april-1966/. Accedido el 10 de noviembre de 2024.

Aguirre, Lauren. "Lessons learned –and lost– from a Vietnam-era study of addiction", *STAT News*, 19 de julio de 2021, https://www.statnews.com/2021/07/19/lessons-learned-and-lost-vietnam-era-addiction-study/. Accedido el 10 de noviembre de 2024.

Ambrose, Stephen E. "Douglas MacArthur". *Duty, Honor, Country. A History of West Point*. The John Hopkins University Press, 1999, pp. 261-283.

Anderson, David L. "The Diem Years: Kennedy. The Buddhist Crisis". *The Columbia Guide to the Vietnam War*. Columbia University Press, 2002, pp. 39-40 [a].

_. "The American War in Vietnam: De-escalation. Negotiations and the Paris Peace Accords". *The Columbia Guide to the Vietnam War*. Columbia University Press, 2002, pp. 73-75 [b].

_. "Credibility: Lyndon Johnson's War". *The Vietnam War*. Bloomsbury, 2017, pp. 41-60 [a].

_. "Consequences: Richard Nixon's War". *The Vietnam War*. Bloomsbury, 2017, pp. 84-106 [b].

Andradé, Dale. "Main Thrust: The Battle For Quang Tri and Hue. The Imperial City". *America's Last Vietnam Battle. Halting Hanoi's 1972 Easter Offensive*. University Press of Kansas, 2001, pp. 29-200.

Appy, Christian G. "Working-Class War" y "Life before the Nam". *Working-Class War. American Combat Soldiers and Vietnam*. The University of North Carolina Press, 1993, pp. 11-44 [a].

_. "Drawing Fire and Laying Waste". *Working-Class War. American Combat Soldiers and Vietnam*. The University of North Carolina Press, 1993, pp. 174-205 [b].

Asselin, Pierre. "Choosing War, 1963". *Hanoi's Road to the Vietnam War, 1954-1965*. University of California Press, 2013, pp. 145-173.

Ballinger, Lacie A. y Spencer C. Tucker. "Kennedy, John Fitzgerald". *The Encyclopedia of the Vietnam War. A Political, Social, and Military History*, editado por Spencer C. Tucker. Oxford University Press, 2011, pp. 567-570.

Belknap, Michael R. "Charlie Company's War" y "Massacre at My Lai". *The Vietnam War on Trial. The My Lai Massacre and the Court-martial of Lieutenant Calley*. University Press of Kansas, 2002, pp. 37-78.

Bernstein, Irving. "Johnson, Lyndon B. (1908-1973)". *The Oxford Companion to American Military History*, editado por John Whiteclay Chambers. Oxford University Press, 1999, pp. 349-350.

Bilton, Michael y Kevin Sim. "My Lai, March 16, 1968: AM". *Four hours in My Lai*. Penguin, 1992, pp. 102-141.

Bocetta, Sam. "7 Important Weapons Used By the United States in the Vietnam War", *Small War Journal*, 4 de septiembre de 2017, https://smallwarsjournal.com/jrnl/art/7-important-weapons-used-by-the-united-states-in-the-vietnam-war. Accedido el 10 de noviembre de 2024.

_. "American Infantry Weapons of the Vietnam War", *Military History*, 9 de octubre de 2022, https://militaryhistorynow.com/2020/10/09/american-infantry-weapons-of-the-vietnam-war/. Accedido el 10 de noviembre de 2024.

Boorstein, Michelle. "Eerie Souvenirs From the Vietnam War", *The Washington Post*, 3 de julio de 2007, https://www.washingtonpost.com/archive/national/2007/07/03/eerie-souvenirs-from-the-vietnam-war/7919d251-463d-4900-b666-b79ae-1d904a1/. Accedido el 10 de noviembre de 2024.

Booth, Henry. "The War in Vietnam: What is Forgotten?", *US History Since 1877, Dickinson College*, 1 de mayo de 2022, https://blogs.dickinson.edu/hist-118pinsker/2022/05/01/henry-booth-starter-post/. Accedido el 10 de noviembre de 2024.

Borch, Fred L. "What Happened on 16 March 1968? What Lessons Have Been Learned? A Look at the My Lai Incident Fifty Years Later", *Army History*, 16 de marzo de 2018, https://armyhistory.org/my-lai/. Accedido el 10 de noviembre de 2024.

Brands, Henry William, Jr. "Paved with Good Intentions, 1965-1968". *American Dreams. The United States since 1945*. Penguin, 2010, pp. 133-158.

Brinson, Thomas y Vince Treanor. "Alcoholism and Post Traumatic Stress Disorder among combat Vietnam veterans". *Alcoholism Treatment Quarterly*, vol. 5, no. 3-4, 1989, pp. 65-82.

Buckingham, William A. "Ranch Hand's Mission Expands and Becomes Routine" *Operation Ranch Hand: The Air Force and Herbicides in Southeast Asia, 1961-1971*. Office of Air Force History, 1982, pp. 87-108.

Budanovic, Nikola. "Liquid Fire. How Napalm Was Used In The Vietnam War", *War History Online*, 1 de junio de 2016, https://www.warhistoryonline.com/vietnam-war/history-napalm-vietnam-war.html. Accedido el 10 de noviembre de 2024.

Carland, John. "Towards the Rainy Season". *Combat Operations. Stemming the Tide. May 1965 to October 1966, The United States Army in Vietnam*. Center of Military History US Army, 2000, pp. 306-309.

Carpenter, Lowell. "The drawdown period and the heroin problem", *Minnesota Remembers Vietnam. The Story Wall*, 2007, https://www.mnvietnam.org/story/the-draw-down-period-and-the-heroin-problem/index.html. Accedido el 10 de noviembre de 2024.

Carson, Claybome y Kris Shepard, coordinadores. "Beyond Vietnam". *A Call to Conscience. The Landmark Speeches of Dr. Martin Luther King. Jr.* Warner Books, 2001, pp. 133-164.

Casey, Michael, et al. "Names, Acronyms, Terms". *The Vietnam Experience. The Army at War*. Boston Publishing Company, Boston, 1987, pp. 192-198.

Cash, John A. "Fight At Ia Drang, 14-16 November 1965". *Seven Firefights in Vietnam*. Dover Publications, Mineola, 2007, pp. 1-48.

Castillo, Juan. "On Two Fronts: The Vietnam Experience Through Latino Family Lens", *NBC News*, 22 de septiembre de 2022, https://www.nbcnews.com/news/latino/two-fronts-vietnam-war-through-latino-familys-lens-n419001. Accedido el 10 de noviembre de 2024.

Childree, Aaron. "Public Opinion and the Vietnam War: How Race, Gender, and Partisanship Affect Views Toward Military Conflicts", *Roper Center*, 2023, https://ropercenter.cornell.edu/public-opinion-and-vietnam-war-how-race-gender-and-partisanship-affect-views-toward-military. Accedido el 10 de noviembre de 2024.

Clarke, Bruce B.G. "Observations on a Lost War". *Expendable Warriors. The Battle of Khe Sanh and the Vietnam War*, Stackpole Books, 2007, pp. 109-110.

Clear, James. "How Nam Veterans Broke Their Heroin Addictions", *James Clear.com*, s.f., https://jamesclear.com/heroin-habits. Accedido el 10 de noviembre de 2024.

Close, Laura. "Addiction and Alcoholism in Vietnam War Veterans", *Recovery First Treatment Center*, 13 de septiembre de 2011, https://recoveryfirst.org/blog/about-addiction/addiction-and-alcoholism-in-vietnam-war-veterans/. Accedido el 10 de noviembre de 2024.

Colbach, Edward M. y Scott M. Wilson. "The Binoctal Craze", *U.S. Army Medical Bulletin*, no. 109, 1969, pp. 40-44.

Cook, Erin y Stan Pesick. "Martin Luther King, Jr.'s Beyond Vietnam". *OAH Magazine of History*, vol. 19, no. 1, 2005, pp. 41-50.

Coomes, Phil. "North Vietnamese veterans stories", *BBC*, 9 de julio de 2015, https://www.bbc.com/news/in-pictures-33408096. Accedido el 10 de noviembre de 2024.

Cooper, Scott. "After Vietnam, American Society's Relationship with Its Military Was Badly Fraye", *Modern War Institute at West Point*, 2 de octubre de 2021, https://mwi.westpoint.edu/after-vietnam-american-societys-relationship-with-its-military-was-badly-frayed-after-twenty-years-of-post-9-11-wars-it-is-again/. Accedido el 10 de noviembre de 2024.

Curran, Jonathan. "Tunnel Rats of the Vietnam War", *National Museum U.S. Army*, s.f., https://www.thenmusa.org/articles/tunnel-rats-of-the-vietnam-war/. Accedido el 10 de noviembre de 2024.

Curry, Cecil B. (como Cincinnatus). *Self-Destruction. The Disintegration and Decay of the U.S. Army in Vietnam*. W.W. Norton, 1981.

Daddis, Gregory A. "An Unprecedent Victory: The Problem of Defining Success". *No Sure Victory. Measuring U.S. Army Effectiveness and Progress in the Vietnam War*. Oxford University Press, 2011, pp. 63-86.

DeGrandpre, Andrew y Tony Lombardo. "These stories from the Vietnam War will break your heart", *Military Times*, 23 de noviembre de 2016, https://www.militarytimes.com/military-honor/salute-veterans/2016/11/23/these-stories-from-the-vietnam-war-will-break-your-heart/. Accedido el 10 de noviembre de 2024.

Dennsion, Jim. "David Jarczewski's Collection. Charlie Company Memorabilia", *9th Infantry Division: 4th Battalion, 47th Infantry*, 30 de junio de 2012, https://9thinfantrydivision.com/memorabilia/charlie-company-memorabilia/david-jarczewskis-collection/. Accedido el 10 de noviembre de 2024.

Dieterle, Richard. "Staying Awake (April 6, 1968)", *Vietnam War Stories*, 10 de julio de 2015, https://vnwarstories.com/vn.StayingAwake.html. Accedido el 10 de noviembre de 2024.

Duchas, James. "The Vietnam War Experience: An Interview with Veteran William Maxwell Barner III", *Bill of Rights Institute*, s.f., https://billofrightsinstitute.org/activities/the-vietnam-war-experience-an-interview-with-veteran-william-maxwell-barner-iii. Accedido el 10 de noviembre de 2024.

Dumbrell, John. "Lyndon Johnson's War. Saigon, Hanoi, Moscow, and Beijing". *Rethinking the Vietnam War*. Palgrave Macmillan, 2012, pp. 50-54 [a].

_. "The Antiwar Movement. Interpreting the War: The Impact of the American Antiwar Movement". *Rethinking the Vietnam War*. Palgrave Macmillan, 2012, pp. 147-154 [b].

Elliot, David W.P. "Hanoi's Strategy in the Second Indochina War". *The Vietnam War. Vietnamese and American Perspectives*, editado por Jayne Susan Werner y Luu Doan Huynh. Routledge, 2015, pp. 66-94.

Erickson, Briana. "Last Draftees details experiences of Vietnam War veterans", *Las Vegas Review-Journal*, 14 de noviembre de 2020, https://www.reviewjournal.com/news/military/last-draftees-details-experiences-of-vietnam-war-veterans-2183442/. Accedido el 10 de noviembre de 2024.

Faulkner, Neil. "The end game: how did the Viet Cong win?", *The Past*, 15 de enero de 2018, https://the-past.com/feature/the-end-game-how-did-the-viet-cong-win/. Accedido el 10 de noviembre de 2024.

Fitzgerald, John J. "The Battle of the Ia Drang Valley: A Comparative Analysis of Generals, the Media, and the Soldiers", *Organization of American Historians Magazine*, vol. 18, no. 5, 2004, pp. 37-43.

Foley, Michael S. "Sanctuary!: A Bridge Between Civilian and GI Protest Against the Vietnam War". *A Companion to the Vietnam War*, editado por Marilyn B. Young, et al. Blackwell, 2002, pp. 416-433.

_. "Peaks, Valleys, and the Changing Horizon. Beyond Draft Resistance: New Strategies and Dangling Men". *Confronting the War Machine. Draft Resistance During the Vietnam War*, The University of North Carolina, 2003, pp. 296-336.

French, Albert. *Patches of Fire. A Story of War and Redemption*. Doubleday, 1998.

Gaspar, Charles J. "Ap Bac, Battle of". *The Encyclopedia of the Vietnam War. A Political, Social, and Military History*, editado por Spencer C. Tucker. ABC-CLIO, 2011, pp. 57-59.

Gilkes, Madi. "Missing from History: The Other Prisoners of War", *Trouble and Strife*, no. 41, 2000, pp. 61-68.

Gorservski, Ellen W. y Michael L. Butterworth. "Muhammad Ali's Fighting Words: The Paradox of Violence in Nonviolent Rhetoric", *Quarterly Journal of Speech*, vol. 97, no. 1, 2011, pp. 50-73.

Green, Joey. "How to Make a Radio Antenna with a Slinky". *Last-Minute Survival Secrets. 128 Ingenious Tips to Endure the Coming Apocalypse and Other Minor Inconveniences*. Chicago Review Press, 2014, pp. 23-24.

Greiner, Bernd. "16 March 1968. The Massacres of My Lai and My Khe". *War Without Fronts. The USA in Vietnam*. Random House, 2009, pp. 180-238.

Hack, David. "Vietnam War Facts, Stats and Myths", *U.S. Wings*, 14 de abril de 2017, https://www.uswings.com/about-us-wings/vietnam-war-facts/. Accedido el 10 de noviembre de 2024.

Hays, Jeffrey. "American Soldiers in the Vietnam War: Daily Life, Special Forces, Sex and Drugs", *Facts and Details*, 2014, https://factsanddetails.com/southeast-asia/Vietnam/sub5_9b/entry-3355.html. Accedido el 10 de noviembre de 2024.

Hayslip, Le Ly y Jay Wurts. "Power on Earth". *When Heaven and Earth Changed Places. A Vietnamese Woman's Journey from War to Peace*, Penguin, 2017, pp. 300-321.

Harris, Mark Edward. "Photographer Who Took Iconic Vietnam Photo Looks Back, 40 Years After the War Ended", *Vanity Fair*, 3 de abril de 2015, https://www.vanityfair.com/news/2015/04/vietnam-war-napalm-girl-photo-today. Accedido el 10 de noviembre de 2024.

Haskew, Michael. "The AK-47 vs. The M16 Rifle During the Vietnam War", *Warfare History Network*, 12 de marzo de 2022, https://warfarehistorynetwork.com/the-ak-47-vs-the-m16-during-the-vietnam-war/. Accedido el 10 de noviembre de 2024.

Henderson, William Darryl. "Fragging". *The Oxford Companion to American Military History*, editado por John W. Chambers. Oxford University Press, 1999, p. 279.

Herbert, Anthony R. y James T. Wooten. *Soldier*. Cloverleaf, 1979.

Herzog, Tobey C. "Conversation with Philip Caputo". *Writing Vietnam, Writing Life. Caputo, Heinemann, O'Brien, Butler*. University of Iowa Press, 2008, pp. 1-44.

_. "Thematic Contexts. The John Wayne Syndrome: The Ideal Soldier". *Vietnam War Stories. Innocence Lost*. Routledge, 2017, pp. 17-25.

Hillstrom, Kevin y Laurie Collier Hillstrom. "Historical Background. Atrocities in Vietnam". *The Vietnam Experience. A Concise Encyclopedia of American Literature, Songs, and Films*, Greenwood Press, 1998, pp. 66-67.

Holland, Oscar. "Napalm Girl at 50: The story of the Vietnam War's defining photo", *CNN*, 9 de junio de 2022, https://edition.cnn.com/style/article/napalm-girl-50-snap/index.html. Accedido el 10 de noviembre de 2024.

Hornung, Janine Hay. "Proud To Be A Donut Dollie". *Angels in Vietnam. Women Who Served*. Writers Club Press, 2002, pp. 105-122.

Horwood, Ian. "Close Air Support in Vietnam". *Interservice Rivalry and Airpower in the Vietnam War*. Combat Studies Institute Press, 2010, pp. 119-138.

Huber, Dane. "Day in the life of a Vietnam Soldier", *US History Since 1877, Dickinson College*, 1 de noviembre de 2017, https://blogs.dickinson.edu/hist-118pinsker/2017/11/01/vietnam-war-3/. Accedido el 10 de noviembre de 2024.

Isaacs, Arnold R. "Facts About the Vietnam War: Peace Marchers Didn't Turn U.S. Policy Around", *War On The Rocks*, 13 de septiembre de 2017, https://warontherocks.com/2017/09/facts-about-the-vietnam-war-part-iii-peace-marchers-didnt-turn-u-s-policy-around/. Accedido el 10 de noviembre de 2024.

Isserman, Maurice y John Stewart Bowman. "The Grunts". *Vietnam War*. Facts On File, 2003, pp. 67-81 [a].

_. "Ground War: 1965-1967". *Vietnam War*, Facts On File, 2003, pp. 82-93 [b].

Janos, Adam. "G.I.s' Drug Use in Vietnam Soared –With Their Commanders' Help", *History.com*, 18 de abril de 2018, https://www.history.com/news/drug-use-in-vietnam. Accedido el 10 de noviembre de 2024.

Janssen, J. Scott. "Reflections on Vietnam Veterans' Experience. A Guide for Health Care Professionals", *Social Work Today*, noviembre de 2016, https://www.socialworktoday.com/archive/exc_1116.shtml. Accedido el 10 de noviembre de 2024.

Johnson, Haynes y George C. Wilson. *Army in Anguish. The Washington Post National Report*, Pocket Books, 1972.

Johnson, Judith. "In the Chaos of the Vietnam War, There Was One Thing You Could Rely On: Bob Hope's Christmas Tours", *HistoryNet*, 23 de diciembre de 2009, https://www.historynet.com/bob-hopes-vietnam-christmas-tours/. Accedido el 10 de noviembre de 2024.

Jones, Howard. "Pinkville". *My Lai. Vietnam, 1968, and the Descent into Darkness*. Oxford University Press, 2007, pp. 11-124.

Kaiser, David E. "The Buddhist Crisis and the Cable of August 24, 1963". *American Tragedy: Kennedy, Johnson, and the Origins of the Vietnam War*. Harvard University Press, 2000, pp. 213-247.

Kamienski, Lukasz. "The Drugs That Built a Super Soldier", *The Atlantic*, 8 de abril de 2016, https://www.theatlantic.com/health/archive/2016/04/the-drugs-that-built-a-super-soldier/477183/. Accedido el 10 de noviembre de 2024 [a].

_. "Vietnam: The First True Pharmacological War". *Shooting Up. A Short History of Drugs and War*. Oxford University Press, 2016, pp. 187-217 [b].

Kalmusky, Kate. "How Saigon Hosted American War Troops", *Culture Trip*, 8 de junio de 2018, https://theculturetrip.com/asia/vietnam/articles/how-saigon-hosted-american-war-troops. Accedido el 10 de noviembre de 2024.

Kassraie, Aaron. "Vietnam Veterans Remember the War", *AARP*, 26 de marzo de 2021, https://www.aarp.org/home-family/voices/veterans/info-2019/vietnam-veterans-day.html. Accedido el 10 de noviembre de 2024.

Kelly, Arthur L. "Vietnam War. Exploring Perspectives through Primary Sources: Soldiers' Experiences", *Veterans Oral History Project*, University of Kentucky, 2 de mayo de 2023, https://libguides.uky.edu/vietnamwar. Accedido el 10 de noviembre de 2024.

Kickenweitz, Robert y Fred Childs. "The Art of Shit Burning", *Charlie Company*, 16 de septiembre de 2021, https://charliecompany.org/2021/09/16/the-art-of-shit-burning/. Accedido el 10 de noviembre de 2024.

Kidder, Tracy. "Soldiers of Misfortune. A Report on the Veterans of Vietnam And on the Often Disgraceful Treatment They Have Received from Their Countrymen", *The Atlantic*, no. 241, 1978, pp. 41-52.

Kimball, Jeffrey P. "Fighting, The Talking: 1972" y "Bangs and Whimpers". *Nixon's Vietnam War*. University Press of Kansas, 1998, pp. 286-372.

Kissinger, Henry. "The Troubled Road to Peace". *Ending the Vietnam War. A History of America's Involvement in and Extrication from the Vietnam War*. Simon and Schuster, 2003, pp. 340-371.

Kotcher, Joann Puffer. "The Cigarette in the Rain". *Donut Dolly. An American Red Cross Girl's War in Vietnam*. University of North Texas Press, 2011, pp. 253-276.

Kriss, Megan. "7 Most Important Guns of The Vietnam War", *Pew-Pew Tactical*, 28 de octubre de 2020, https://www.pewpewtactical.com/vietnam-war-guns/. Accedido el 10 de noviembre de 2024.

MacArthur, Douglas. *Duty, Honor, Country*. West Point, 1962.

Macksey, Kenneth. *Technology in War. The Impact of Science on Weapon Development and Modern Battle*. Arms and Armor Press, 1986.

Maclear, Michael. "Front Line America". *The Ten Thousand Day War. Vietnam, 1945-1975*. St. Martin's Press, 1981, pp. 301-324.

Mahini, Noor, et al. "Tim O'Brien's 'Bad' Vietnam War: Going after Cacciato and Its Historical Perspective", *Theory and Practice in Language Studies*, vol. 8, no. 11, 2018, pp. 1397-1406.

Maycock, James. "War within war", *The Guardian*, 14 de septiembre de 2001, https://www.theguardian.com/theguardian/2001/sep/15/weekend7.weekend3. Accedido el 10 de noviembre de 2024.

Marlantes, Karl. "Vietnam: The War That Killed Trust", *The N.Y. Times*, 7 de enero de 2017, https://www.nytimes.com/2017/01/07/opinion/sunday/vietnam-the-war-that-killed-trust.html. Accedido el 10 de noviembre de 2024.

Masuka, Travis. "We Were Ghosts. A Vietnam Story", *NCO Journal, Army University Press*, 16 de mayo de 2022, https://www.armyupress.army.mil/journals/nco-journal/archives/2022/may/a-vietnam-story/. Accedido el 10 de noviembre de 2024.

McCoy, Alfred W. et al. "The GI Heroin Epidemic". *The Politics of Heroin in Southeast Asia*, Harper Row, 1972, pp. 181-184.

McElhinny, Greg. "Veteran Experiences: Vietnam Veterans", *National Veterans Homeless Support*, 11 de octubre de 2022, https://nvhs.org/veteran-experiences-vietnam-veterans/. Accedido el 10 de noviembre de 2024.

Moser, Richard R. "GI Dissent and War Resistance in Vietnam". *The New Winter Soldiers. GI and Veteran Dissent During the Vietnam Era*. Rutgers University Press, 1996, pp. 41-68.

Moss, George Donelson. "Rolling Thunder: The Air War against North Vietnam, 1965-67". *Vietnam. An American Ordeal*. Routledge, 2021, pp. 204-213 [a].

_. "Nixon Takes Control" y "Vietnamization: Shifting the Burden of Fighting". *Vietnam. An American Ordeal*, Routledge, 2021, pp. 311-321 [b].

Moyar, Mark. "Invasion: November-December 1964" y "The Prize for Victory: January-May 1965". *Triumph Forsaken. The Vietnam War, 1954-1965*. Cambridge University Press, 2006, pp. 330-391.

Muehlberg, Dean O. "The Routine". *REMF "War Stories" 17th CAG, Nha Trang, Vietnam, 1969*. Kindle Direct Publishing, 2011, pp. 31-50.

Murphy, Charles. "Service as a cook with the 25th Infantry Division in 1968", *Vietnam War Interviews, Abraham Lincoln Presidential Library*, 19 de agosto de 2015, https://presidentlincoln.illinois.gov/oral-history/collections/murphy-charles-chuck/interview-detail/. Accedido el 10 de noviembre de 2024.

Neale, Jonathan. "Guerrillas". *A People's History of the Vietnam War*. The New Press, 2003, pp. 98-125.

Lair, Meredith H. "Same Side, Different Wars. Grunts and REMFs in Vietnam" y "This Place Just Isn't John Wayne: U.S. Military Bases in Vietnam". *Armed With Abundance. Consumerism and Soldiering in the Vietnam War*. The University of North Carolina Press, 2011, pp. 23-106.

_. "Easy Living in a Hard War: Behind the Lines in Vietnam", *History.net*, 5 de febrero de 2012, https://www.historynet.com/easy-living-in-a-hard-war-behind-the-lines-in-vietnam/. Accedido el 10 de noviembre de 2024.

Lawrence, Mark Atwood. "Ending the American War". *The Vietnam War. A Concise International History*. Oxford University Press, 2008, pp. 137-160.

Lehrer, Glenn H. "Viet Cong Tunnels", *The Military Engineer*, vol. 108, no. 703, 2016, pp. 60-63.

Lind, Michael. "Inflexible Response. The U.S. Military and the Vietnam War". *Vietnam: The Necessary War. A Reinterpretation of America's Most Disastrous Military Conflict*. Simon and Schuster, 2002, pp. 76-106.

_. "Why we went to war in Vietnam", *American Legion*, 20 de diciembre de 2012, https://www.legion.org/information-center/news/magazine/2012/december/why-we-went-to-war-in-vietnam. Accedido el 10 de noviembre de 2024.

Loeb, Jeff. "Afterword". *Memphis-'Nam-Sweden. The Story Of A Black Deserter*. University Press of Mississippi, 1997, pp. 191-202.

Logevall, Fredrik. "The Crisis Deepens. The Credibility Imperative". *The Origins of the Vietnam War*. Routledge, 2001, pp. 45-47.

Oberdorfer, Don. "America the Vincible". *Tet!: The Turning Point in the Vietnam War*. The John Hopkins University Press, 2001, pp. 237-278.

O'Brien, Tim. "The Vietnam in Me". *The New York Times*, 2 de octubre de 1994, p. 48.

Onion, Amanda, et al. "Orange Agent", *History.com*, 2 de agosto de 2011, https://www.history.com/topics/vietnam-war/agent-orange-1. Accedido el 10 de noviembre de 2024.

_. "Bob Hope gives his last show in Vietnam", *History.com*, 21 de diciembre de 2020, https://www.history.com/this-day-in-history/bob-hope-gives-his-last-show-in-vietnam. Accedido el 10 de noviembre de 2024.

Page, Tim y John Pimlott. "77 Days at Khe Sanh". *NAM, the Vietnam experience, 1965-75*. Orbis, 1988, pp. 321-327 [a].

_. "Tet: The Turning Point". *NAM, the Vietnam experience, 1965-75*. Orbis, 1988, pp. 353-357 [b].

Prados, John. "The Veterans Antiwar Movement in Fact and Memory". *A Companion to the Vietnam War*, editado por Marilyn B. Young y Robert Buzzanco. Blackwell, 2002, pp. 403-415.

Prater, Jerry. "Welcome Home Baby Killer", *Vietnam War Stories*, 10 de julio de 2015, https://vnwarstories.com/vn.WelcomeHomeBabyKiller.html. Accedido el 10 de noviembre de 2024.

Pritzker Military Museum and Library. "Vietnam War: Key Battles", *PMML*, 2002, https://www.pritzkermilitary.org/explore/vietnam-war/key-battles. Accedido el 10 de noviembre de 2024 [a].

_. "Vietnam War: Vietnam Equipment", *PMML*, 2002, https://www.pritzkermilitary.org/explore/vietnam-war/vietnam-equipment. Accedido el 10 de noviembre de 2024 [b].

Pruit, Sarah. "How the Vietnam War Empowered the Hippie Movement", *History.com*, 18 de marzo de 2019, https://www.history.com/news/vietnam-war-hippies-counter-culture. Accedido el 10 de noviembre de 2024.

Richards, Michael. "Kent State University Shootings". *The Encyclopedia of the Vietnam War. A Political, Social, and Military History*, editado por Spencer C. Tucker. ABC-CLIO, 2011, pp. 571-573.

Rivera, Eduardo. "Fort Worth District veterans share Vietnam War experiences", *U.S. Army*, 31 de marzo de 2017, https://www.army.mil/article/185277/fort_worth_district_veterans_share_vietnam_war_experiences. Accedido el 10 de noviembre de 2024.

Robins, Lee N. "Vietnam veteran's rapid recovery from heroin addiction: a fluke or normal expectation?". *Addiction*, vol. 88, no. 8, 1993, pp. 1041-1054.

Roman, Raul. "War Stories We've Been Missing for 50 Years", *N.Y. Times*, 28 de julio de 2018, https://www.nytimes.com/2018/07/28/sunday-review/war-stories-weve-been-missing-for-50-years.html. Accedido el 10 de noviembre de 2024.

Rosser-Owen, David. "Rifles and carbines" y "Machine-guns". *Vietnam Weapons Handbook*. Patrick Stephens Limited, 1986, pp. 28-74 [a].

_. "Armored fighting vehicles". *Vietnam Weapons Handbook*, 1986, pp. 109-125 [b].

Rotter, Andrew J. "Chronicle of a War Foretold: The U.S. and Vietnam, 1945-1954". *The First Vietnam War. Colonial Conflict and Cold War Crisis*, editado por Mark A. Lawrence y Fredrik Logevall. Harvard University Press, 2007, pp. 282-308.

Roush, Gary. "Battle of Xa Cam My", *Vietnam Helicopter Pilots Association*, 12 de septiembre de 2022, https://www.vhpa.org/KIA/panel/battle/66041100.HTM. Accedido el 10 de noviembre de 2024.

Sanders, Clinton R. "Doper's Wonderland: Functional Drug Use between Military Personnel in Vietnam". *Journal of Drug Issues*, vol. 3, no. 1, 1978, pp. 65-78.

Sallah, Michael y Mitch Weiss. "Special: Tiger Force", *Toledo Blade*, 22 de octubre de 2003, pp. 6-7.

Scott, Wayne J. "Posttraumatic Stress Disorder (PTSD) A Vietnam's Experience", *Vietnam Veterans Association*, 2001, https://www.vvaa.org.au/experience.htm. Accedido el 10 de noviembre de 2024.

Shelby, Anne. "Happy Birthday Captain America –to a Vietnam Vet on his Fortieth Birthday". *Appalachian Studies*. Wind Publications, 2006, pp. 87-88.

Shorak, B.J., et al. "Personal Narrative. William Maxwell Barner, III Collection", *Library of Congress*, 2 de octubre de 2012, https://www.loc.gov/collections/veterans-history-project-collection/serving-our-voices/impact-of-service/ptsd-a-lasting-impact-of-war/item/afc2001001.89316/. Accedido el 10 de noviembre de 2024.

Short, Anthony. "South Vietnam as an American dependency". *The Origins of the Vietnam War*. Routledge, 2014, pp. 211-216 [a].

_. "The problem of Diem". *The Origins of the Vietnam War*. Routledge, 2014, pp. 263-266 [b].

Small, Melvin. "The Americanization of the War". *Antiwarriors. The Vietnam War and the Battle for America's Hearts and Minds*. Rowman & Littlefield, 2002, pp. 19-38.

Spector, Ronald H. "How Do You Know if You're Winning?: Perception and Reality in America's Military Performance in Vietnam, 1965-1970". *The Vietnam War. Vietnamese and American Perspectives*, editado por Jayne Susan Werner y Luu Doan Huynh. Routledge, 2015, pp. 152-164.

Stabile, Angelica. "On this day in history Dec. 24, 1972, Bob Hope delivers last live Christmas show in Vietnam", *Fox News*, 24 de diciembre de 2022, https://www.foxnews.com/lifestyle/this-day-history-dec-24-1972-bob-hope-delivers-live-christmas-show-vietnam. Accedido el 10 de noviembre de 2024.

Stanton, Shelby L. "Battles for Base Camps, Plantations, and Roads". *The Rise and Fall of an American Army: U.S. Ground Forces in Vietnam, 1963-1973*. Random House, 2007, pp. 95-106.

Starr, Paul, et al. "Different War, Indifferent Peace". *The Discarded Army. Veterans After Vietnam. The Nader Report on Vietnam Veterans and the Veterans Administration*. Charterhouse, 1973, pp. 3-52.

Steinbeck, John. "The Importance of Being Stoned in Vietnam", *The Washingtonian*, 1 de enero de 1968, pp. 33-38.

Stephens, Julie. "The Language of an Anti Disciplinary Politics". *Anti-Disciplinary Protest. Sixties Radicalism and Postmodernism*. Cambridge University Press, 1998, pp. 24-47.

Stilwell, Blake. "Why the US Used Agent Orange in Vietnam and What Makes It So Deadly", *Military.com*, 1 de agosto de 2022, https://www.military.com/history/why-us-used-agent-orange-vietnam-and-what-makes-it-so-deadly.html. Accedido el 10 de noviembre de 2024.

Stur, Heather. "Perfume and lipstick in the boonies. Red Cross SRAO and the Vietnam War". *The Sixties. A Journal of History, Politics and Culture*, vol. 1, no. 2, 2008, pp. 151-165.

Taylor, Clyde. *Vietnam and Black America. Anthology of Protest and Resistance*. Anchor Books, 1973.

Terry, Mark. "Disruptive Voices. Speaking Youth to Power. Influencing Climate Policy at the United Nations". *Speaking Youth to Power. Influencing Climate Policy at the United Nations*. Springer, 2023, pp. 3-29.

Terry, Wallace. *Bloods. Black Veterans of the Vietnam War, An Oral History*. Ballantine Books, 1984.

The Veterans History Project. "Vietnam War: Looking Back", *Library of Congress*, s.f., https://www.loc.gov/collections/veterans-history-project-collection/serving-our-voices/vietnam-war/vietnam-war-looking-back/. Accedido el 10 de noviembre de 2024.

Tischler, Barbara L. "Introduction". *Muhammad Ali: A Man of Many Voices*. Routledge, 2016, pp. 1-8.

Tomes, Robert R. "Skepticism and Dissent: From Rolling Thunder to Tet, February 1965-January 1968". *Apocalypse Then. American Intellectuals and the Vietnam War, 1954-1975*. New York University Press, 2000, pp. 117-166.

Tournier, Tatiana y Francis Feeley. "The Anti-War Movements of G.I.s Resistance. Racism Turns Black Soldiers on the Side of the Vietnamese". *Gender Relationships between American Soldiers and Vietnamese Women during the Vietnam War*. Université de Grenoble-Stendhal, 2008, pp. 43-53.

Turse, Nick. "The Vietnam War Crimes You Never Heard Of", *History News Network, Columbian College of Arts & Sciences*, 16 de noviembre de 2003, https://www.historynewsnetwork.org/article/the-vietnam-war-crimes-you-never-heard-of. Accedido el 10 de noviembre de 2024.

_. "Was My Lai just one of many massacres in Vietnam War?", *BBC*, 28 de agosto de 2013, https://www.bbc.com/news/world-asia-23427726. Accedido el 10 de noviembre de 2024.

Vaughn, Skip. "Vietnam Veteran Recalls Camaraderie, Hardships of War Experience", *U.S. Department of Defense*, 6 de octubre de 2021, https://www.defense.gov/News/Feature-Stories/Story/Article/2802598/vietnam-veteran-recalls-camaraderie-hardships-of-war-experience/. Accedido el 10 de noviembre de 2024.

Westheider, James E. "I'm Not a Draft Evader... I'm a Runaway Slave: African Americans and the Draft". *Fighting on Two Fronts. African Americans and the Vietnam War*. New York University, 1997, pp. 18-36.

_."Fighting in Vietnam". *The Vietnam War*. Greenwood Press, 2007, pp. 107-158 [a].

— "Soldier's Issues in the Vietnam War". *The Vietnam War*. Greenwood Press, 2007, pp. 159-200 [b].

Wiest, Andrew. "Charlie Company and the Small-Unit War", *N.Y. Times*, 16 de mayo de 2017, https://www.nytimes.com/2017/05/16/opinion/vietnam-war-charlie-company.html. Accedido el 10 de noviembre de 2024.

_. y Chris McNab. "Rolling Thunder". *The Vietnam War*. Cavendish Square Publishing, 2017, pp. 39-54 [a].

_. y Chris McNab. "Search and Destroy". *The Vietnam War*. Cavendish Square Publishing, 2017, pp. 55-73 [b].

_. y Chris McNab. "The Tet Offensive". *The Vietnam War*. Cavendish Square Publishing, 2017, pp. 123-144 [c].

Wilcox, Fred A. "Chemical Children". *Scorched Earth. Legacies of Chemical Warfare in Vietnam*. Seven Stories Press, 2011, pp. 145-154.

Willbanks, James H. "The Vietnam War", *The Past*, 15 de enero de 2018, https://the-past.com/feature/the-vietnam-war/. Accedido el 10 de noviembre de 2024.

Wyman, Jeb. "The Battle After the War", *Humanities Washington*, 10 de noviembre de 2020, https://www.humanities.org/spark/the-battle-after-the-war/. Accedido el 10 de noviembre de 2024.

Zinberg, Norman. "The Effectiveness of the Subculture in Developing Rituals and Social Sanctions for Controlled Drug Use". *Drugs, Rituals and Altered States of Consciousness*, editado por Biran M. Du Toit. A.A. Balkema, 1977, pp. 111-133.

Zinn, Howard. "The Impossible Victory: Vietnam". *A People's History of the United States: 1492-present*. HarperCollins, 2005, pp. 469-502.

Zoglin, Richard. "Patriot". *Hope: Entertainer of the Century*. Simon and Schuster, 2014, pp. 363-389.

La guerra cultural

Aaron, Jason y Brian Cronin. "The Vietnam War in Comics: Our Fighting Forces", *CBR.com*, 4 de octubre de 2006, https://www.cbr.com/jason-aaron-on-the-vietnam-war-in-comics-the-good-the-bad-and-the-other-side/. Accedido el 10 de noviembre de 2024.

Achenbach, Joel. "Did the news media, led by Walter Cronkite, lose the war in Vietnam?", *The Washington Post*, 25 de mayo de 2018, https://www.washingtonpost.com/national/did-the-news-media-led-by-walter-cronkite-lose-the-war-in-vietnam/2018/05/25/a5b3e098-495e-11e8-827e-190efaf1f1ee_story.html. Accedido el 10 de noviembre de 2024.

Allison, William Thomas. "The Battle for Hue". *The Tet Offensive. A Brief History with Documents*. Routledge, 2008, pp. 50-56.

Anderegg, Michael. "Hollywood and Vietnam. John Wayne and Jane Fonda as Discourse". *Inventing Vietnam. The War in Film and Television*. Temple University Press, 1991, pp. 15-32.

Andresen, Lee. "The Music of Protest". *Battle Notes. Music of the Vietnam War*. Savage Press, 2003, pp. 30-103.

Anisfield, Nancy. "Words and Fragments. Narrative Style in Vietnam War Novels". *Search and Clear. Critical Responses to Selected Literature and Films of the Vietnam War*, editado por William J. Searle. Bowling Green State University Popular Press, 1988, pp. 56-61.

Bates, Toby Glenn. "Reagan, the Vietnam Veteran, 1980s Television, and Comics". *The Reagan Rhetoric. History and Memory in 1980s America*. Northern Illinois University Press, 2011, pp. 87-110.

Beidler, Philip D. "The Life of Fiction: Tom O'Brien, Philip Caputo, Robert Olen Butler, James Webb, Winston Groom, Larry Heinemann". *Re-writing America. Vietnam Authors in Their Generation*. University of Georgia Press, 1991, pp. 9-103.

_. "Early Vietnam Writing, 1958-1970". *American Literature and the Experience of Vietnam*. University of Georgia Press, 2007, pp. 29-84 [a].

_. "The New Literature of Vietnam, 1975 to the Present". *American Literature and the Experience of Vietnam*. University of Georgia Press, 2007, pp. 137-192 [b].

Blanton, Dakotah. "31 Songs About The Vietnam War", *Music Grotto*, 28 de marzo de 2023, https://www.musicgrotto.com/songs-about-the-vietnam-war/. Accedido el 10 de noviembre de 2024.

Bordowitz, Hank. "Richard Nixon Is a Great Inspiration". *Bad Moon Rising. The Unauthority History of Creedence Clearwater Revival*. Chicago Review Press, 2007, pp. 74-82.

Bowden, Mark. "When Walter Cronkite Pronounced the War a Stalemate", *The New York Times*, 26 de febrero de 2018, https://www.nytimes.com/2018/02/26/opinion/walter-cronkite-war-stalemate.html. Accedido el 10 de noviembre de 2024.

Bradley, Doug y Craig Werner. "We Gotta Get Outta This Place. 10 Vietnam Vets Remember the Songs That Helped Them Get Through the War", *Military History Now*, 8 de febrero de 2016, https://militaryhistorynow.com/2016/02/08/soundtrack-of-a-war-vets-recall-the-songs-that-helped-them-make-it-through-vietnam/. Accedido el 10 de noviembre de 2024.

_. "I Served in Vietnam. Here's My Soundtrack", *The New York Times*, 13 de marzo de 2018, https://www.nytimes.com/2018/03/13/opinion/vietnam-war-rock-music.html. Accedido el 10 de noviembre de 2024.

Brands, Henry W. "Paved with good intentions: 1965-1968". *American Dreams. The United States since 1945*. Penguin, 2011, pp. 133-159.

Brevoort, Tom. "Brand Echh: Tod Holton, Super Green Beret #1", *The Tom Brevoort Experience*, 3 de octubre de 2020, https://tombrevoort.com/2020/10/03/brand-echh-tod-holton-super-green-beret-1/. Accedido el 10 de noviembre de 2024.

Brown, Hillary. "Last Day in Vietnam: A Memory by Will Eisner", *Paste Magazine*, 6 de marzo de 2013, https://www.pastemagazine.com/books/will-eisner/last-day-in-vietnam-a-memory-by-will-eisner. Accedido el 10 de noviembre de 2024.

Browne, Alex. "9 Songs Associated With the Vietnam War", *History Hit*, 16 de septiembre de 2021, https://www.historyhit.com/culture/best-songs-associated-with-the-vietnam-war/. Accedido el 10 de noviembre de 2024.

Burke, Kyle. "Review: Pulp Vietnam: War and Gender in Cold War Men's Adventure Magazines, by Gregory A. Daddis". *Pacific Historical Review*, vol. 90, no. 4, 2021, pp. 544–545.

Burroughs, Todd Steven. "Julian Bond's Comic Stance on the Vietnam War", *The Root*, 17 de agosto de 2015, https://www.theroot.com/julian-bond-s-comic-stance-on-the-vietnam-war-1790860846. Accedido el 10 de noviembre de 2024.

Carrillo, Juan Rene. "The Role of the Protest Song in the Antiwar Movement". *The Influence Of Protest Songs On The U.S. Public. A Vietnam War Perspective*. University of Texas, 2014, pp. 79-82.

Casey, Jim. "Silver Age of Comics". *The Routledge Companion to Science Fiction*, editado por Mark Bould, et al. Routledge, 2009, pp. 123-134.

Catan, Wayne. "In Memory of Loyd Little, First-Ever PEN/Hemingway Award Winner (1976)", *The Hemingway Foundation and Society*, 28 de abril de 2021, https://www.hemingwaysociety.org/memory-loyd-little-first-ever-penhemingway-award-winner-1976. Accedido el 10 de noviembre de 2024.

Chomko, Mike. "Life and Death on the Front Lines: The Men's Adventure Magazines", *Pulp Fest*, 25 de mayo de 2018, https://pulpfest.com/2018/05/25/life-and-death-on-the-front-lines-the-mens-adventure-magazines/. Accedido el 10 de noviembre de 2024.

Ciocia, Stefania. "The Courage of Authenticity". *Vietnam and Beyond. Tim O'Brien and the Power of Storytelling*. Liverpool University Press, 2012, pp. 48-90.

Cohen, Ronald D. "Peace Songs of the 1950s", *Smithsonian Folkways Magazine*, primavera-verano de 2013, https://folkways.si.edu/magazine-spring-summer-2013-peace-songs-1960s/struggle-and-protest-american-history-folk/music/article/smithsonian. Accedido el 10 de noviembre de 2024.

Crawford, Craig. "Who Will Tell the Truth?". *Attack the Messenger. How Politicians Turn You Against the Media*. Rowman & Littlefield, 2006, pp. 73-86.

Cronin, Brian. "The Abandoned An'Forsaked. Did the Punisher Fight in the Vietnam War?", *CBR.com*, 6 de marzo de 2016, https://www.cbr.com/the-abandoned-an-forsaked-did-the-punisher-fight-in-the-vietnam-war/. Accedido el 10 de noviembre de 2024.

Cronin, Cornelius A. "From the DMZ to No Man's Land: Philip Caputo's A Rumor of War and its Antecedents". *Search and Clear. Critical Responses to Selected Literature and Films of the Vietnam War*, editado por William J. Searle. Bowling Green State University Popular Press, 1988, pp. 74-86.

Daddis, Gregory A. "War and Sexual Violence Come to Vietnam". *Pulp Vietnam. War and Gender in Cold War Men's Adventure Magazines*. Cambridge University Press, 2020, pp. 174-217.

Dallek, Matthew. "How the Tet Offensive Shocked Americans into Questioning if the Vietnam War Could be Won", *History.com*, 22 de febrero de 2019, https://

www.history.com/news/tet-offensive-1968-vietnam-war-surprise-attack-changed-american-public-opinion. Accedido el 10 de noviembre de 2024.

Davis, Jack E. "New Left, Revisionist, In-Your-Face History: Oliver Stone's Born on the Fourth of July Experience". *Oliver Stone's USA. Film, History, and Controversy*, editado por Robert Brent Toplin. University Press of Kansas, 2000, pp. 149-165.

Deaville, James. "Vietnam: Music of Patriotism and Protest". *Music and War in the United States*, editado por Sarah Kraaz. Routledge, 2018, pp. 211-227.

Deis, Robert. "The war you couldn't give away", *Men Pulp Mags*, 2009, https://www.menspulpmags.com/the-war-you-couldnt-give-away/. Accedido el 10 de noviembre de 2024 [a].

_. "Girls give in to men who go in", *Men Pulp Mags*, 2009, https://www.menspulpmags.com/girls-give-in-to-men-who-go-in/. Accedido el 10 de noviembre de 2024 [b].

_. "Men's Adventure Magazines and the Art of War", *Men Pulp Mags*, 2019, https://www.menspulpmags.com/mens-adventure-magazines-and-the-art-of-war-a-pulp-fest-presentation-part-2/. Accedido el 10 de noviembre de 2024.

Devine, Jeremy M. "Head-On Conflict and Refracted Images, 1967-1969". *Vietnam at 24 Frames a Second. A Critical and Thematic Analysis of Over 400 Films about the Vietnam War*. University of Texas Press, 1999, pp. 28-58 [a].

_. "The Grunts, 1986-1987". *Vietnam at 24 Frames a Second*. University of Texas Press, 1999, pp.237-274 [b].

Doctorow, Cory. "Other Side: moving, haunting Vietnam War comic", *Boing Boing*, 6 de junio de 2007, https://boingboing.net/2007/06/06/other-side-moving-ha.html. Accedido el 10 de noviembre de 2024.

Dooley, Michael. "When the U.S. Army Banned a Comic Book About War", *Print Mag*, 26 de septiembre de 2018, https://www.printmag.com/comics-animation-design/when-the-u-s-army-banned-a-comic-book-about-war/. Accedido el 10 de noviembre de 2024.

Dornfeld, Barry. "Dear America: Transparency, Authority, and Interpretation in a Vietnam War Documentary". *From Hanoi to Hollywood. The Vietnam War in American Film*, editado por Linda Dittmar, et al. Rutgers University Press, 2000, pp. 283-298.

Draper, Ellen. "Finding a Language for Vietnam in the Action-Adventure Genre". *Inventing Vietnam. The War in Film and Television*, editado por Michael Anderegg. Temple University Press, 1991, pp. 103-113.

Feld, Petra. *Constructions of Identity in Autobiographical Writings of Vietnam Veterans*, 2002, Technische Universität Braunschweig, tesis doctoral.

Fitzgerald, Clare. "The Personal Experiences That Influenced Oliver Stone's Vietnam War Trilogy", *War History Online*, 14 de marzo de 2023, https://www.warhistoryonline.com/vietnam-war/oliver-stone-vietnam-war-trilogy.html. Accedido el 10 de noviembre de 2024.

Forte, Thomas. "The Vietnam War and the Shifting Tides of Public Opinion", *US History Since 1877, Dickinson College*, 19 de abril de 2017, https://blogs.dickinson.edu/hist-118pinsker/2017/04/19/2895/. Accedido el 10 de noviembre de 2024.

Foster, Bob y Don Lomax. "Don Lomax: An Interview With The Creator of Vietnam Journal". *The Comics Journal*, no.136, 1990, pp. 86-109.

Franklin, H. Bruce. "Songs". *Vietnam War in American Stories, Songs, and Poems*. Bedford, 1996, pp. 201-218.

Fuchs, Regula. "Degeneration Through Violence in The Short-Timers". *Remembering Viet Nam. Gustav Hasford, Ron Kovic, Tim O'Brien and the Fabrication of American Cultural Memory*. Peter Lang, 2010, pp. 91-108.

Gans, Herbert J. "Sources and Journalists". *Deciding What's News. A Study of CBS Evening News, NBC Nightly News, Newsweek, and Time*. Northwestern University Press, 2004, pp. 116-145.

Genzlinger, Neil. "Adrian Cronauer, Good Morning, Vietnam D.J.", *The New York Times*, 19 de julio de 2018, https://www.nytimes.com/2018/07/19/obituaries/adrian-cronauer-good-morning-vietnam-dj-dies-at-79.html. Accedido el 10 de noviembre de 2024.

Gilbey, Ryan. "The Deer Hunter remains one of the most fascinating films on Vietnam", *The New Statesman,* agosto de 2014, https://www.newstatesman.com/culture/film/2014/08/deer-hunter-most-fascinating-films-vietnam-war. Accedido el 10 de noviembre de 2024.

Gillen, Shawn. "Captain America, Post-Traumatic Stress Syndrome, and the Vietnam Era". *Captain America and the Struggle of the Superhero. Critical Essays*, editado por Robert G. Weiner. McFarland, 2009, pp. 104-115.

Goldberg, Reid. "The Chaotic and Near-Deadly True Story of Filming Apocalypse Now", *Collider*, 24 de octubre de 2022, https://collider.com/apocalypse-now-production-true-story-explained/. Accedido el 10 de noviembre de 2024.

Gordon, Ian. "The moral world of Superman and the American war in Vietnam". *Journal of Graphic Novels and Comics*, vol. 6, no. 2, 2015, pp. 172-181.

Gross, Terry y Dave Davies. "How The Pentagon Papers Changed Public Perception Of The War In Vietnam", *Fresh Air, NPR Network*, 18 de junio de 2021, https://www.npr.org/2021/06/18/1007573283/how-the-pentagon-papers-changed-public-perception-of-the-war-in-vietnam. Accedido el 10 de noviembre de 2024.

Gruner, Oliver. "Vietnam and beyond: rethinking Oliver Stone's Platoon (1976–2006)". *Rethinking History*, vol. 16, no. 3, 2012, pp. 359-376.

Hallin, Daniel C. "We Are on Our Way Out, 1968-1973". *The Uncensored War. The Media and Vietnam*. University of California Press, 1989, pp. 159-210.

Hammer, Alex. "The master of madness: How Francis Ford Coppola dealt with hothead Marlon Brando, wild Dennis Hopper and near-death health scare for Martin Sheen to turn Apocalypse Now into a classic", *Daily Mail*, 11 de enero de 2023, https://www.dailymail.co.uk/news/article-11619545/The-master-madness-Francis-Ford-Coppola-turned-Apocalypse-classic.html. Accedido el 10 de noviembre de 2024.

Hammond, Joseph. "War and Public Opinion: The Myth of the Cronkite Moment", *Modern War Institute*, 27 de febrero de 2018, https://mwi.westpoint.edu/war-public-opinion-myth-cronkite-moment/. Accedido el 10 de noviembre de 2024.

Hawkins, Ty. "Philip Caputo's Deconstruction of the Warrior-Hero Ideal". *Reading Vietnam Amid the War on Terror*. Palgrave Macmillan, N.Y., págs. 27-61 [a].

_. "Michael Herr's Dispatches and the Allure of Combat". *Reading Vietnam Amid the War on Terror*. Palgrave Macmillan, 2012, pp. 63-85 [b].

Heberle, Mark A. "A Bad War. O'Brien's Self-Representation: Soldier Versus Writer". *A Trauma Artist. Tim O'Brien and the Fiction of Vietnam*, University of Iowa Press, 2001, pp. 47-57 [a].

_. "A Soldier's Dream. The Re-covering of Trauma: Paul Berlin as Tim O'Brien". *A Trauma Artist. Tim O'Brien and the Fiction of Vietnam*. University of Iowa Press, 2001, pp. 108-143 [b].

Hellmann, John. "Return of the Frontier Hero National Purpose". *American Myth and the Legacy of Vietnam*. Columbia University Press, 1989, pp. 41-70.

_. "Vietnam and the Hollywood Genre Film: Inversions of American Mythology in The Deer Hunter and Apocalypse Now". *Inventing Vietnam. The War in Film and Television*, editado por Michael Anderegg. Temple University Press, 1991, pp. 56-81.

Herzog, Tobey C. "John Wayne in a Modern Heart of Darkness: The American Soldier in Vietnam". *Search and Clear. Critical Responses to Selected Literature and Films of the Vietnam War*, editado por William J. Searle. Bowling Green State University Popular Press, 1988, pp. 16-25.

Hill, Sarah. "This Is My Country: American popular music and political engagement in 1968" en *Music and Protest in 1968*, editado por Beate Kutschke, et al. Cambridge University Press, 2013, pp. 46-63.

Hodges, Rob. "How Marvel Comics In The 1980s Refought The Vietnam War", *HistoryNet*, 23 de junio de 2021, https://www.historynet.com/comics-vietnam/. Accedido el 10 de noviembre de 2024.

Hodler, Tim. "A Reverse Dr. Wertham?", *Comics Mag*, 7 de septiembre de 2010, https://comicscomicsmag.com/?p=5471. Accedido el 10 de noviembre de 2024.

Holtz, Allan. "Tales of the Green Berets". *American Newspaper Comics. An Encyclopedic Reference Guide*. The University of Michigan Press, 2012, p. 375.

Hopkins, Alexander E. "Protest and Rock n' Roll During the Vietnam War", *Inquiries Journal*, vol. 4, no. 11, 2012, p. 1.

Iglesias, Emilio. "Men's Adventure, el último icono pulp", *Relatos Pulp*, 5 de abril de 2015, https://www.relatospulp.com/articulos/tematicos/385-men-s-adventure-el-ultimo-icono-pulp.html. Accedido el 10 de noviembre de 2024.

Isaacs, Arnold R. "Facts About the Vietnam War: U.S. Journalists Didn't Lose the War, Celebrate the Enemy, or Vilify Soldiers", *War On The Rocks*, 15 de septiembre de 2017, https://warontherocks.com/2017/09/facts-about-the-vietnam-war-part-iv-u-s-journalists-didnt-lose-the-war-celebrate-the-enemy-or-vilify-american-soldiers/. Accedido el 10 de noviembre de 2024.

James, David E. "The Vietnam War and American Music". *The Vietnam War and American Culture*, editado por John Carlos Rowe, et al. Columbia University Press, 1991, pp. 226-254.

Jiménez, Jesús. "The 'Nam, una visión realista de la guerra de Vietnam en un cómic convertido en un clásico", *Viñetas y bocadillos Rtve*, 2 de octubre de 2012, https://www.rtve.es/noticias/20120210/the-nam-vision-realista-guerra-vietnam-comic-convertido-clasico/495679.shtml. Accedido el 10 de noviembre de 2024.

Kennedy, Hank. "Vietnam war in balloons and panels", *Tempest Mag*, 6 de abril de 2022, https://tempestmag.org/2022/04/vietnam-war-in-balloons-and-panels/. Accedido el 10 de noviembre de 2024.

Kern, Louis J. "MIAs, Myth, and Macho Magic: Post-Apocalyptic Cinematic Visions of Vietnam". *Search and Clear. Critical Responses to Selected Literature and Films of the Vietnam War*, editado por William J. Searle. Bowling Green State University Popular Press, 1988, pp. 37-54.

Khoury, George. "The 'Nam", *CBR.com*, 10 de noviembre de 2008, https://www.cbr.com/the-nam/. Accedido el 10 de noviembre de 2024.

Kinney, Katherine. "Indian Country Revisited. The Persistence of John Wayne". *Friendly Fire. American Images of the Vietnam War*. Oxford University Press, 2000, pp. 11-42.

Kilday, Gregg. "Oliver Stoned". *Oliver Stone: Interviews*. University Press of Mississippi, 2001, pp. 114-121.

Knight, Arthur. "Apocalypse Now: Review", *The Hollywood Reporter*, 14 de agosto de 2022, https://www.hollywoodreporter.com/movies/movie-news/apocalypse-now-re-view-movie-1979-1235172359/. Accedido el 10 de noviembre de 2024.

Knupp, Jeremiah. "Speaking the G.I.'s Language: The M16 Comic Book Manual", *American Rifleman*, 24 de marzo de 2019, https://www.americanrifleman.org/content/speaking-the-g-i-s-language-the-m16-comic-book-manual/. Accedido el 10 de noviembre de 2024.

Kodosky, Robert J. "Holy Tet Westy!: Graphic Novels and the Vietnam War", *The Journal of Popular Culture*, vol. 44, no. 5, 2011, pp. 1047-1066.

Kramer, Michael J. "A Soundtrack for the Entire Process". *The Republic of Rock. Music and Citizenship in the Sixties Counterculture*. Oxford University Press, 2013, pp. 133-166.

Kratz, Jessie. "Pieces of History. Vietnam: The First Television War", *National Archives*, 25 de enero de 2018, https://prologue.blogs.archives.gov/2018/01/25/vietnam-the-first-television-war/. Accedido el 10 de noviembre de 2024.

Lansburg, Tom y Roger Chapman. "Cronkite, Walter". *Culture Wars. An Encyclopedia of Issues, Viewpoints and Voices, Vol. 1*. M.E. Sharpe, 2010, p. 126.

Lee, Richard A. "Protest Music as Alternative Media during the Vietnam War Era". *War and the Media. Essays on News Reporting, Propaganda and Popular Culture*, editado por Paul Haridakis, et al. McFarland, 2009, pp. 24-40.

Lembcke, Jerry. "The Nixon-Agnew Counteroffensive: Good Veterans vs. Bad Veterans". *The Spitting Image. Myth, Memory, and the Legacy of Vietnam*. New York University Press, 1998, pp. 49-70.

Lomperis, Timothy J. "The Great Lost Fact: The Asians. Reading the Asian Wind". *Reading the Wind. The Literature of the Vietnam War*. Duke University, 1986, pp. 63-82.

McCrum, Robert. "Dispatches by Michael Herr (1977)", *The Guardian*, 28 de marzo de 2016, https://www.theguardian.com/books/2016/mar/28/100-best-nonfiction-books-of-all-time-no-9-dispatches-michael-herr-vietnam-war-apocalyp-se-now. Accedido el 10 de noviembre de 2024.

Meisenzahl, Anne y Roger Peace. "Protest Music of the Vietnam War", *U.S. Foreign Policy, History and Resource Guide*, 2023, https://peacehistory-usfp.org/protest-music-vietnam-war/. Accedido el 10 de noviembre de 2024.

Merry, Robert W. "Cronkite's Vietnam Blunder", *The National Interest*, 12 de julio de 2012, https://nationalinterest.org/commentary/cronkites-vietnam-blunder-7185. Accedido el 10 de noviembre de 2024.

Mills, Ted. "How the Vietnam War Shaped Classic Rock And How Classic Rock Shaped the War", *Open Culture*, 18 de abril de 2019, https://www.openculture.

com/2019/04/how-the-vietnam-war-shaped-classic-rock-and-how-classic-rock-shaped-the-war.html. Accedido el 10 de noviembre de 2024.

Myers, Thomas. "The Camera's Eye". *Walking Point. American Narratives of Vietnam.* Oxford University Press, 1988, pp. 34-69.

Pach, Chester J. "The War on Television: TV News, the Johnson Administration, and Vietnam" *A Companion to the Vietnam War*, editado por Marilyn B. Young, et al. Blackwell, 2002, pp. 450-469.

Parfrey, Adam. "Manufacturing the Enemy". *It's a Man's World. Men's Adventure Magazines, the Postwar Pulps.* Feral House, 2003, pp. 4-27.

Perone, James E. "Anti-War Songs". *Songs of the Vietnam Conflict.* Greenwood, 2001, pp. 13-70.

_."Music and the Anti-War Movement". *Music of the Counterculture Era.* Greenwood Press, 2004, pp. 33-66.

Perry, Kevin E.G. "Francis Ford Coppola: Apocalypse Now is not an anti-war film", *The Guardian*, 9 de agosto de 2019, https://www.theguardian.com/film/2019/aug/09/francis-ford-coppola-apocalypse-now-is-not-an-anti-war-film. Accedido el 10 de noviembre de 2024.

Pham, Sheila Ngoc. "An act of recovery: Comics from the Vietnamese diaspora", *Diasporic Vietnamese Artists Network*, 26 de noviembre de 2018, https://dvan.org/2018/11/an-act-of-recovery-comic-from-the-vietnamese-diaspora/. Accedido el 10 de noviembre de 2024.

Phillips, Gene D. "The Unknown Soldiers: Apocalypse Now, Apocalypse Now Redux, and Gardens of Stone". *Godfather: The Intimate Francis Ford Coppola.* The University Press of Kentucky, 2004, pp. 143-182.

_."Heart of Darkness (1899)". *The Francis Ford Coppola Encyclopedia*, editado por James M. Welsh, et al. Rowman & Littlefield, 2010, pp. 130-133.

Prasch, Tom. "Born on the Fourth of July". *The Oliver Stone Encyclopedia*, editado por James M. Welsh, et al. Scarecrow Press, 2013, pp. 24-28.

Preissler, Evan. "Vietnam War Pop-Culture and Memory Through Comics", *University of Nebraska at Omaha Digital Humanities Projects*, diciembre de 2018, https://unodigitalhumanitiesprojects.omeka.net/exhibits/show/vietnamcomics. Accedido el 10 de noviembre de 2024.

Puaca, Brian M. "Censorship of the Worst Kind: The Suppression Blazing Combat During the Vietnam War", *Comic Book Defense Found*, 7 de septiembre de 2018, https://cbldf.org/2018/09/censorship-of-the-worst-kind-the-suppression-blazing-combat-during-the-vietnam-war/. Accedido el 10 de noviembre de 2024.

Riggs, William W. "The First Amendment Encyclopedia: Vietnam War", *The Free Speech Center*, 2009, https://firstamendment.mtsu.edu/article/vietnam-war/. Accedido el 10 de noviembre de 2024.

Ritchie, Donald A. "Walter Cronkite". *American Journalists. Getting the Story*. Oxford University Press, 1997, pp. 269-272.

Rodriguez, Michael W. "Vietnam and Rock'n'Roll", *The Vietnam Veterans Oral History and Folklore Project*, 28 de julio de 2022, https://www.lydia.fish/project/rockroll/. Accedido el 10 de noviembre de 2024.

Rosenbaum, Jonathan. "Vietnam, the Theme Park (Hearts of Darkness: A Filmmaker's Apocalypse)". *Movies as Politics*. University of California, 1997, pp. 134-140.

Rosso, Stefano. "Making Violence Visible in Vietnam War Narratives. The Case of A Rumor of War". *Plots of War. Modern Narratives of Conflict*, editado por Isabel Capeloa Gil, et al. De Gruyter, 2012, pp. 168-176.

Sandy, James. "Stark, Your Weapons Are everything We Hoped For!: Iron Man's 1963 Origins and America's Vision of Vietnam", *Historifans*, 22 de marzo de 2023, https://historifans.org/2023/03/22/stark-your-weapons-are-everything-we-hoped-for-iron-mans-1963-origins-and-americas-vision-of-vietnam/. Accedido el 10 de noviembre de 2024.

Saunders, David. "Mel Crair (1923-2007)", *Pulp Artists*, 2009, https://www.pulpartists.com/Crair.html. Accedido el 10 de noviembre de 2024.

Schomp, Virginia. "Walter Cronkite Reports from Vietnam". *The Vietnam Era*. Benchmark Books, 2005, pp. 10-11.

Schlund-Vials, Cathy. "How Comics Captured America's Opinions About the Vietnam War", *Smithsonian Magazine*, 21 de septiembre de 2017, https://www.smithsonianmag.com/history/how-comics-captured-americas-opinions-about-vietnam-war-180964964/. Accedido el 10 de noviembre de 2024.

Seib, Philip M. "Defining Failure and Success". *Headline Diplomacy. How News Coverage Affects Foreign Policy*. Praeger, 1997, pp. 15-30.

Shapira, Tom. "War, What is It Good For: On Garth Ennis' The Punisher", *The Gutter Review*, 27 de agosto de 2021, https://www.thegutterreview.com/war-what-is-it-good-for-on-garth-ennis-the-punisher/. Accedido el 10 de noviembre de 2024.

Shirley, Robert B. "Nguyen Charlie. From the Pacific Edition of the Stars and Stripes Newspaper", *Patrol Craft Fast*, 2002, http://www.pcf45.com/nguyen/nguyen.html. Accedido el 10 de noviembre de 2024.

Shor, Fran. "Transcending the Myths of Patriotic Militarized Masculinity: Armoring, Wounding, and Transfiguration in Ron Kovic's Born on the Fourth of July". *The Journal of Men's Studies*, vol. 8, no. 3, 2000, pp. 375-385.

Slotkin, Richard. "Cross-over Point: The My Lai Massacre, The Wild Bunch, and the Demoralization of America, 1969-1972". *Gunfighter Nation. The Myth of the Frontier in Twentieth-century America*, University of Oklahoma Press, 1998, pp. 578-623.

Smith, Patrick A. "If I Die in a Combat Zone, Box Me Up and Ship Me Home (1973)". *Tim O'Brien. A Critical Companion*. Greenwood Press, 2005, pp. 25-44.

South, Todd. "War, heroism and sex: Pulp magazines & the messages they perpetuated", *Army Times*, 20 de noviembre de 2020, https://www.armytimes.com/news/your-army/2020/11/20/war-heroism-and-sex-pulp-magazines-the-dangerous-messages-they-perpetuated/. Accedido el 10 de noviembre de 2024.

Spark, Alasdair. "The Soldier at the Heart of the War: the Myth of the Green Beret in the Pop Culture of the Vietnam Era". *Journal of American Studies*, vol. 18, no. 1, 1984, pp. 29-48.

Springer, Claudia. "Military Propaganda: Defense Department Films from World War II and Vietnam". *The Vietnam War and American Culture*, editado por John Carlos Rowe, et al. Columbia University Press, 1991, pp. 95-114.

Stephens, Christopher P. "Books about the war: fiction, poetry, and drama". *A Checklist of Vietnam War Literature*. Ultramarine, 1994, pp. 9 y ss.

Stilwell, Blake. "The Original M16 Manual Was a Vietnam War Comic Book", *Military.com*, 30 de septiembre de 2021, https://www.military.com/history/original-m16-manual-was-vietnam-war-comic-book.html. Accedido el 10 de noviembre de 2024.

Stone, Oliver. "The Land Across the Sea". *Chasing the Light: Writing, Directing, and Surviving Platoon, Midnight Express, Scarface, Salvador, and the Movie Game*. Houghton Mifflin Harcourt, 2020, pp. 77-102.

Storey, John. "Rockin' Hegemony: West Coast Rock and Amerika's War in Vietnam". *Cultural Theory and Popular Culture: A Reader, Vol. 1*. University of Sunderland, 2006, pp. 100-110.

Studlar, Gaylyn y David Desser. "Never Having to Say You're Sorry: Rambo's Rewriting of the Vietnam War". *From Hanoi to Hollywood. The Vietnam War in American Film*, editado por Linda Dittmar, et al. Rutgers University Press, 2000, pp. 101-112.

Sudderth, Jake. "John Fogerty: Middle-Class Poet". *Finding Fogerty. Interdisciplinary Readings of John Fogerty and Creedence Clearwater Revival*, editado por Thomas M. Kitts. Lexington Books, 2013, pp. 23-40.

Sullivan, James. "Nonviolence". *Which Side Are You On? 20th Century American History in 100 Protest Songs*. Oxford University Press, 2019, pp. 1-22.

Tauber, Matt. "An interview with Joe Kubert about Robin Moore and Tales of the Green Berets", *Matt Tauber's Blog*, 21 de marzo de 2008, http://matttauber.

blogspot.com/2008/03/interview-with-joe-kubert-about-robin.html. Accedido el 10 de noviembre de 2024.

Taylor, Mark. "Heroes". *The Vietnam War in History, Literature and Film*. Edinburgh University Press, 2003, pp. 33-57.

Travers, Steven. "It's not about Vietnam-- it is Vietnam". *Coppola's Monster Film. The Making of Apocalypse Now*. McFarland, 2016, pp. 164-166.

Ullman, Sharon. "Review: Pulp Vietnam. War and Gender in Cold War Men's Adventure Magazines". *Journal of American History*, vol. 109, no. 2, 2022, pp. 488-489.

Utzig, Nicholas. "Performance Anxiety: How Cold War Men's Adventure Magazines Shaped Soldiers' (Mis) Understandings of the Vietnam War", *Los Angeles Review of Books*, 5 de diciembre de 2020, https://lareviewofbooks.org/article/performance-anxiety-how-cold-war-mens-adventure-magazines-shaped-soldiers-misunderstandings-of-the-vietnam-war/. Accedido el 10 de noviembre de 2024.

Vergun, David. "Film Director Oliver Stone Was a Soldier in Vietnam", *U.S. Department of Defense*, 12 de enero de 2022, https://www.defense.gov/News/Feature-Stories/story/Article/2889210/film-director-oliver-stone-was-a-soldier-in-vietnam/. Accedido el 10 de noviembre de 2024.

Vernon, Alex. "First to Write. The 1970s and the Vietnamese War". *American Literature in Transition, 1970-1980*, editado por Kirk Curnutt. Cambridge University Press, 2018, pp. 243-261.

Waller, Gregory A. "Rambo: Getting to Win This Time". *From Hanoi to Hollywood. The Vietnam War in American Film*, editado por Linda Dittmar y Gene Michaud. Rutgers University Press, 2000, pp. 113-128.

Wells, John. "1962, Gains and Losses". *American Comic Book Chronicles, 1960-64*. TwoMorrows, 2015, pp. 74-113.

Welsh, James M. "Heaven and Earth". *The Oliver Stone Encyclopedia*. Scarecrow Press, 2013, pp. 96-99.

Westwell, Guy. "Hollywood's Vietnam, 1961-1989". *War Cinema. Hollywood on the Front Line*. Wallflower Press, 2006, pp. 57-83.

Whaley, Donald M. "Apocalypse Now (1979)". *The Francis Ford Coppola Encyclopedia*, editado por James M. Welsh, et al. Rowman & Littlefield, 2010, pp. 6-9.

Wright, Bradford W. "Questioning Authority. Comic Books and Cultural Change, 1968-1979". *Comic Book Nation. The Transformation of Youth Culture in America*. The John Hopkins University Press, 2001, pp. 226-253.

Zeitlin, Michael. "Combat Medicine and War Literature". *Society, History, and the Global Human Condition*, editado por Zaheer Baber y Joseph M. Bryant. Rowman & Littlefield, 2010, pp. 275-294.

REFERENCIAS
DE LAS FIGURAS

REFERENCIAS DE LAS FIGURAS

Figura 1. Charliecompany.org.

Figura 2. Department of Defense. Wikimedia Commons, Public Domain.

Figura 3. Charliecompany.org.

Figura 4. James C. Kornik, Tom Helwick y EC-46 History Site, John Podlaski.

Figura 5. División de Historia del Cuerpo de Marines, Subdivisión de Archivos; Wikimedia Commons, Public Domain.

Figura 6. John F. Kennedy Presidential Library and Museum, Boston. Wikimedia Commons, Public Domain.

Figura 7. LBJ Museum & Library. Wikimedia Commons, Public Domain.

Figura 9. National Archives. Wikimedia Commons, Public Domain.

Figura 10. National Archives. Wikimedia Commons, Public Domain.

Figura 11. The Canna Chronicles.

Figura 12. National Archives. Wikimedia Commons, Public Domain

Figura 13. U.S. Army. Wikimedia Commons, Public Domain.

Figura 14. Associated Press. Wikimedia Commons, Public Domain.

Figura 15. National Archives. Wikimedia Commons, Public Domain.

Figura 16. National Archives, Wikimedia Commons. John R. Bruning, U.S. Army, Public Domain.

Figura 17. Wikimedia Commons, Public Domain.

Figura 18. Randy Barnes y Chris Woelk, John Podlaski.

Figura 19. Wikimedia Commons, Public Domain.

Figura 20. VVAW. Wikimedia Commons, Public Domain.

Figura 21. *The Detroit News.*

Figura 22. Library of Congress. Wikimedia Commons, Public Domain.

Figura 23. Wikimedia Commons, Public Domain.

Figura 24. Library of Congress. Wikimedia Commons, Public Domain.

Figura 25. Records of the U.S. Marine Corps. National Archives, Public Domain.

Figura 26. Whitney Museum of American Art.

Figura 27. National Archives. Wikimedia Commons, Public Domain.

Figura 28. AFRTS, Marine Corps Times.

Figura 29. Between the Covers-Rare Books.

Figura 30. Wikimedia Commons, Castalia House, Raptis Rare Books.

Figura 31. Manhattan Rare Books.

Figura 32. HipComic.

Figura 33. Pulp Covers.

Figura 34. Comic Art Fans.

Figura 35. DC Comics.

Figura 36. Tom Breevort.

Figura 37. Cleveland L. Sellers, Jr. Papers.

Figura 38. U.S. Army, Public Domain.

Figura 39. Marvel, 50 Years Old Comic Books, The Comics Journal.

Figura 40. Marvel, Comic Art Fans.

Figura 41. Marvel, Heritage Auctions.

Figura 42. Marvel, Imagine That! Comics.

Figura 43. Marvel, Rare Comic Books.

Figura 44. DC Comics, Comics And... Other Imaginary Tales.

Figura 45. Heritage Auctions.

Figura 46. John Wayne Message Board.

Figura 47. The Hollywood Reporter.

Figura 48. Jordan y Devinah Finn. The Museum of Fine Arts, Houston.

Figura 49. The Oliver Stone Experience, We Are The Mighty.

Figura 50. Deadline.

Figura 51. Everett Collection, The Hollywood Reporter.

Figura 52. Wikimedia Commons, Public Domain.

NOTAS

[1] Halberstam, David. *The Best and the Brightest*, Random House, 1972, p. 41.

[2] Bennett, William J."Passing the Torch (1961-1969) Vietnam". *America: The Last Best Hope. From a World at War to the Triumph of Freedom, Vol. II Enhanced: From the Rise of Modern America to the Triumph of Freedom*, Thomas Nelson, 2007, p. 479.

[3] Dumbrell, John. "The Developing War: The New Frontier". *Rethinking the Vietnam War*, Palgrave Macmillan, 2001, p. 41.

[4] "The Massacre at My Lai". *Life*, vol. 67, no.23, 5 de diciembre de 1969, pp. 36-45.

[5] "Hope Bring Laughter to Troop in Viet". *Pacific Stars and Stripes*, 26 de diciembre de 1964, p. 1.

[6] "The Name of the Game Is Zap, Zap, Zap". *Time*, vol. 86, no.13, 24 de septiembre de 1965, p. 34.

[7] MacArthur, Douglas. "Duty, Honor, Country. Address by General of The Army Douglas MacArthur to the Members of the Association of Graduates, U.S.M.A. The Corps of Cadets and Distinguished Guests Upon His Acceptance of The Sylvanus Thayer Award". U.S. Military Academy, 12 de mayo de 1962.

[8] "After the crusade", *Time*, vol. 145, no.17, 25 de abril de 1995, pp. 46-7.

[9] "Demons of past stalk Tiger Force veterans". *Toledo Blade*, 22 de octubre de 2003, pp. 1, 6-7.

[10] Herbert, Anthony R. y James T. Wooten. *Soldier*. Cloverleaf, 1979.

[11] "G.I. Heroin Addiction Epidemic in Vietnam". *The N.Y. Times*, 16 de mayo de 1971, p.1.

[12] "The Importance of Being Stoned in Vietnam". *The Washingtonian*, 1 de enero de 1968, p. 33-8.

[13] "GI's in Vietnam High on Hope's Jokes". *The N.Y. Times*, 23 de diciembre de 1970, p. 2.

[14] "GI's and OJ's in Vietnam". *The N.Y. Times Magazine*, 5 de diciembre de 1971, p. 120.

[15] Fogerty, John; Creedence Clearwater Revival. "Run Through the Jungle" (Canción). *Cosmo's Factory*, Fantasy Records, 1970.

[16] "South Vietnamese Drop Napalm on Own Troops". *The N.Y. Times*, 9 de junio de 1972, p. 1.

[17] "Life of a Tunnel Rat: Fighting Fear in 'Nam". *Chicago Tribune*, 28 de junio de 1985, pp. 57-59.

[18] "The Vietnam in Me". *The N.Y. Times*, 2 de octubre de 1994, p. 48.

[19] "Interview: Muhammad Ali". *The Black Scholar*, vol. 1, no.8, junio de 1970, pp. 32-9.

[20] "Soldiers of Misfortune". *The Atlantic Monthly*, no. 241, marzo de 1978, pp. 41-52.

[21] Shelby, Anne. "Happy Birthday Captain America –to a Vietnam Vet". *Appalachian Studies*, Wind Publications, 2006, pp. 87-88 (cit. en Kelly, 2023).

[22] "The Hippies: Philosophy of a Subculture". *Time*, vol. 90, no.1, 7 de julio de 1967, pp. 18-22.

[23] Young, Neil; Crosby, Stills y Nash. "Ohio" (Canción). *So Far*, Atlantic Records, 1970.

[24] "Rock'n' Roll: Message Time". *Time*, vol. 86, no.12, 17 de septiembre de 1965, p. 102.

[25] Dylan, Bob. *The Times They Are a-Changin,* Columbia Records, 1970.

[26] Ochs, Phil. "What Are You Fighting For?" (Canción). *New Folks Vol. 2*, Vanguard, 1964.

[27] "Napalm". *Sing Out! The Folk Song Magazine*, vol. 15, no.6, enero de 1966, p. 21.

[28] "Lyndon Johnson Told The Nation". *The Honor of Your Company*, Cherry Lane, p. 60.

[29] "Have Faith, The War Is Over". *Los Angeles Free Press*, vol. 4, no. 152, del 16 al 22 de junio de 1967, p. 1.

[30] Starr, Edwin. "War" (Canción). *War & Peace*, Motown Records, 1970.

[31] McDonald, Joseph A. (1967) *I-Feel-Like-I'm-Fixin'-to-Die* (LP) Vanguard, Nueva York.

[32] Jagger, Mick y Keith Richards. "Gimme Shelter" (Canción). *Let It Bleed*, Decca., 1969.

[33] "Mick Jagger Remembers". *Rolling Stone*, no.723, 14 de diciembre de 1995, pp. 49-62.

[34] Dill, Danny y Mel Tillis. "Detroit City" (Canción). *Detroit City and Other Hits by Bobby Bare*, RCA Victor, 1963.

[35] "Viet Nam War difficult background for movies". *Warren Times-Mirror and Observer*, 23 de septiembre de 1966, p. 5.

[36] También escribió la letra de la canción "The Ballad of the Green Berets" de Barry Sadler.

[37] "Bigger Than Batman". *The New Guard*, vol. vi, no. 6, junio de 1966, p. 19.

[38] "28 People Who Count". *Esquire*, septiembre de 1945, p. 98.

[39] "Pop Goes the War". *Newsweek*, vol. lxviii, no.24, 12 de septiembre de 1966, pp. 66-71.

[40] "Vietnam: The Comic Book War". *The Washington Post*, 10 de septiembre de 1986.

[41] Make Mine Marvel, expresión habitual de la casa que popularizó Stan Lee.

[42] Sidney J. Furie realizó dos películas más sobre Vietnam en época reciente: *Vuelta al infierno* (*Under Heavy Fire*, 2001) y el telefilm *The Veteran* (2006) con resultados más que discretos.

[43] "Hollywood and Vietnam". *Film Comment*, vol. 15, no.5, septiembre a octubre de 1979, p. 20.

[44] Carter, Jimmy. "Crisis of Confidence". University of Virginia, 15 de julio de 1979, 15 de julio).